会计先生

新时代会计人系列丛书

会计先生

KUAIJI XIANSHENG

《财务与会计》
编辑中心◎编

中国财经出版传媒集团
中国财政经济出版社

图书在版编目（CIP）数据

会计先生 /《财务与会计》编辑中心编. --北京：中国财政经济出版社，2021.6

（新时代会计人系列丛书）

ISBN 978-7-5223-0488-5

Ⅰ.①会… Ⅱ.①财… Ⅲ.①男性-会计人员-先进事迹-中国-现代 Ⅳ.①K825.3

中国版本图书馆 CIP 数据核字（2021）第 067419 号

责任编辑：樊清玉　　责任校对：张　凡

封面设计：智点创意　　责任印制：党　辉

会计先生

KUAIJI XIANSHENG

中国财政经济出版社 出版

URL：http：//www.cfeph.cn

E-mail：cfeph@cfeph.cn

社址：北京市海淀区阜成路甲 28 号　邮政编码：100142

营销中心电话：010-88191522

天猫网店：中国财政经济出版社旗舰店

网址：https：//zgczjjcbs.tmall.com

北京时捷印刷有限公司印刷　各地新华书店经销

成品尺寸：185mm×260mm　16 开　20 印张　381 000 字

2021 年 6 月第 1 版　2021 年 7 月北京第 2 次印刷

定价：99.00 元

ISBN 978-7-5223-0488-5

（图书出现印装问题，本社负责调换，电话：010-88190548）

本社质量投诉电话：010-88190744

打击盗版举报热线：010-88191661　QQ：2242791300

编委会

主　编

秦中良

执行主编

闫秀丽

执行副主编

孙　蕊　季建辉

编　委

宋军玲　刘黎静　武献杰　张璐怡　李斐然

陈利花　李　卓　刘　霁　姜　雪　任宇欣

王　词　樊柯馨

序一

这里有最美会计奋斗者

张连起

一个时代有一个时代的会计，一个发展阶段有一个发展阶段的会计人。新的科技革命和产业变革拓展了新会计发展空间，中国经济高质量发展需要高质量会计信息作为支撑。

会计是古老而年轻的职业。古往今来，会计诞生了一批灿若星辰的“先生”。几千年的敬语，也被冬烘过，也被秋杀过。会计的学者、名家、大咖，纵有诸多称呼，终不及“先生”二字来得亲近且大气，可以俯身可以仰望。先生们有了足够的弟子，弟子中不断涌现出新的先生。

中国会计领域有这样一群人：他们有着坚实的学识、坚韧的脊梁和坚定的信念，许命运多舛，依然淡定从容；他们有知识，也有情趣，有个性，更重品性；他们为国履职、为民担当，为后辈的成长赢得时间与空间；他们像一盏灯，赋能经济发展，照亮一方未来。“先生”，不仅是一个称谓，更是一种修为。“云山苍苍，江水泱泱，先生之风，山高水长。”这是对“先生”一词的最佳注脚。

新时代是奋斗者的时代。

会计先生是这样一群人：他们勤奋敬业、自强不息、不负韶华，不断提升人生高度；他们有眼界、有远见，明晰决断、推动创新，为财会工作更好地服务市场主体发展和价值创造贡献心智；他们坚持原则、诚实守信、一诺千金；他们面对机遇与挑战、困难与风险，忠诚履责、尽心尽力、勇于担当。他们是“长袖善舞”的会计带头人，他们是新时代的“会计先生”！

会计巾帼是这样一群人：女性特质并没有成为她们的桎梏，反而让她们在工作生活中呈现出独有的职业魅力，精细、进取而优雅。越来越多的会计女性展现自身魅力和风采，她们追求独立与成功，同时也平衡事业与生活，发现美、体验美、享受美；她们践行自己的奋斗，更以多彩的方式书写自己的人生。

幸福源自奋斗，成功在于奉献，平凡造就伟大。每位会计先生、会计巾帼“最美会计奋斗者”的背后，都有一段精彩鲜活、富有说服力的故事，以小见大地诠释了奋斗奉献的专业精神，揭示了中国会计筚路蓝缕、砥砺前行的奋斗历程。

“十四五”时期，中国会计法规建设、会计标准建设、人才队伍建设、财会监督机制和会计服务市场建设等领域推进加速，新技术、新业态和新模式对现行会计模式构成较大挑战，包括数字资产和数字货币计量、人工智能技术应用中的风险管理、电子会计档案管理的保密性等方面将进一步规范。为应对更大的不稳定、不确定性，中国会计审计要适应商业模式转型升级、新一代信息技术应用、财务共享中心建设、公司治理完善的要求，加强会计审计人的数据分析能力、风险管理与控制能力、执业道德水平、持续学习和创新能力，提升沟通和协调能力。

当今世界正经历百年未有之大变局，我国正处于实现中华民族伟大复兴的关键时期。经过长期奋斗，我国经济实力、科技实力、综合国力跃上新的大台阶，中华民族伟大复兴向前迈出了新的一大步。习近平总书记强调指出：“立足新发展阶段，贯彻新发展理念，构建新发展格局，推动高质量发展，在危机中育先机、于变局中开新局。”中国会计必须同时间赛跑、同历史并进，用汗水浇灌收获，以实干笃定前行，唱响新时代奋斗者之歌。

2021 年是中国共产党成立 100 周年。从石库门到天安门，从兴业路到复兴路，为人民谋幸福、为民族谋复兴，砥砺初心才能赢得人心，真诚为民方可不负人民。包括会计先生、会计巾帼在内的中国会计人紧密团结在中国共产党的周围，发扬孺子牛、拓荒牛、老黄牛精神，保持前行路上的坚韧与顽强，升华会计星空中的模范与激励，汇成攻坚克难的力量源泉，书写中华民族伟大复兴的“会计篇章”！

（作者系全国政协常委，中国税务学会副会长）

序二

愿我们彼此照亮

秦中良

端坐于时光的脉络里，翻开《新时代会计人系列丛书》（第一辑）——正是您捧在手里的这一本，我不禁感慨岁月既悠长平静又如梭飞逝。从2002年《财务与会计》编辑中心组织出版《走进会计的日子》，到2004年出版《诚信的名义》、2015年出版《有梦会计人》，再到如今出版《会计先生》《会计巾帼》，整整20年过去了。徜徉在时光隧道中，细细回想这20年走过的路，《财务与会计》在实践探索与改革创新中砥砺前行，同广大财会人员一道，共同书写行业发展与时代变迁，一幕幕画面、一个个时刻，依然恍如昨日，历历在目。

或许，20年的时光着实不算短，一路走来，《财务与会计》见证了无数成长的故事，阳光总能透过编辑中心的窗子照进来，照在一本本刊物上，格外温暖，生出明亮的光辉。或许，在漫漫历史长河中，20年的光阴又是倏忽即逝的，岁月如流奔腾不息，艰难困苦后的玉汝于成，是梦想照亮了现实。在这背后，我们看到了中国会计事业的蓬勃发展，看到无数脚踏实地砥砺前行的会计人在平凡岗位上做出了不凡业绩，用实际行动诠释着会计人的时代风采，那些奔跑向前的身影，勾勒出会计世界繁荣的画卷。正因为如此，在中国共产党百年华诞之际，《新时代会计人系列丛书》（第一辑）的出版，是我们对这个伟大时代和广大会计人一次深情的献礼。

当我们翻开书页，遥远而熟悉的会计人风采再一次在眼前呈现——有推动我国会计事业迈向生机、迈向活力、迈向希望的“会计先生”，也有以巾帼不让须眉的姿态推动会计行业持续向上的“会计巾帼”。他们奋斗的过程并不轻松，夹杂着太多太多的辛苦和摸索，这些画面唤醒了我们内心深处对会计精神的记忆，将思绪拉回到故事的起点。从2016年起，编辑中心不遗余力地寻找新时代会计人的故事，请他们将自己的所思所愿——那些奋斗的过程、艰难的探索、成功的喜悦，化为笔、化为剑，书写在中国会计发展的大地上。日月交替，四季更迭，书中的内容在时间上跨度五年，涵盖了2016年至2020年《财务与会计》所刊发的新时代会计人风采的所有文章。我们希望这套丛书能够成为一扇窗，透过这扇窗，与您一起眺望会计世界里起伏的高山、连绵的大河、壮阔的草原、茫茫的大漠，看到一幅幅景象组成的波澜壮阔的画卷，汲取前行的力量。

每每读起这些会计人的故事，都深觉震撼，他们以积极进取的精神风貌，弘扬着时代的正能量，细细品味，在细腻平实的文字背后，折射出的是新时代会计人奋斗路上永不止步的光芒，仿若胸中有一团焰火，聚星火燎原之势，燃烧出会计领域的崭新天地。

您且听，那一声“先生”，沉淀着尊严和学养的分量。《会计先生》一书中，有以负责的职业精神、严谨的求知态度、执着的理想信念，在财会领域践行“勤勉、睿智、诚信、担当”的会计先生。“仰观绝顶上，犹有白云还。”时代变迁，一代又一代先生立于高山，引领后生前行，新时代的先生也自山麓攀登，用坚守与创新丈量脚下的土地，用奋进与拼搏增添高山的巍峨，登高远眺时的呐喊传递着新时代铿锵的声音。收录的68篇文章中，有会计先生职业生涯的成长故事、奋斗历程和精彩华章；有激励自己成长进步、不断超越自我的精神力量；有成功之路上的感悟和家国情怀；有昂扬向上的人生观念和积极健康的生活方式；也有平衡工作、学习、家庭和社会的密码……这些会计先生的故事，是照亮会计前行路途的光，也愿它们成为激励广大会计人的一盏心灯。

您且看，那一句“巾帼”，蕴含着勇气和感动的力量。《会计巾帼》一书中，有美在坚守、美在努力、美在拼搏，在财会领域“乐享工作，乐品生活”的会计巾帼。她们坚毅如磐石伫立、坦荡若清风明月、娴静若秋水长天、勇敢如峻挺高山。即使乱云飞渡，也有“她力量”迸发出闪耀的光彩，如同烈日焰火；即使浮云遮眼，也有“她情怀”在心间挥之不去，如同汩汩清泉。收录的120篇文章中，有事业成功女性收获的经验和认识；有伴随着外部要求的不断提高对实现自我价值的追求；有职场定位和目标发生变化时的感悟和体会；有在繁忙的工作之外保持积极生活态度的分享；有身处激烈的职场环境，缓解压力、调节生活的爱好或方式；也有结合自己的经验和认识，为年轻的职场女性提供有关人生、事业的建议……新时代会计职业女性对自我价值的不懈追求，饱含着对生活的无限热爱，推动会计行业乃至整个社会持续向上，当代巾帼绽放的冉冉风华，如同灯塔般照亮一方。

古语有“见贤思齐”之言，这些会计人的成长轨迹并非无法复制，他们用奋斗诠释着会计人的精神，那些努力、付出足以打动我们的心。有时，我们想要游向更远的海洋，但请别忘记我们也身处在水中央，在前行的航程中，江河湖海的磅礴之势固然壮大，但朵朵浪花的微小之姿也同样可贵。把简单的小事做好就是不简单，把平凡的小事做好就是不平凡。一个人的理想越贴合时代，对时代使命认识越深刻，社会责任感也就越强烈，也就越能集中自己的力量和智慧为实现社会发展的目标而奋斗。拥抱时代，镌刻梦想，再平凡的小事里也都流淌着星海。虽然书中收录的文章有限，但每个人其实都是时代这本“大书”的作者，用时光的交付，书写着自己的人生，虽然我们无法预料下一页的内容，但一分一时，一日一月，我们用真心做笔，以生活为纸，以时光为墨，且行且书写，且写且向前。只要不辜负自己，无愧于时代，将每一件平凡的小事做好，折射平凡岗位上的时代风采，如此，便是最好的著作。

“黄金时代，不在我们背后，乃在我们面前；不在过去，乃在将来。”时序更替，华章日新，正值中国共产党百年华诞之际，触摸中国共产党百年征程的脉搏，感受百年的岁月峥嵘、百年的初心如磐，我们感到时代发展的喜悦。岁月的叶子，被奋斗者填满生机盎然的色彩，正如冰心所说：“成功的花儿，人们只惊羡她现时的明艳，然而当初她的芽儿浸透了奋斗的泪泉”。在文字中探寻力量，在精神中汲取能量，在故事中积攒温暖，当我们在时间的刻度上梳理过往的文章，其实也是站在未来的角度思考当下。2021 年，注定在历史的长河中闪耀，百年大党激荡新气象，亿万人民奋斗新征程。伴随着“十三五”的脚步，我们由 2016 年对新时代会计人风采的初探开始，历时五年的坚守，得以有了《新时代会计人系列丛书》（第一辑）的雏形，在过去五年无数财会人的奋斗中，我国会计改革与发展取得了令人振奋的成果，我们怀揣希望，充满信心，一往无前迈向下一个五年的壮阔航程。眼下，“十四五”大幕拉开，梦想开启新的航程，这个五年，我们将继续保持并发扬向上、向前的力量，用不懈的奋斗在中国大地上续写新的璀璨华章，也愿您一同走进我们的故事，有一分热，发一分光，如同点点星火，共同汇聚起盛大光芒，不断在接续奋斗中继往开来。

也许，在每个人的脑海中，时代的印记都不尽相同，或是一段刻骨铭心的记忆，或是一句具有时代特点的标语，或是一场盛大热烈的仪式，或是一个地标，或是一件物品，又或是一本书，这些都足以唤起每个人对一个时代的记忆。我们想象着这样的情景：当您将这本书捧在手里，当您的手指划过扉页、目录，当您的目光在一篇篇文章中流连，我们的心便连接在了一起。“岁月极美，在于它必然的流逝，春花、秋月、夏日、冬雪。”光阴流逝，岁月含香，愿这本书能够成为一束光，如光的折射温暖了流动的空气，无论沧海桑田，这束光永远都在。朝着光亮的方向望去，我们对会计人风采的不懈寻找、传统纸媒面对挑战始终不吝版面地推介、对会计精神一如既往地坚守，便有了更深远的意义。当您翻开书的那一刻，书背后的故事便如同徐徐展开的画卷铺展在您的眼前，若您能透过某个画面，看到这些故事蕴藏的一丝光芒，我们就会感到温暖与值得。

感谢您，长路迢迢，一路相伴，也温暖了我们的时光。

愿我们彼此照亮。

（作者系中国财政杂志社副总编辑）

目 录

第一篇　2016 年（上）

第二篇　2016 年（下）

第三篇 2017年（上）

第四篇 2017年（下）

第五篇 2018年（上）

第六篇　2018 年（下）

第七篇　2019 年

第八篇　2020 年

第一篇

2016年（上）

编者的话

古往今来，有这样一群人：他们有着坚实的学识、坚韧的脊梁和坚定的信念，纵然身处险境、命运多舛，依然淡定从容、矢志不渝；他们有知识，也有情趣，有个性，更重品性；他们为国传承与担当，为后辈的成长赢得时间、空间和方向感；他们宛如灯塔，各自照亮一方山河。他们原本有着许多身份，但均不及“先生”二字来得亲切、大气，可俯身亦可仰望。“先生”，不仅是一个称谓，更是一种修为。“云山苍苍，江水泱泱，先生之风，山高水长。”范仲淹的千年一叹，可谓“先生”一词的最好注解。

在全国1900万会计人中，也有这样一群人：他们勤奋敬业、自强不息，不断提升人生高度；他们有眼界、有远见，明晰决断、推动创新，为财会工作更好地服务企业发展和价值创造贡献心智；他们坚持原则、诚实守信、一诺千金；他们面对机遇与挑战、困难与风险，忠诚履责、尽心尽力、勇于担当。他们是“长袖善舞”的会计带头人，他们是新时代的“会计先生”！为充分展现其精神风采，书写其人生奋斗历程和家国情怀，本刊推出以“勤勉、睿智、诚信、担当”为主旨的当代“会计先生风采”专栏。拟分两期推介16位与专栏主旨高度契合的“会计先生”。

2016年第19期介绍的8位“先生”，来自不同行业，身份也不尽相同，但他们均执着梦想、追求卓越，将事业提升到崭新的高度。王文京，从国家机关工作人员到财务软件公司掌舵人，角色在改变，但用创想与技术推动会计和财务进步发展的理想从未改变。蒋占华，学会计、做会计、研会计、教会计，儿时的梦想与不懈的努力最终成就了丰富多彩的会计人生。傅俊元，认真做事，快乐生活，事业风生水起，生活有声有色。张克，以深刻的内容充实生活的每一个瞬间，在“告别‘国际’、走向国际”过程中收获了实现自我、创造价值的喜悦与幸福。吴建斌，一个敢于“跨界”又乐观的财会人，用平衡之道收获了精彩人生。杨剑涛，以“专业报国、服务社会”为己任，通过国际网络领导角色传播中国会计声音、彰显中国会计力量。胡少先，坚持民族品牌与专业报国的使命，燎原星火，燃烧出一片崭新天地。韦秀长，坚守梦想，追求卓越，践行创新，完美演绎着会计人生三部曲。

“先生”不只是一个谦恭礼贤的敬称，更代表着一种血肉丰满的精神。2016 年第 19 期推介的 8 位“会计先生”，可谓是“勤勉、睿智、诚信、担当”当代会计精神的生动体现。我们期望通过书写当代会计先生的所学、所知、所感、所想，激励更多的人学习“先生之风”、迈入先生行列、成为铸造时代会计精神的领军人才，从而推动我国会计事业迈向更加充满生机、活力和希望的灿烂未来！

王文京

用创想与技术推动会计和财务的进步发展

王文京，用友网络科技股份有限公司董事长兼CEO。中国软件行业协会副理事长，第九届、第十届和第十一届全国人大代表，曾获“2005年度全国劳动模范”“中国优秀民营企业家”等荣誉称号。

会计从一开始就与计算和记录技术结合在一起，每次计算和记录技术的重要发展都会对会计的发展产生影响，有时这种影响甚至是革命性的。

1979年，当我还在原江西财经学院（现江西财经大学）财务会计系就读时，需要同时学习珠算和计算机两门课程，可以说算盘和计算机这两种代表不同时代的计算工具都被我“赶”上了。当时PC（个人电脑）还没有在中国院校使用，计算机还是不多见的精密仪器，虽然我们整个学期只到学校的计算机房上过两次机（用的是国产DJS130小型计算机），但每次进入机房前都必须穿上白大褂、换专用拖鞋。正是这一学期的计算机课让我对软件编程产生了兴趣。

1983年大学毕业后，我被分配到国务院机关事务局财务管理处（现财务管理司）工作。作为刚刚走出校园的大学生，身上有股“初生牛犊”的劲儿，当我们向领导提出应用计算机、让中央国家机关的财会工作实现电算化的建议时，得到了领导的积极支持，并决定由我牵头负责组织中央国家机关行政财务会计信息系统的开发和推广应用工作。

在我的组织下，我们选择了中国软件技术与服务公司作为软件开发单位，我负责软件需求和测试，以及应用推广工作。在系统开发的一年多时间里，我除了白天的工作外，晚上和周末基本都在机房度过，经常一待就到了凌晨。在这期间，我也学习到了真正的软件工程方法。系统开发完成后顺利通过了电子工业部的部级鉴定，这也是国管局历史上第一个通过部级鉴定的项目。随即我组织举办培训班，轮训各部委和人民团体的机关财会人员使用这套系统，后来又全面推广到全国人大、全国政协及各民主党派机关。推广工作完成后，为保障系统在各机关的平稳、安全运行，我又转为做起了用户使用维护服务工作。任何一个机关的系统使用出现问题，如果电话里无法得到解决，我就骑自行车前往现场检查调试。由于负责的这个项目从开发到推广应用取得成功，我的工作得到国管局机关各级领导的认可，我先后被评为“先进工作者”“新长征突击手”，还被破格晋升过一级工资，并在全局干部大会上作了先进事迹报告。

系统在中央国家机关全面推广完成后不久，我国第一个高新技术产业开发区——北京新技术开发试验区（北京中关村科技园区的前身）于 1988 年由国务院批准建立。听到这一消息后，我和司里与我同一年分配到机关、同样对计算机很感兴趣的苏启强都激动不已，我俩向机关递交了辞职报告，申请到中关村创办民营软件企业。

我们创办的企业就是用友公司的第一个阶段——用友财务软件服务社。服务社于 1988 年 12 月 6 日注册成立，业务定位为财务软件的开发和推广。在 1988 年之前，我国还没有专业从事商品化财务软件开发和服务的企业，基本上都是各单位自行开发、自行应用，最多在系统内推广，基本处于低水平重复状态（我记得当时在《财务与会计》刊登广告的还是几家做手写账簿和会计凭证装订设备的厂家）。在 1988 年夏季和秋季，原财科所（现中国财政科学研究院）和中国会计学会分别在河北省承德市和吉林省吉林市召开了两次会计电算化研讨会。两次会议我都参加了，还在会上提交了《走专业化、商品化、社会化道路，加快发展我们会计电算化事业》的论文。1988 年先后有上海立诚事务所（私营）、北京先锋集团（当时中关村的一家科技企业）开始向社会提供商品化财务软件和服务，在这一年年底我们也正式加入了这一阵营。

创业初始，服务社只有我和苏总两个人，白天我们骑着自行车去推销软件或者给客户提供维护服务，晚上就在住处编写和优化软件。由于我和苏总都是学会计的，尽管当时还没有“用户体验”一说，但我们希望新公司开发的软件是财务人员特别容易学、特别容易用、喜欢用的，为此我将公司取名为“用友”，即“用户之友”，这是用友的初心。为开发出更具竞争力的报表软件，1989 年我们在还是个体服务社的微弱财力下，决定“勒紧裤腰带”投资 50 万元，组织当时国内一批最优秀、年轻的软件人才封闭了近一年，开发出了既拥有用户易用的 EXCEL 界面风格，又具有极强财经类电子报表功能的报表系统——UFO。UFO 一问世就得到用户和业界专家的好评，被誉为

“中国第一表”，在财经报表领域领先了十几年。

作为全国会计工作的主管部门，财政部从20世纪80年代末期开始就高度重视会计电算化，与当时很多其他部委以自行组织软件开发和推广为主的政策措施不同，财政部制定了会计核算软件（财务软件）的评审办法并基于这一办法组织软件评审，通过评审的软件可以在全国范围内推广应用。这一政策推动了我国商品化财务软件的开发和推广，促进了国产财务软件产业的壮大发展。第一家试点通过财政部评审的财务软件是先锋公司的CP800。用友财务软件也于1990年4月会计核算软件评审办法正式发布实施后率先通过财政部评审。

通过财政部评审后，用友财务软件开始向全国市场推广。通过一段时间的摸索，我们在全国市场转为以发展地区代理商的方式进行推广。1990年6月，我们组织了全国第一批用友财务软件代理商的集中培训，此后用友的市场营销部门通过几年的努力，组织发展起我国财务软件行业最大的代理商网络。1991年，用友财务软件的市场份额超越同行成为第一，并一直保持至今。一家同行公司老总多年后跟我说起：开始他一直不能理解为什么用友财务软件能够市场领先，有一次他到内蒙古海拉尔出差，在这个偏远的小城市他看到了一个“用友财务软件代理”的牌匾，他突然明白了他的公司为什么没有竞争过用友。

随着信息技术的发展，我国财务软件产品经历了DOS版、Windows版、C/S（客户机Client/服务器Server架构）网络版和B/S（浏览器Browser/服务器Web Server）网络版几个阶段。90年代后期兴起的B/S计算架构正好适应和支撑了90年代中期开始我国企业集团化发展的潮流，支撑了集团企业对所属企业实现会计信息集中处理、财务集中管理、加强集团管控的需要。1997年，用友公司研发部门根据客户企业需求，在中国业界率先选择采用了B/S的计算架构、Java开发环境和大型数据库，研发了全新的集中式财务系统9.0，这也是后来用友面向大型企业的管理软件产品NC的前身。用友基于B/S架构的9.0版财务软件的推出，使得我国企业会计信息处理和财务管理进入“财务集中”时代。

继财务集中管理之后，企业人财物、产供销信息化应用一体化成为新的需求和趋势。1998年，用友适应客户和市场发展推出分别面向大型企业（高端市场）、中型企业（中端市场）管理信息化的企业管理软件（ERP）产品NC、U8，之后又推出了面向小微企业（低端市场）的T系列。将企业管理系统重要子系统之一的财务软件系统融入企业管理解决方案和软件套件中，使用友的产品和业务从部门级应用的财务软件（用友的1.0时期）走向面向企业内部全面信息化的企业级应用的用友ERP（用友的2.0时期）。在2.0时期，用友高、中、低三个系列的企业管理软件在中国市场都取得最高的市场份额，从2002年起，用友成为中国和亚太本土最大的企业管理软件提供商，并一直保持至今。

2010年前后，伴随以移动互联网、云计算、大数据以及后来的人工智能为代表的新一代企业计算技术在全球的快速发展，财务及企业信息系统的计算架构又开始向C/C（客户端Client/云服务Cloud service）架构发展。2010年年底用友公司宣布开始发展企业云服务产品，2014年确立了全面进军企业互联网的发展战略。用友推出的NC集团企业财务共享服务和用友旗下面向小微企业的畅捷通公司推出的易代账和好会计等公有云模式的小微企业财务云服务，使得我国会计和财务又进入“共享服务”的时代。2016年8月，用友公司正式对外宣布进入以服务企业的互联网化、金融化为战略方向，以软件、云服务和金融服务为三大核心业务，面向社会化商业的社会级企业计算服务的用友3.0——“企业互联网服务”时期。

本次应《财务与会计》编辑部的邀请，撰写的主要是反映用友发展过程中我亲历的一些故事。在用友近30年的发展过程中，我切身体会到，技术的发展进步不仅改变了会计信息处理的工具与方式、财务管理的手段和模式，对会计和财务的内涵、外延甚至存在的形态以及由此引发的整个财务会计服务产业也产生了巨大的影响和改变。

“用创想与技术推动商业和社会进步”是用友公司的使命。这一使命指引了用友此前28年的发展，未来我将带领团队在这一使命的引领下，持续创新，继续前行！

（原载《财务与会计》2016年第19期）

蒋占华

蒋占华，中国煤炭科工集团党委常委、总会计师。财政部管理会计咨询专家，财政部内部控制标准委员会咨询专家，中国财政科学研究院、北京国家会计学院等硕士生导师。

我人生中最正确的选择

古人云“男怕入错行，女怕嫁错郎”。至今我认为最正确的选择就是入了会计这一行，把“学会计、做会计、研会计、教会计”作为终生的事业。

学会计

与会计结缘源于儿时父母的一次对话，那是1976年的除夕，我13岁，家里仅有的两间茅草房住着一家7口人，父亲在煤油灯下对母亲说：“就是砸锅卖铁也得让儿子上中学，回到生产队争取当上会计”。当时，我国农村还处于人民公社时期，生产队社员参加集体劳动，实行工分制。那时，工分几乎是一个家庭收入的命根子，孩子上学、穿衣购物、油盐酱醋等一应开支均来源于此。我家和生产队的会计家都是7口人，劳动力完全一样，生产队的出勤也基本相同，按说工分应该一样，但是会计家每年都从生产队分红，而我们家操劳一年却还要向生产队交钱才能过年，这都是由于会计算账存在问题而导致。无意中听到的父母对话深深印在我心里，“当一名会计，真实反映会计信息”成为我儿时的梦想。我是幸运的，恢复高考后，我报名参加了高考，当时，对于财务会计专业，大部分院校只招文科生，仅有少数院校是文理兼招，作为理科生的我把所有的志愿都填报了财务会计专业，最终我如愿以偿考上了会计专业。

做会计

1985 年，我大学毕业后被分配到国家建材局咸阳陶瓷研究设计院财务科，第一份工作就是做出纳。大多数时间里，我除了收付现金就是在单位和银行之间奔波，这份工作看似简单，对我来说却受益匪浅：一是使我在工作中更加细心，二是清楚地了解了资金运动和会计核算全过程，三是掌握了财务工作中的漏洞和不足，有助于加强内部控制工作。那时，设计院经常把自己设计的产品图纸卖出去，由别人生产产品，设计院只挣取图纸转让费。当时我就在想，为何我们不自己生产产品呢？在我的提议下，咸阳陶瓷研究设计院开始了将科研成果转化为生产力的尝试，把当时获得国家科技进步二等奖的“柱塞泥浆泵”科研成果，由转让图纸变为在院实验工厂加工成产品出售，后来逐渐实现量产，产生了很大的经济效益。在此过程中，单位的财务管理和会计核算也发生了根本变化，由经费支出改为试行成本核算，我参加了成本核算办法全过程制定的整个过程，并亲自负责成本核算。这次将会计理论付诸实践的经历让我体会很深，后来我根据此案例撰写的《卖“鸡”还是售“蛋”》一文公开发表。

1992 年开始，我国会计职称由评定改为考试。我有幸参加了全国首次中级会计职称和注册会计师资格考试。2015 年，财政部会计资格评价中心从会计人员职称库中拟选一名首次通过会计职称考试、一直从事会计工作的会计人，我有幸被选中，拍了微电影《会计之路》（在财政部微电影大赛中获得一等奖）。

2003 年年初，国务院国资委成立伊始，开始探索新的监管模式来推动国有企业的改革和发展。在国有企业设置的“三总师”（即总工程师、总经济师、总会计师）中，国资委特别重视财务会计工作，认为中央企业的财务会计工作是企业管理的核心，并将总会计师列入了中央企业的班子成员，总会计师的地位从制度上得到保障。当年 9 月，国资委开展了对市场化职业经理人的选拔工作。这场始于 2003 年的央企全球招聘，后来曾改变了很多财务人员的命运。当时我作为中国材料科工集团公司副总会计师也参加了这场竞聘。在海选中，来自国内外 2000 多名具有高管资格的应聘者公开角逐，有些职位比例甚至达到 168∶1，竞争非常激烈。最终，经过层层考试、测评、国内外媒体公示，我被任命为中国煤炭科工集团总会计师，获得了职业上的一次重大提升。此后，由于表现突出，受国资委公开招聘办和中组部领导干部考评中心的委托，我多次参加了国资委公开招聘央企高管的命题工作，完成了由“考生”到“考官”的转换。

研会计

参加工作后，单位并不重视会计工作，特别是计划经济时期把会计工作看作出纳，并不参与企业的核心管理工作。“一把算盘一支笔”，就是当时会计的形象。但我认为做会计不但要把工作做好，更要从理论上研究会计。1987 年国家科研体制改革，鼓励科研机构发展成新型的科研生产经营实体，在此基调下，当时财政部、国家科委联合制定发布了《科学研究单位会计制度》。国家建材局为使新会计制度能够在建材行业科研单位顺利落地，拟编写一本讲解新会计制度的教材讲义，我很幸运地被抽调到北京担任编写组成员，说起这次机遇，还要提到《卖“鸡”还是售“蛋”》一文。当时我很疑惑，一个刚出茅庐的年轻财会人员，为什么会在全国建材行业科研单位被选中呢？后来听说，其实是因为当时部委领导在杂志上看到了那篇文章，认为作者还是有一定的观点，应该培养和锻炼年轻的财务会计骨干。此次编写经历使我的财务会计能力实现了质的飞跃，后来，会计理论研究逐渐成为我本职工作之外的一大爱好，从事财务会计工作的 30 多年，先后在《财务与会计》《会计研究》等国家级刊物上发表学术论文 50 余篇，多篇获奖，1999 年发表的《科研院所转制中应研究的财务会计问题》被评为当年中国会计学会会计学论文三等奖；《信息化：管理会计的主要抓手》被评为 2015 度《财务与会计》优秀文章二等奖。此外，还出版了《最新管理会计学》《企业内部控制配套指引讲解及案例解析》《中国上市公司内部控制指数研究》等 7 部专业著作，并且参与了国家或各行业等多项会计制度的编写。作为课题负责人，我还承担了国家重大软科学研究课题《企业研发费用所得税加计扣除相关问题研究》等科研项目 10 余项。2014 年，我当选为财政部管理会计咨询专家和财政部内部控制标准委员会咨询专家。

教会计

作为北京国家会计学院领军人才导师和财政部中国财政科学研究院 MPAcc 研究生导师，我在指导学生写作论文时，经常要求他们要理论联系实际，同时要有所创新。记得在指导首期中央国家机关领军企业班一名学生的毕业论文时，基于选题《国内大型企业集团推行会计档案电子化案例研究》，我建议应首先对我国会计档案电子化的政策环境及实施问题进行阐述，再以所在集团为例，对如何实现传统会计档案管理和会计档案电子化并行运转进行分析，最后阐述集团在试点过程中遇到的困难和挑战并提出相应的应对措施。该论文最终被评定为优秀论文。事实上，教授会计对我个人来说也是一个自我学习和提高的过程。

学会计、做会计、研会计、教会计。儿时的梦想、不懈的努力最终成就了我丰富多彩的会计人生。直到今天，我仍然坚信，从事会计职业是我人生中最正确的选择。

（原载《财务与会计》2016 年第 19 期）

傅俊元

傅俊元，中国交通建设股份有限公司执行董事、财务总监、党委常委。2010年中央国家机关先进会计工作者，2013年国务院政府特殊津贴获得者。

认真做事 快乐生活

从1983年大学毕业至今已33年了，期间一直从事会计、审计工作，在部委机关13年，担任大型企业集团总会计师也近20年了。回想30多年的工作经历，有的事无论对企业还是对个人都是很有意义的。特别是中交整体上市，虽已过去10年，依然被我看作是职业生涯中最富挑战、最值得回味的事情。

2005年12月，原中国港湾建设（集团）总公司与中国路桥（集团）总公司以强强联合的方式组建中交集团，我也从中国港湾公司总会计师岗位转任中交集团总会计师。集团组建伊始就启动了整体上市，我任上市办主任，具体负责上市工作。坦率地说，两家企业刚合并就着手上市是有相当风险的，有不少人持反对意见，理由是企业刚合并还需磨合。中交领导班子仔细权衡了利弊，认为磨合可以有两种方式：一种是慢慢的经历一个长期的过程，另一种是通过某一件事加速磨合。而我赞同通过上市这一涉及企业方方面面的工作加速企业的磨合。

以往国有企业一般采取包装上市（剥离公司不良资产上市），而中交选择了整体上市。我认为，不良资产只是一个相对概念，关键在于如何经营，如何变废为宝。只要资产权属关系明确就可以进入上市公司，与是否属于不良资产并无太大关系。我们的承诺是，投资者买的是中交股份的成长性而非资产，中交股份会用增值和利润分红来回报投资者。最终中交集团99%的资产都进入了中交股份，上市后也向投资者兑现了承诺。中交股份上市前资产总额1269.52亿元，营业收入1148.81亿元，利润总额55.14亿元。到2015年年底，资产总额7310.51亿元，营业收入4044.2亿元，利润总额亿元194.1亿元。上市后累计现金分红217.06亿元。

2006年3月，中交启动上市，当时面临的首要难题就是时间紧迫，必须尽力压缩时间，尤其是繁冗的审计工作。以上市所需的3套报表为例，会计事务所通常的做法是：所有子公司同时做第一层表，结束后再做第二层表和第三层表，若其中一个环节出了错误，每一层表都必须全部重做。当时中交集团在海外有四五十家子公司，如果按照这种做法审计很难如期完成。于是我决定另辟蹊径，变横向的多头管理为纵向管理，即由会计事务所和中交集团各抽调40多名业务骨干，两人一组负责一个子公司或办事处，纵向编制3张表，最后将四十几张表横向相加。这样，由于审计人员的精力集中于一家子公司或办事处，出错的概率很低，最终仅用3天时间就完成了海外公司报表审计编制工作。

作为第一家于境外整体上市的特大型国有建筑施工企业，意味着没有可效仿的模板，一切都要自己靠自己过河尝试。除时间紧外，其他难题也在上市过程中层出不穷，例如，如何列支中交离退休员工社保以外由企业承担的额外补助费用。之前该笔费用从企业成本开支，但上市公司无法再继续承担。这让我们非常为难，一边是离退休员工的利益，一边是上市公司的要求。但经过研究，最终找到一个两全的方法，即将资产评估增值的一部分资产通过精算的方式预留出来，每年通过一定的方式补贴给离退休员工。这一方法获得了国资委的支持和批准，开创了解决国企上市类似问题的先河。

在以财务人员为主体的上市团队的努力下，2006年12月15日，中交股份在港交所主板挂牌，成为中国第一家实现境外整体上市的特大型国有基建企业。从启动上市到挂牌，仅用了八个半月时间，创造了央企上市速度的奇迹。上市对于企业而言，无论是对公司治理结构，还是信息公开透明，塑造良好企业形象都具有十分重要的意义。对于建筑施工企业而言，每一座桥和每一项工程都是丰碑。同样，把一个企业从非股份制变成一家真正事实意义上的上市公司，这也是一种丰碑。

作为企业财务领导，有时会根据工作需要临时主抓一些具体工作，但更多的精力是放在思考、实施企业财务战略以及加强财务管理上。如果说资金是血液，那么资金结算中心就是血管。20世纪90年代末，我在中国港湾建设（集团）总公司担任总会计师，力抓的一项主要工作就是建立集团资金结算中心。要推动资金结算中心构建不是件容易的事，原先由各单位自行管理的资金交由集团统一管理会涉及权利、利益等一系列问题。因此，起初阻力很大。在公司主要领导的大力支持下，1999 年 5 月 18 日在上海成立了中国港湾第一家资金结算中心，随后陆续在广州、武汉、天津等地建立了资金结算中心。2005 年中国港湾和中国路桥合并成立中交集团后，又根据业务需要在子公司密集的北京、西安地区增设了资金结算中心，国内资金管理结算网络基本形成。为加强境外业务资金集中管理，经国家外汇管理局特批，2009 年 1 月 8 日香港资金结算中心挂牌成立，这是国企经批准在境外设立的第一家境外资金结算中心。至此，中交集团绝大部分资金均通过资金结算中心进行集中管理，有效聚集了闲散资金，方便了公司间资金的调剂，减少了融资，有力助推了企业的快速发展。近年来随着外部环境的变化和企业发展的需求，中交还成立了财务公司，统领中交的资金集中管理，在资金结算中心的基础上，业务水平又有了新的提升。

做了一些工作后，荣誉和表彰也接踵而至。虽说自己对荣誉和表彰比较淡泊，但从中也受到激励。《机构投资者》是全球资本市场影响力很大的杂志，其每年评选的各类奖项为金融界高度关注，并被认为是同类评选中最具价值的荣誉。2012 年有 500 个投资机构的 935 位投资专家参与，通过严格的投票、科学的计算方法以及反复的审核程序，对亚洲范围内各个行业的上市公司、公司管理层及投资者关系团队进行评选。由于在战略思维、专业技能、风险控制、公共关系等诸多方面的表现获得认可，2012 年我荣膺《机构投资者》评选的亚洲“最佳 CFO”称号。更令我感到骄傲的是，2013 年获得了国务院颁发的政府特殊津贴，这项荣誉对于一个财务工作者而言非常难得。

读书学习一直是我生活的重要组成部分。工作后的 30 多年，可以说是我们国家发展速度最快的时期。原在大学学的专业知识已不能完全适应工作的需要，2004 年，我决定报考博士研究生。当时有很多人不理解，连上初中的女儿都问：“您都 40 多了还上什么学呀?”我记得当时是这样回答的：“第一，我想体验一下接受最高学历教育的滋味。第二，试试自己有无能力考上博士研究生。第三，我这么大年纪都要上学，你现在是不是更应该好好学习?”读博期间，中港和路桥合并重组，又开始启动上市，工作和读书交叉在一起，对自己来说确实是一项严峻的考验，好在挺过了那段艰难的时期。上市成功了，读书也没耽误，2008 年，我顺利获得了博士学位证书和博士研究生毕业证书。

工作和学习是人生的重要组成部分，但也绝不是生活的全部。我从 2000 年起就喜欢上了爬山，只要不出差，每周六都会去北京八大处爬山，不管春夏秋冬、不论刮风下雨，都持之以恒。后来，爬山队伍逐渐壮大，好多朋友、同事都加入进来，爬山地点和路线也经常变化，泰山、衡山、北京的八大处至香山等都留下了我们的足迹。爬山对锻炼意志、强壮体魄有很大作用，坚持了10年爬山后，为了保护膝盖，就改为健走和其他运动方式。不管什么方式，都有朋友、同事共同参与，大家一起运动、交流信息、分享快乐。除了运动，我还对摄影、写作很感兴趣，闲暇时或到处走走拍拍照片，或在家泡上一壶茶静静地写点东西，尽可能让自己的生活丰富多彩些。

认真做事，快乐生活，是我人生的主旋律。不管在什么工作岗位上，还是将来退休以后，我都会秉承这一原则使之成为生活的永恒主题。

（原载《财务与会计》2016年第19期）

张　克

张克，信永中和会计师事务所创始合伙人、中注协原副会长。2014 年获国际会计公报（IAB）“全球最具影响力 50 名会计专业人士”；2015 年入选 IAB “个人终身成就奖”最终提名。

在追求中实现价值

人们对待工作通常有两种心态：一种是把工作当作谋生手段，无论喜欢与否；另一种是把工作当事业，因发自内心的热爱，总想通过努力实现人生的一点追求。入行 34 年，我坚信自己属于后者。

同许多 20 世纪 50 年代出生的人一样，我经历过插队下乡、赶上了恢复高考。初中尚未毕业，我就被分派到陕南秦岭大巴山区开始了“再教育”的生活。在那个贫穷得近乎使用原始劳动方式的地方，落后贫苦的“农民”生活体验第一次磨练了我的意志。那段日子生活虽然艰苦，但我却从未茫然，闲暇时会翻出一本本从家带去的书籍阅读。或许是从小在知识分子家庭成长的缘故，看书已经成为我的一种习惯，而且使我受益终身。终于在 1978 年，我迎来了人生的重要转折——参加高考。在填报志愿时，10 个志愿我只填了最心仪的 7 个，“专业安排是否服从国家分配”一栏更是“大逆不道”地选了“否”，有关领导因此专门找我谈话，说我是“思想意识有问题”。那一刻我选择了沉默，却在心底默默地告诉自己，“事实会证明一切”。尽管今天在别人看来这种行为仍显得有些狂妄自大，但当时我确是自信，觉得要考就应考一个自己满意的大学。所谓“机遇总是留给有准备的人”，最终我如愿考上了中国人民大学工业经济系。

坦白地说，和许多同时代的同行相比，我的职业起点算是较高的。1982 年，我被分配到中国国际信托投资公司下属中国国际经济咨询公司财务会计与管理咨询部工作。在那个包分配的年代，能够得到这样的工作机会，对我来说是幸运的。虽然我并非会计专业出身，但机缘巧合，阴差阳错，我在注会行业长达34年的职业生涯就这样开启了。

当时中信公司作为改革开放的重要窗口，其突破计划经济体制的人事管理机制给青年人的职业成长提供了空间。带着年轻人初入职场的激情加之自身努力，我在入职后不到3年就被提升为正处级部门经理。为了专注发展注会业务，1987年，公司在原部门基础上又组建了中信会计师事务所，我成为实际负责人。让一个30岁出头的年轻人来领导一家事务所，这在尚由老前辈主宰的80年代的注会行业实属罕见。记得中注协原秘书长丁平准曾幽默地说："每次召开主任会计师、所长会时，放眼一望只见'白发丛中一点黑'哦!"由于当时大家对刚刚起步的注会行业还很陌生，又没有传承的经验，为找到一条适合的发展道路，我在中信集团荣毅仁、经叔平等领导的支持下，请来许多会计行业声名赫赫的老专家、老前辈，如李文杰、季树农、于家駷、钱锵等。后来随着业务扩大，又请了一些相对年轻的专家参与事务所的工作，包括中央财经大学的李爽、李天民、李翠芬等这些日后在会计界知名的专家教授们。他们的加入使中信事务所在起步时就在专业、理念等方面比其他事务所更具优势，短短几年间便成为当时国内最具声望的事务所之一。

如果说一个人在追求事业发展的道路上，踏实用心十分重要，那么我认为，作为一名团队的领导者，具备长远的战略眼光和坚定的决策立场对事业发展更不可或缺。1992年，随着我国改革开放的深入，六大国际会计公司开始纷纷进入中国内地审计市场。在与国际六大会计公司合并的浪潮中，中信事务所最终与永道国际会计公司结合。当时，其他5家事务所合资组建的方式都是中方派出由几人组成的小组进入外方事务所，这种方式直接导致中方后来丧失了合作所的实际话语权。相比而言，在中信与永道的谈判中，我却坚持合则全合，不合则全不合。全合一方面可以使中方人员全面学习外方的国际经验，以帮助培养我方的国际化人才；另一方面中方拥有一定实力也能更好地控制合作所，不会丧失话语权。后来事实证明，这个决策是正确的。在后来的实际分工中，外方负责人主要负责国际联络、系统技术支持以及税务业务，而审计业务、管理咨询、行政、财务、人事等工作则全由我来管理。由于双方合作融洽，在合资的最初几年，无论从业务还是人员规模，中信永道都保持了最快的发展速度，其中国业务在"六大"排名中位列第一。应该说，在中信永道的7年历练中，这种实实在在的"国际"起点对我个人而言受益匪浅。当时永道方面对合资事务所在技术系统和管理体系建设等方面的贡献及其认真、严谨的专业态度，确实给了我极大的启发，也无疑对我后来创建和管理信永中和事务所产生了积极而深远的影响。

如果生命是一场无法倒退的旅途，唯一的选择就是前进。1998 年，永道和普华合并，对我来说，这是一个契机。记得当时普华永道中国区的最高负责人 KENT WATSON 找我谈话试图挽留我，我对他说“我希望一是能开心些，二是要有一点成就感”。中国企业不能也不应永远依赖国际“四大”。中国需要自己的民族品牌事务所，中国注册会计师的才智应为本国所用。这种信念让我在“留下是高官厚禄，创业是艰难险阻”这个本该需要拷问本心的抉择面前毅然选择了后者。1999 年，怀着对梦想的执着和坚定，我带领前中信永道的 60 名“阶级弟兄”，在既无资产又无客户的困窘情况下创办了信永会计师事务所。创业初期，面临国内外同行的“围追堵截”，我也曾为了新生事务所的生存四顾茫然，但我相信，企业对于事务所的优质服务是有需求的，只要保证服务质量就一定能存活、能发展。事实证明，虽然我们因为不报低价、不给回扣失去了一些客户，但专业和操守为我们赢得了更多优质的客户。2000 年，信永事务所联合中和事务所成立了信永中和会计师事务所。短短 1 年间即成为一家质量过硬、管理有序、运转良好的事务所，奠定了在业界的竞争优势。

直至今日，合并始终是事务所实现规模迅速扩大的不二法门。但同其他事务所的合并方式不同，我们没有单纯通过形式上的合并去追求规模的扩大，而是坚持“管理一体化”理念，即在吸收合并其他事务所后，将其原有管理模式彻底打散，不但将人、财、物的管理全部收归总部，同时将业务的承揽与分配分离，由总部根据实际所需安排人力，以“粉碎式合并”的方式确保事务所合并后发展的稳定性。当时业内曾有人断言，信永中和这种“我吃掉你”的吸收合并方式不会有市场。的确，在一段时期内，我们在寻求合并的过程中步履缓慢。但随着信永中和价值观念和经营理念在实践中经受检验获得成功并促进事务所不断做大，志同道合者也越来越多。信永中和不仅没有在规模比拼中掉队，后来居上的潜力也随着时间的推移日益显现。

都说“上规模容易上水平难”。虽然事务所通过合并能够实现规模的迅速壮大，但要想真正做强，我认为首先还是要立足内涵式的发展。所谓“重内功甚于重市场”，信永中和成立伊始，我就提出要将内部治理作为实现可持续发展进而实现“百年老店”梦想的根基。为此，我们建立了各种有针对性的、科学严谨的管理系统：一是业务内控系统。为有效保证业务质量，我们在承接业务上设立评价系统，在计划实施上建立监控系统，在业务过程中应用复核系统。二是健全严格的内部管理机制。2005 年，信永中和创建完成了名为“协同管理系统”的高度集成化、自动化的事务所内部管理信息系统。该系统根据事务所的运作特点，将业务管理、客户管理、项目管理、财务管理和人力资源管理有机地集为一体，大幅提升了管理有序化水平和管理效率。此外，我们还借鉴国际会计公司的管理经验，加强对专业人员的技术培训。

毫不讳言，我1999年离开永道，实际上是有一点追求、一点抱负的，就是想做一个属于中国人自己的品牌事务所。而我也深知，要想做出品牌，为世界所认可，国际化发展道路无疑是必然选择。但是，和许多本土事务所或加盟国际会计网络组织或并入国际会计公司的国际化发展理念不同，我认为本土事务所品牌国际化的本质其实是消费过程的国际化、消费者的国际化。国际化发展的最高水平其实是“本土化”，即融入当地文化，成为当地被认知的品牌。因此，本土事务所要想实现真正的国际化，应主动将触角外延，通过在国际范围内的吸收合并建立属于自己的成员所，使民族品牌的影响力逐渐渗入国际市场。

基于这种理念，2005年，信永中和以进军香港为起点，通过合并香港何锡麟会计师行，打破了国际会计公司垄断中国境外上市市场的格局，实现了其国际化发展的第一步。记得合并前，香港方还曾经提出过，合并后两所体系可“取长补短”，但我毫不犹豫却又很委婉地说道，“恐怕我们的内部治理平台要比你们高，先到北京看看再定”。结果，对方4位合伙人在赶赴北京全面考察后只说了一句话：“我们跟你们了!”内部机制建设所创造出的价值在此刻又一次得到了体现。“香江突围”的成功不仅使信永中和向跻身国际事务所行列迈出了重要一步，更为国内事务所向国际化发展、香港事务所分享内地会计服务市场提供了方向、模式和有益尝试。随后2007年、2008年、2011年我们又相继进军新加坡、澳大利亚、日本。2015年2月，拥有230余人规模的马施云（Moore Stephens）墨尔本所与信永中和墨尔本所合并更名为信永中和澳大利亚，合并完成后又迅速开设了悉尼和布里斯班分所。为积极响应中国政府“一带一路”倡议，2015年10月，信永中和又合并了巴基斯坦哈米德·乔德利会计师事务所。就在前不久，在埃及开罗有着61年历史的Ayman Fathy Kamel会计师事务所也正式加入了信永中和国际，自此成为信永中和国际这一中国自主国际会计师品牌在中国大陆以外地区的第6家成员所。今天，信永中和国际已然初步形成了自己的海外布局，并借助全球信息化发展的浪潮，形成了属于信永中和国际的“服务构架一体化、境内境外协同化、工作标准统一化、综合服务一站化”的独特优势。

如果说谁能以深刻的内容充实每个瞬间，谁就能无限地延长自己的生命，我相信，“告别‘国际’、走向国际”的深刻经历无疑让我在体会创业的艰辛与困难的同时，收获了更多逐梦之旅中实现自我、创造价值的喜悦与幸福。未来，我将继续以“打造中华民族具有国际视野和国际服务能力的知名品牌事务所”为目标，用最大的努力、最深的诚意成就这份事业，实现自己的品牌梦想。相信通过一代又一代注会人的努力必将使行业的民族自豪感和国家荣誉感再一次得到绽放!

（原载《财务与会计》2016年第19期）

吴建斌

吴建斌，时任碧桂园集团执行董事、首席财务官，高级会计师，多所高校的兼职教授。拥有 30 多年的企业财务、会计、投资运营及信息化管理经验。

做一个敢于“跨界”的财会人

一个敢于“跨界”做事的人，是我很早就对自己进行的定位，不仅要把财会工作努力做好，还要在摄影和文学创作上有所建树。理论上讲，同时做好没有关联的三件事一定很不容易，但真正做起来我发现并没有想象得那么难。如何才能三者兼顾，我以为既要管理好自己的时间也要管理好自己的心情。时间和心情本属两个空间，有心去安排，是可以融合的。

工作靠业绩获得认可

转眼，我从事财会及相关工作已 32 年。回想这些年，快乐的时光远多于不快乐的日子。因为有较好的数学功底，逻辑思维较强，所以对数字有极高的敏感度，喜欢透过一堆数字看到数字背后的故事。因为喜欢，工作中总会发现不少乐趣，总是热情饱满。

选择了从事财会职业，工作就得做到极致，而且最好能成为这一领域的佼佼者或者专家，这不仅仅是一份责任的体现，也是改善自我生活水平的重要途径。

工作中我接触过的不少人觉得做财会工作很枯燥，账房先生没太大出息。对此，我的体会是工作态度很关键。20 世纪 80 年代末，集团北京总部选拔优秀人员派驻香港工作时，我是百里挑一被选中的。理由很简单，我做事认真、朴实、好学，领导交给的工作都能出色完成。还记得在香港工作初期，电脑应用还不普及，由于我在大学当过计算机科代表，比同事多了解了一点计算机知识，于是主动请缨推动信息化建设。这一管就是 27 年，为集团日后财会工作实现全面信息化及提高功效、节约成本发挥了重要作用。这一业绩，也获得了国家科技进步二等奖。

同一时期，我开始从事证券和外汇买卖，很快了解到资本市场的一些工具和特性。1992 年，公司在香港主板上市，我是参与此事的核心成员之一，对上市全过程有所掌握。上市之后，由我一路进行市值管理，与投资银行、商业银行建立了良好关系。到 2001 年，由于我过往业绩佳，公司决定吸收我加入最高决策层，分管财务、资本运作和信息化建设，由此有了创新机会和运作平台，更让我工作如鱼得水。

总结而言，我出身在一个普通家庭，从小出纳做起，历经数十年滚爬摸打，成为公司主要高管之一，靠的无非是四点：用心思考、勤奋做事、不断学习、用业绩证明自己。

善于总结是进步和成长的阶梯

从事财会工作多年的人都能明白，这份职业时常会遇到巨大压力、挑战及困惑。这都是“管钱”惹的祸。在很多人眼里，“管钱”的人权力大，其实不然，“管钱”的责任更大。

多年来，我一直努力以勤补拙。大学毕业后，我也从来没有间断过学习，不仅获得了硕士和博士学位，还发表过不少文章，让自己永远站在新知识的前沿而不致落伍。扎实的专业基础，为实际工作提供了有力支持，使工作中遇到的诸多问题迎刃而解。

经验要靠日积月累，所以，我时常对工作进行总结。一些经历过后，如果能静心总结记录下来，既可达到一举两得的效果，也是一个再提高的过程。2007 年我读完博士之后，又花了半年时间把论文要点结合对财务管理的感想汇集成《财务智慧》一书。

由此，我不仅系统梳理了相关理论，还对自己的财务认识和感悟做了一次全面整理，非常有意义。

找到适合自己身心健康的爱好

我写过五部长篇小说，出版过四部摄影集，举办过数十次摄影展。这些，都是工作之余完成的。有人问，你做了那么多事，哪来那么多时间？我的回答是，让我在同样的时间做更多想做的事情。常言道，你管不了太阳每天几点升起，但你能管好几点起床；在哪方面分配的时间多，哪方面给你带来的收获就大。关键还是你的兴趣落点在哪里，你愿不愿为此付出，付出了，就会有收获。

我写小说是为了抒发情怀和对人生、社会的感悟，同时，把在工作中遇到的矛盾转由小说人物去解决，不仅得到心情释放，还能正确地看待一些问题。在复杂环境里，一定要找到适合自己的有效减压抗压方式。

我开始摄影，初心只是为了锻炼身体。在香港，高楼林立，常年在冷气下密不透风地工作，既享受不到阳光普照，也呼吸不到新鲜空气。由于摄影，假期我都会爬山涉水，起早贪黑，使身体充分放松，心情得到陶冶。人放松了，才会正确看待很多事情。

敢于“跨界”可发挥相辅相成的作用

文学、摄影和财会分属三个不同范畴，而“跨界”让我实现了三方面的融通和平衡。文学在讲故事，要讲好故事就要有框架、情节、冲突、感情等；摄影也是这样，每一张照片都要有故事、构图、焦点、情感渲染、光影表达等；财会工作似乎也不例外，需要设计、实施、流程再造、重点突出、解决问题，等等。由此可知，摄影是艺术，文学是艺术，做好财会工作也是一门艺术。做好这三件事，需要不断平衡。

其实，人生也是一个不断平衡的过程，包括工作、生活、家庭等。长期而言，每一个方面都不能偏颇，若发现偏颇了，应及时修正过来。我很推崇中庸之道，即做任何事都不能偏激，要在人生过程中有意识地去平衡所有自己定义的重要事。世界之大，人生之短，唯有不断平衡，做好时间和心情管理，身心才能真正健康。

“跨界”代表着一种新锐的生活态度，是知识和经验多次或再次融合。通过“跨界”，可以走进不同圈子，汲取不同养分，建立丰富人脉，同时创新多元做事理念。做一个敢于“跨界”的财会人，多视角看待世界，多渠道获取资源，人生才会更加丰富多彩！

（原载《财务与会计》2016 年第 19 期）

杨剑涛

使命·责任·担当

杨剑涛，国富集团董事长，国富全球董事会联席主席。全国高端会计人才培养工程特殊支持计划指导专家，国家科技成果转化引导基金理事会理事，中国会计学会常务理事，北京市新经济组织党建研究会会长，北京社会企业发展促进会会长。2014 年入选全球会计领域最具影响力 50 人，三度入选中国十大财会人物。

春华秋实，岁月如歌。转眼间，我从事注册会计师行业工作已 27 年。回望 20 多年的创业执业之路，既经历了创业的艰辛、发展的烦恼，也体味了奋斗的快乐、成功的喜悦。

一、怀揣梦想，矢志专业报国

我是一名有 42 年党龄的党员，至今还清晰地记得 1978 年在部队党员大会上宣读入党志愿书、在党旗下握拳宣誓的那份激动与自豪。入党对我来说是认可，更是信仰。也正是这种信仰，鞭策并激励我走上了专业报国之路。

1981 年，我从部队转业到湖北宜昌的一家药厂工作，期间先后经历了核算员、主管会计、会计科长、财务处长等多个岗位，但始终没有离开会计工作。随着 1993 年市场经济载入《宪法》以及《注册会计师法》的发布，我意识到，我国注册会计师行业的春天即将到来。于是，在家人的支持和信任下，我辞掉“铁饭碗”，发起创办了宜昌首家会计师事务所——湖北宜昌发展会计师事务所。创业之初，事务所一无场所，二无经费，仅有包括 2 名党员在内的 6 名员工，稍微值点钱的东西是一台出报告的打印机和一辆作为交通工具的摩托车，办公室是临时借用的不到 50 平方米的两间房。艰难，不免让人有些心灰意冷，然而梦想的力量始终支撑着我不言放弃。凭着执着、热情和勇气，在接下来的4年里，事务所终于实现了业务收入从起步124万元到800多万元的突破性增长。

有了家底，我和同事们萌发了到“大地方”闯一闯的想法。1999年年底，事务所从宜昌迁往武汉，成立了湖北发展会计师事务所，员工增加到70多人。到2003年，事务所实现业务收入3240万元。武汉的快速发展提振了士气，抱着“要将事业做到北京去实现更大梦想”的坚定信念，2004年，事务所移师北京，成立了亚洲会计师事务所，当年实现收入4000多万元。2007年，全所业务收入已超1亿元。随后，2008年年底，亚洲会计师事务所与万隆会计师事务所合并成立了万隆亚洲会计师事务所。2009年9月，伴随着国务院办公厅《关于加快发展我国注册会计师行业的若干意见》（国办发〔2009〕56号）的出台，事务所又与五联方圆会计师事务所联姻，成立了国富浩华会计师事务所。

“五年实现30个亿的奋斗目标，我祝你们成功！”这是2010年1月29日，习近平同志视察国富浩华会计师事务所时给予我们的鼓励，一直鼓舞着我坚定地向前探索。2013年4月，在行业内密集的合并浪潮中，国富浩华与中瑞岳华会计师事务所合并更名为瑞华会计师事务所，成为全国规模最大的本土会计师事务所，改变了国际“四大”长期占据行业前四的格局。在此后的五年，瑞华始终是中国注册会计师行业的中坚力量和中国民族品牌事务所的坚强旗手。

2020年，在行业发展的新形势下，我们重新扛起了国富的大旗，恢复重建了国富集团，坚持专业化、多元化、一体化、国际化战略，制订“专、精、优、强”的发展举措，继续向打造“业内认同、社会信赖、让党放心”的民族品牌专业服务机构的目标阔步前进。2020年，国富集团入选北京市民营企业百强榜单。北京国富会计师事务所通过了财政部、证监会首批证券业务备案，入选了“2020中国最受母基金欢迎的会计师事务所TOP10”和“政府采购十佳会计师事务所”，恢复重建取得良好开局。

二、创新党建，促进做强做大

一家成功的会计师事务所不应是简单的以赢利为目的的经济组织，更应成为一个承载着政治、经济、文化及社会责任的有机整体。多年来，我们始终注重加强事务所党组织建设。事务所成立初期，我借鉴部队建立党组织的做法，率先在事务所成立党支部。随着事务所党员数量的增加和总部、分所党支部的建立，2009年经批准又成立了事务所党委，并坚持首席合伙人和党委书记“一肩挑”，倡导将“加强党建工作”写入《合伙协议》，推动事务所党委、管委会交叉任职，实行党务、所务共同管理。

针对“党组织覆盖难、活动开展难、作用发挥难”的问题，我们于2010年创新提出“党小组建在项目上”，制定了《项目党小组管理办法》，要求外勤时间超过 3 个月的重点项目建立临时党小组，安排党员注册会计师担任项目经理并兼任党小组组长，保密性强的项目组成员中的党员比例不得少于 20%。该做法作为案例被中组部写入全国党员学习培训教材《基层党组织加强和创新社会管理的实践》一书，成为唯一一家入选该教材的新社会组织。针对事务所实行特殊普通合伙制的新特点，为了使党建与业务工作更好结合，我们于 2014 年创新提出了“四联工作法”，即通过联席会议加强工作研究，通过联动执业确保业务质量，通过联系人才加强队伍建设，通过联网系统提升党建水平。

2020 年恢复重建国富品牌后，我们重新在国富会计师事务所成立了党委和群团组织，高举党的旗帜，加强党的领导，为更好地发展提供了坚强的政治保障。

三、常怀感恩，努力回馈社会

多年来，我一直倡导合伙人和员工要饮水思源、学会感恩，通过多种渠道在服务国家建设、促进深化改革中发挥积极作用。目前，国富集团拥有全国政协常委 1 人、省级政协委员 2 人、人大代表 1 人、全国高端会计人才培养工程特殊支持计划指导专家 1 人；多人入选全国高端会计（后备）人才培养工程，担任证监会发审委委员，被多地政府、注协聘为顾问、专家委员。他们积极为党和国家实施“四个全面”战略布局、践行“新发展理念”、推进经济社会转型升级等建言献策。此外，我们还热心参与社会公益事业和扶贫济困，通过组织员工为地震灾区和老少边贫困地区捐款捐物，与革命老区的贫困学生结成帮扶对子，捐资兴建希望小学和修桥铺路等。

多年来，我个人亦一直积极参与社会公益事业，曾与 10 多名革命老区学生结成帮扶对子。每当看到受资助学生寄来的新年贺卡和写信汇报学习工作情况，就会情不自禁地热泪盈眶。一位曾经受资助的贫困地区大学生毕业后在国富就业，她曾感言：“这是一个让梦想绽放的地方，这里有我职业生涯的引路人，有情如兄弟姐妹的同事，有深厚的文化底蕴，有良好的执业环境，有施展抱负的广阔舞台。虽然我没有显赫的家庭背景，天资也谈不上聪颖，但我会怀着一颗感恩的心恪尽职守、勤奋工作，以专业服务社会、报效国家，贡献青春和力量。”看到这些发自肺腑的文字，我由衷地感到欣慰。

此外，我们还注重发挥自身优势，与南京审计大学合作成立国富学院，与北京国家会计学院签订合作协议，为行业培养输出更多的专业人才；注重发挥在党建引领和社会建设中的积极作用，发起设立了北京市新经济组织党建研究会和北京社会企业发展促进会，作为会长，我有责任输出我们的党建工作经验，为支持社会事业发展贡献力量。

四、厚植友谊，讲好中国故事

改革开放政策为我国会计师事务所走出国门、拥抱世界提供了更多机遇和广阔舞台。近年来，我国注册会计师行业的快速发展也不断引起了国际同行的广泛关注。在此背景下，2011 年，我开始担任国富全球董事，并于 2014 年 10 月当选联席主席，2021 年已是第四届任期。在履职过程中，我坚持“着眼全局、尊重差异、分享发展、以诚待人”四条原则，努力通过国际网络领导角色传播中国声音、扩大中国影响力、彰显中国力量。记得 2015 年 9 月，在美国芝加哥召开的国际董事会上，针对个别西方人士唱衰中国经济的观点，我坚持强调：“中国经济发展长期向好的基本面并未变，因为经济韧性好、潜力足、回旋余地大的基本特征未变，经济持续增长的良好支撑基础和条件未变，经济结构调整优化的前进态势就不会变。步入新常态的中国经济，仍然是世界经济的强劲引擎”。

目前，国富集团、北京国富会计师事务所、国富浩华（北京）税务师事务所有限公司、国富浩华咨询（北京）有限公司均系国富全球的成员机构，与全球 146 个国家及地区的成员所实现了紧密的业务联系与专业支持。为积极响应国家“一带一路”倡议，国富全球先后在北京和上海举办了“一带一路”国际研讨会和国际峰会，扩大了国际交流和影响，全球 16 个关键热点国家和地区的成员所成立了专门的中国业务部或“中国桌”，为中国企业走出去提供专业服务。

涓流只有汇入大海方显浩瀚，泥土只有融进高山才能巍峨。我始终认为，一个人的作用是微不足道的，一个企业的作用也是有限的，个人的成长和企业的发展必须与时代融合，才能始终担当使命，阔步前进。未来，我将继续怀揣专业梦想，不忘初心，砥砺奋进，继续为我国会计审计行业发展贡献自己的一份力量。

（原载《财务与会计》2016 年第 19 期）

胡少先

胡少先，天健会计师事务所党委书记、首席合伙人。第十三届全国人大代表，国家监委特约监察员，中国注册会计师行业党委委员。

与会计结缘的三十载

作为我国注册会计师行业发展的亲历者和参与者，我有幸见证了会计师事务所从恢复重建到蓬勃发展，从艰难起步到走向海外。可以说，在注册会计师行业工作30多年，“会计”对于我而言，不再仅仅是一个简单的词汇、一门管理的学科，更是一种改变个人命运的重要征程。

勤能补拙　唯学无际

对于像我这样出生在普通农家的人，在当时城乡二元体制下，想要实现“农转非”身份的改变，“脱掉草鞋、穿上皮鞋”，过上比较体面的生活，只有参军提干或参加高考、中专考试两种途径。我是幸运的，当年金华汤溪虽是浙中欠发达的农村丘陵地区，但汤溪中学却有一批关爱学生、知识渊博、敬业负责的好老师，在他们的悉心教导下，我于1982年以454/500分的成绩成为金华地区高中中专考试第一名。由于出身农村，对选什么专业懵懵懂懂，填报志愿也是在班主任指导下完成的。记得我的第一志愿是浙江水利电力学校，却机缘巧合般被当时的第二志愿浙江财政学校录取。不曾想，这让我与会计结缘至今。

在校两年间，我系统学习了财政、会计、税务等相关知识，以全校第一名的成绩毕业，由组织分配到浙江省财政厅，并被选入天健的前身浙江会计师事务所。1985 年有幸被事务所选派参加财政部在中山大学开办的对外经济财务培训班，同年又参加了香港培华教育基金与中山大学管理系合办的国际会计与合资企业管理讲习班。随后，我分别参加了浙江省首届会计专业自学考试和 1991 年首届全国注册会计师统一考试，均取得了优异的成绩。1993 年至 1996 年，在职攻读了上海财经大学会计学硕士。1991 年上半年，我参加了浙江省财政厅首批国际审计实务培训，被委派至当时全球华人执业最多的香港关黄陈方会计师事务所实习。在香港的交流学习经历让我大开眼界，也对注会行业的国际同行有了更深刻和直观的认识。

鲁迅曾经说："哪里有天才，我是把别人喝咖啡的时间都用在写作上了。"1985 年我撰写的《试论中外合资经营企业的特征》一文发表在《浙江财税研究资料》，这是我发表的第一篇文章。当时信息的传递、获取方式还很单一，所以收集资料、查阅书报只能去图书馆、档案室，虽然过程比较枯燥乏味，但我乐在其中。记得当我第一次拿到 28 元稿费时心中倍感惊喜，除了感觉"被认可"之外，说实话，这对当时月工资只有 42 元的我来说无疑也是一笔不菲的收入。随后，我陆续在多种财会类报刊杂志上发表过上百篇专业文章。1988 年至 1991 年在浙江省财政厅办公室工作期间，我还十分荣幸地受聘担任过《财务与会计》杂志浙江通讯组组长一职，与《财务与会计》结下了不解之缘。

规范执业　强化管理

20 世纪 80 年代我国注册会计师行业恢复重建之时，浙江会计师事务所拥有一批在民国时期正规高等院校毕业，部分甚至考取注册会计师执业资格的老先生，如朱美璇、尹锡章、沈秉燕等，他们谦虚谨慎、认真细致、规范执业、乐于奉献的精神深深地影响了我。1986 年，事务所在总结执业经验和借鉴兄弟单位做法的基础上，在全国同行中率先制定并实施了《职业道德规范》《查账规则》和《验资规则》三项执业规范，并建立了业务研讨会制度，采取"边实践、边摸索、边研究、边解决"的方法提出问题，集体讨论，统一处理意见，以《业务研究简报》的形式，印发给从业人员执行。1998 年事务所脱钩改制后，我开始主持全所管理工作。我一贯提倡"一线执业讲规范，执业工作规范化；二线工作讲服务，管理工作制度化"。目前天健已建立了一整套较为完善的执业规范体系，在各执业领域中，都有相应的操作规范和执业指南，同时事务所内部还有执业技术委员会业务指导、分行业的基本信息参考资料、年度审计提示等，以有效地指导实务工作，协调专业分歧，保证执业质量，维护品牌声誉；同时制定实施包括人事、财务、行政、业务发展、分所管理、视觉识别系统在内的一系列制度，保证日常管理的制度化、规范化、精细化。

我认为，制度化管理的要义在于规范化运作、常态化运转和有序化推进，并在内部推进探索与实践，为此，自1994年6月，由天健牵头每年与一家上市公司共同主办两次中国上市公司财会高峰论坛，为事务所与有关政府部门和上市公司客户沟通联络、专业交流搭建了重要平台。

紧抓机遇 顺时应势

天健的每一步发展都牢牢抓住了时代赋予的难得机遇，并将这些机遇内化为推动事务所发展的动力。1992年12月，原浙江会计师事务所获得财政部批准的执行股份制试点企业社会募集公司审计业务资格（即后来的证券期货相关业务资格），成为全国首批13家之一。这一资格的获得，使事务所的主要业务对象由外商投资企业转向股份制企业，实现了执业领域的战略性转移，事务所也进入了快速发展的新轨道。1998年，在财政部、中注协“组建注册会计师行业中国一流大型事务所”的提议下，我作为8位发起人之一创设了天健会计师事务所，2008年、2009年，天健分别与浙江东方、开元信德合并，这无疑促使天健去掉了地域色彩，开始从区域性强所向全国性大所迈进。随后2010年12月，天健获得H股企业审计资格，成为首批全国12家之一。这为天健服务企业“走出去”提供了新机遇和新途径。

以人为本 广纳贤才

人才是事务所事业永续发展的不竭动力。20世纪80年代，原浙江会计师事务所每年都会从高等院校招录3至4名应届毕业生，并通过“传帮带”的方式帮助年轻人快速成长。90年代中后期，浙江所每年招录大学毕业生十五六人，人才队伍得到进一步扩充，人才优势进一步显现。

为保证天健基业常青，我们制定了严格的选才标准，并按照“公开、择优、竞争、自愿”的原则，每年向20多所大学招录数百名优秀应届毕业生，进一步充实天健的人才储备。在合伙人培养方面，我特别强调畅通合伙人晋升渠道十分重要，为此，天健紧紧抓住事务所转制成为特殊普通合伙制这一契机，由脱钩改制时的11名发起人发展成为226名合伙人的全国性大所。截至2020年年底，天健共有6600余名从业人员，其中注册会计师1800余名，注册会计师行业领军人才48名，正高级职称31名，此外，一批资深注册会计师还担任了中国证监会股票发行审核委员会委员。我本人也荣幸地受聘担任了财政部会计准则委员会委员、会计标准战略委员会委员、全国会计领军人才培养工程特殊支持计划指导专家。

文化引领　凝聚力量

“自强不息，厚德载物”，这是天健文化的精髓所在，也是我人生的座右铭。在老一辈会计专家严谨细致、尽职勤勉的工作作风熏陶下，天健形成了为人称道的职业风格和文化特质，如制度先导、规范执业；事前计划，事后总结；实地审计，重视取证；草拟文书，字斟句酌；业务研讨，纪要备忘；重大问题，请示汇报；以师带徒，推陈出新；后续教育，分层实施；效率优先，兼顾公平；等等。

1994～1998 年期间，由我参与编写的《最新国际会计准则》《注册会计师探索与实践》《注册会计师业务研究》《股份制改组与上市公司审计》和中国注册会计师后续教育系列丛书《年度会计报表审计实务——审计报告》等专业书籍先后出版发行；2013 年年底，在天健建所 30 周年之际，由我主编的《天健文集》《天健三十周年纪念册》出版发行。这些论著既是天健人管理智慧和专业追求的结晶，也是对天健文化建设成就的最佳诠释。

2012 年，在我的提议下并经天健管理委员会通过正式发布了天健文化建设纲要，并归纳总结了天健核心价值观——诚信、公正、务实、专业。此外，事务所还通过内刊《天健视野》《天健丰采》、宣传片《天行健》及《天健之歌》、天健讲堂等多种途径不断把天健精神发扬光大，并将天健精神转化为推动事业发展的内在动力。

“天行健，君子以自强不息”。在未来的征途上，在政府主管部门和行业协会的指导下，在所合伙人管委会领导下，我和 6600 名天健同仁一道将始终恪守“专业报国、服务社会”的宗旨，奉行“规范执业、稳健经营”的理念，与时俱进，奋发有为，向着信息化管理、规范化执业、专业化发展、国际化服务的中华民族一流强所目标挺进！

（原载《财务与会计》2016 年第 19 期）

韦秀长

会计人生三部曲：坚守　追求　践行

韦秀长，时任中国联合网络通信集团有限公司企业发展部总经理，现任江西省地方金融监督管理局党组书记、局长。国务院政府特殊津贴专家、“新世纪百千万人才工程”国家级人选并入选首期全国会计领军人才培养工程特殊支持计划。

好的习惯是重塑自我的标尺。工作以来，除出差以外，我一直坚守两个习惯：一是每天早晨7点左右到办公室，我认为这是一天最好的时间，可以学习和思考。二是每周，或周六，或周日，我总会抽出至少半天时间到办公室，总结上周工作，筹划下周安排。正是这样的好习惯使我收获良多，而坚守、追求、践行成为我会计人生的主线。

坚守：人生的路很漫长，但关键的只有几步

我的工作经历相对比较复杂。1998年从学校毕业后在广东联通工作了7年，2005～2010年交流到广西联通工作，2010年又回到广东联通，自2011年起在河北联通当了3年总经理，2014年11月调到中国联通总部担任市场营销部总经理，前不久又交流到集团企业发展部工作。我的工作虽然经历诸多变化，但会计这条主线基本未变。从工作的那天起我毫不犹豫地选择了自己的理想职业——会计，虽然中间也曾从事过综合管理事务，但后来还是回归到了会计。负责的市场运营领域，我认为也与会计相关：市场以发展作为主导，财务以效益作为根本，两者看似“对着干”，但实际上从公司价值创造的角度看，只有实现两者之间的平衡，才能真正保证公司的持续健康发展。

回顾工作历程，我感悟颇多。人生要立下志向，并为之坚守，理想只有在发挥能量时才闪光。“人生的路很漫长，但关键的只有几步”，我很庆幸自己关键的几步因为坚守都走对了。1998 年从学校毕业时，由于获得了当时全国“优秀学生干部标兵”称号和省科技进步一等奖等荣誉，无形中使自己增加了很多选择的机会。同时，由于本科学的是工业管理和会计专业，研究生学的是计算机专业，多种专业背景又使我可选择的岗位较多，但最终我选择了会计。另一个重要的选择发生在我在佛山联通工作期间，当时中国联通开展了东部、西部人才交流活动，我坚信“要到最艰苦、最需要人才的地方去磨练自己”，人生才能更加完满，所谓“宝剑锋从磨砺出，梅花香自苦寒来”，所以积极参与了人才交流活动，在广西联通一干就是 5 年。

唯有坚守，方成正果。在十几年的工作过程中，我始终坚信机会总是留给有准备的人。因此，从参加工作的第一天开始，我就将会计作为自己终身奋斗的职业，并且一直不断努力提升自己。

追求：路漫漫其修远兮，吾将上下而求索

从 1998 年研究生毕业至今，我一直坚持学习，不懈地追求着自己的梦想。2005 年 9 月，我迎来了职业生涯中最重要的一次机遇——财政部筹划全国会计领军（后备）人才培养计划。说起这次机遇，还有一个故事。2004 年，我参与广东省高级会计师职称的评审，客观地讲，我的条件应该可以通过评审，但由于一些特殊原因，我未能通过。2005 年，广东省高级会计师职称评审开始采用先考后评的方式，经过认真准备，我以近 80 分的良好成绩顺利通过考试，获得了高级会计师的资格。正是由于积极准备考试，再加上平时注重跨领域的学习，以及之前获得的诸多荣誉和学术积累，最终我以综合评估全国第一名的成绩入选“会计领军班”。经过 6 年分“知识拓展”“能力提升”和“使用提高”3 个阶段的严格考核和精心培养，我不仅获得了职务的提升，而且在财务管理理论、企业管理实践方面也取得了一定的成绩。

作为一名企业管理者，既要分享又要分担。在工作中，我把自己积累的经验和知识传授给下属，努力营造一个勤学善思的良好氛围，打造一支业务能力强、敢打硬仗、团结向上的高素质财务队伍。工作之余，我利用自己的经验给业内人士传道授业解惑。近年来，在全国会计领军人才工程的辐射效应下，各地、各类会计领军人才平台也渐渐搭建起来。在每次讲课时，我都会说到，身为会计领军人才，必须树立“为国理财、为国争光”的远大志向，将“大国会计”作为一种责任和追求，主动适应国际环境，以开放的胸襟和国际视野，学习借鉴国际先进理念和方法，完善理论结构，提高学术水平，为推动中国会计界拥有国际话语权而做出贡献。

追求，就是不断超越自我。只有超越自我，才能在人生追求之路上越走越远。

践行：初心不改，方得始终；知行合一，止于至善

——在工作中践行管理创新，通过管理创新创造新的价值。

1998年参加工作后，我成长为单位财会及经营管理工作的骨干力量。就在很多财务人员还在与“合规”较量时，我就已经在和“效益”打交道。

在领军班学习期间，我被财政部聘为企业内部控制标准委员会咨询专家；参加了财政部2006年新企业会计准则的制定、推广和实施工作，就准则和制度中的问题，结合工作实践提出了自己的理解和建议，成为财政部了解基层实际情况的业内专家；参与了有关企业内部控制规范的制定、全国高级会计师及全国会计领军（后备）人才考试的命题工作；同时，还受聘于财政部会计领军人才（大赛班）导师，参与全国会计领军（后备）人才的培养工作。这些实践都成为我在发展中不断取得突破的新基石。

我一直坚信，管理的终极目的是创造“价值”。要有所创造，必须在实践中不断取得突破，才能称得上“领军人才”，并无愧于“领军人才”的称号。

理想的实现，只靠干，不靠空谈。也就是在进入会计领军班的那一年，32岁的我，积极响应国家西部大开发和中国联通总部的号召，从广东来到广西担任广西联通财务部总经理，在领军培训中汲取丰富理论知识的同时，加强对实践的探索，从而获得了理论与实践的双丰收。

当时，广西联通正处于公司成立以来经营最困难的一段时期。我从健全完善制度入手，制定积极的财务政策以支撑业务的快速发展和管理转型，组织推进内控制度建设，出台广西联通内控操作规范和指南，推动了广西联通的“诚信文化”建设；推行和改进了“利润预算趋准”机制；实行了财务核算“网格化”管理的新模式；在成本费用管理上采取了价值链经营的“利益趋同”机制；推进了资金管理“信息化”。最终，有效推动了广西联通经营业绩的持续改善。

回到广东联通后，我将重心放到提升投资有效性、规范招投标体系、强化利润保障等方面，均取得了较好的成效。

2011年，我来到河北联通时，面对的是一个基于多家电信企业融合形成的、具有文化多元化特征的大体量通信企业，员工总数5万有余，经营局面非常复杂。经过充分调研，我最后决定引导全省上下做好“收入、利润、活力从哪里来”三张答卷，推进“经营模式和增长方式”两个转变，优化组织模式，改善资源效能，有效提升了网络能力和企业管理水平，最终实现企业业务发展保持良好态势、收入规模保持较快增长、利润实现快速提升的目标。

2014 年 5 月 14 日，首期全国会计领军人才培养工程特殊支持计划项目在北京启动，我和另外 7 名全国会计领军人才学员一起参与到这一计划中。当年 11 月，我本人也由基层调任中国联通总部市场营销部总经理，继续探索在横向职业领域的发展空间。

——在学术研究中践行理论创新，通过理论创新追求智慧之光。

一个 CFO 不仅是财务家，还应是金融家和战略家。多年来，我坚持学术研究，始终站在财务领域前沿，实际工作中，本着“跳出报表看财务”“跳出财务看财务”的观念，逐步建立基于未来的 CFO 建设体系，努力使 CFO 成为“企业战略的设计者”“CEO 的决策搭档”。

就像向日葵追寻太阳，人总是追求崇高与完美。在个人追求卓越的同时，提升团队素质毫无疑问是追求卓越的重要标签。这些年来，我强调并持续不断推进团队建设和学习型组织构建，在工作之余，就自己的所感所想，编写了《中国联通多元化融资》《通信行业财务集中管理趋势探讨》《让我们一起工作》等教材。作为广西联通党校校长，我撰写并主讲了《收入从哪里来》《利润从哪里来》等课程，系统地将市场、支撑、财务知识及管理实践贯穿于授课中，深受各级学员的好评。

与此同时，我坚持学术研究。参与了财政部立项的《中国联通企业内部控制制度设计》等多项科研工作；独立编著《中国电信运营商融资问题的理论与实践》一书；先后在《经济管理》《财务与会计》《资本市场》等杂志上发表了 70 余篇学术论文。

人的理想志向往往与其成就成正比，没有壮志，何成事业。“为实现会计强国梦而不懈努力”，这是我的梦想。对于我来说，这不是一句空话，我一直在用自己的职业生涯来践行，并为之欢欣，为之自豪。

（原载《财务与会计》2016 年第 19 期）

第二篇

2016年（下）

编者的话

“先天下之忧而忧，后天下之乐而乐。”970 年前，庆历新政失败后贬居邓州的范仲淹写下了名篇《岳阳楼记》，由此可一窥“先生”的精神与风骨。“先生”们从不随波逐流，始终坚守自己的理想，“事不避难，义不逃责”，宠辱不惊，处之泰然。他们坚信“业精于勤，荒于嬉”，他们“一言贵于千金，一诺重于千钧”，他们秉持“大事难事看担当，逆境顺境看襟度。”千百年来，“先生”们家国天下的情怀、心系苍生的风骨和报效祖国的追求，已经融入我们民族的血脉，成为华夏共同的精神烙印。

我们身边也有这样的榜样，他们低调务实、勤勉敬业、追求卓越，不断提升事业发展新高度；他们见微知著，感知社会经济变化，拓展企业价值空间；他们不断总结实践经验，坚持问题导向，引领财会改革创新与发展；他们勇于担当，甘于奉献，行胜于言，以专力行，积累和传递正能量。继 2016 年第 19 期推出以“勤勉、睿智、诚信、担当”为主旨的当代“会计先生风采”专栏之后，2016 年第 20 期继续介绍 8 位个性鲜明的“会计先生”，他们在宁静中笃学、在砥砺中前行，演绎着丰富多彩的会计人生。李守武，带领财务团队精诚团结、敢于担当，大力探索财务创新，推动企业管理转型；左良伦，心怀感恩，尽心付出后吃苦亦觉幸福，热衷公益，坚持传递爱的力量；王兴山，与会计信息化结缘 30 年，用专注和激情带领团队不断突破和创新；徐华，身份和角色不断变化，自我调整、充实、完善的脚步不断前行，量的积累带来质的飞跃；陈永宏，一个从一而终的会计人，一个爱才如命的会计人，一个充满爱心的会计人，一个低调洒脱的会计人，多面人生，同样精彩；王国荣，左手“盘算”，右手“算盘”，撬起财务价值梦，打造精彩的职业人生；拼搏到无能为力，努力到感动自己——何宏伟的经历告诉我们：奋斗的人生最精彩；戴国华，怀揣梦想、敢于追梦、努力圆梦，让不可能变成可能。

“先生”们的精彩人生源于对梦想的执著追求，生命中的每一刻都充盈着张力，就像大树的年轮，一圈圈生长得坚硬如铁。在全球化的时代和复杂多变的世界中，会计界需要更多的“先生”，以开放的心态审视自身的定位，在继承中弘扬文化传统，在变革中坚守核心价值，不断创新自身的发展模式，不负先贤，不负时代。

李守武

李守武，时任中国兵器装备集团公司副总经理、总会计师。中国总会计师协会副会长，财政部企业内部控制标准委员会咨询专家、财政部管理会计咨询专家。

财务转型的探索与感悟

自1999年中国兵器装备集团公司（以下简称兵装集团）重组成立以来，我陆续担任了财审部主任，集团副总经理、总会计师等职务，亲历了兵装集团“由计划主导向战略主导转变、由传统产业格局到现代产业体系转变”的跨越式发展过程，参与了集团不同发展阶段的战略制定。为更好服务于兵装集团三个阶段的战略要求，我带领财务团队精诚团结、敢于担当、锐意创新，摸索出了一套具有兵装特色的财务管理模式，推动了集团财务的成功转型。

昨夜西风凋碧树　独上高楼
望尽天涯路（1999～2003年）

兵装集团成立之初，面临求生存的困境，当年实现营业收入仅206亿元，亏损高达15亿元，EVA为－23亿元。对于时任财审部主任的我来说，在求生存的战略下开展财务工作，面临着人员少、任务重、难题多的困境。首先，要解决的就是资金匮乏的“拦路虎”，确保资金不断链。为此，我带领财务战线的同志们积极协调各方面关系，努力争取财政资金支持，为集团打赢了求生存节点的资金保卫战。其次，兵装集团成立之初各成员单位账务不实、财务管理混乱的问题较为严重，我要求财务团队在核算、资产、审计等方面建章建制，引导各成员单位规范财务基础管理，为日后财务管理水平的提升奠定了基础。另外，各成员单位在求生存阶段完成经营指标面临较大的困难，几番思索考量后，我决定在兵装集团推广全面预算管理工具，以全面预算为抓手，强化约束激励机制，促进企业完成经营指标。

1999～2003年是完善基础管理的过程。面对困境，财务团队付出了辛勤的劳动和汗水，做了大量富有成效的工作，取得了一些实实在在的效果，兵装集团2003年实现营业收入498亿元，并扭亏为盈。

衣带渐宽终不悔　为伊消得人憔悴（2004～2009年）

经历了求生存阶段之后，集团各方面情况有了明显的好转。2004年年初，集团适时提出了“六年、两步走、翻两番”的“622”战略，追求发展的规模效益。我当时已经担任兵装集团总会计师，在新的工作岗位上一直在思考，我们的财务工作要如何开展才能更好地服务集团战略落地？在我的主导下，财审部在工作中不断摸索，不断改进，逐渐形成了以“三个集中一个全面”为特点的财务战略，通过集中形成规模，通过提升规模产生效益。财务战略的特点主要体现在：集中核算达到信息集中；总会计师委派达到人员集中；司库系统+财务公司达到资金集中；与此同时，为了统领资源配置、加强运营监控、强化经营考核，我们加强和细化了全面预算这个工具。2009年集团营业收入达到1964亿元，利润56亿元，EVA实现20亿元，经济效益得到明显提升。

为顺利实现集团的“622”战略，我带领财务团队不断探索、总结，逐步形成了独特的工作思路和方法，后来提炼为以集团发展战略（Strategy）为牵引、以优化配置资源（Resource）为核心、以有效管理风险（Risks）为重点、以持续创造企业价值（Value）为目标的“SRRV”集团化管控模式。在服务战略过程中，集团财务管理水平也得到大幅提升，预算管理、成本管理和绩效评价等管理会计工具得到不同程度的应用。

众里寻他千百度　蓦然回首　那人却在灯火阑珊处（2010～2015年）

2010年，兵装集团提出“六年、利润翻两番、销售收入翻一番、员工收入翻一番”的“211”战略。为助推集团公司转型升级、做强做优，进一步提高财务创造价值能力，经过酝酿和准备，我提出从2012年开始由集团化财务管控体系向价值创造型财务管理体系转变，全面导入10个管理会计工具，用4年时间基本建成“服务战略、融合业务、支持决策、管控风险”的价值创造型财务管理体系（简称价创行动），包含三个方面的内容：管理会计工具的运用、内部控制体系建设和财务管控体系建设。价值创造型财务管理体系不是凭空而来，它是“SRRV”管控模式的深化和升华，是“管控风险、创造价值”具体的、新的要求。价创行动开展以来，我们通过推广这样一项管理工作，使企业管理水平提升并产生效益，或者通过发现浪费、消灭浪费来创造价值，近4年累计创造价值181亿元。

长风破浪会有时　直挂云帆济沧海

价创行动是兵装集团财务转型的新路子。2011年，关于财务在“十二五”期间要做什么，在整个集团发展中如何定位、发挥什么作用、如何服务集团战略等问题，大家都很迷茫。正是从那时起，我提出了“三位一体”的价值创造型财务管理体系构想。5年过去了，现在看这个体系已经基本建成。比如，在深化财务会计体系上，我们加强核算管理、推动财务信息化升级、实施司库系统建设、加强资金集中管理。2012年，集团公司全面完成内控体系建设，企业经营发展存在的问题能够较容易被发现。随后我们开始花费大量资源建立管理会计体系，并在集团内部广泛应用。近年来，兵装集团已经初步建立体系完善、内容丰富的价值创造型财务管理体系，并实实在在地探索出一条理论与实践相结合、成功实现财务转型的新路子。

通过理论总结，提升实践经验的可推广性。在兵装集团推进管理会计丰富实践的基础上，我们还将实践经验提炼总结，形成更易推广、更具指导意义的理论知识。截至目前，集团公司已累计发表管理会计方面的文章80多篇，刊登在公开发行的核心期刊、权威杂志上。《财务与会计》杂志还专门推出了两期专题文章，从不同角度对管理会计在兵装集团的应用进行了全面、翔实的介绍。我们还累计出版了5本学术书籍。2015年出版的《管理会计实战案例》《管理会计实战工具》累计销量超过12000册。2016年，我们增加了新的管理会计工具和案例，出版发行了3本书，形成了企业管理会计实务丛书。这套书完全来源于企业实践和开展价创行动的理念，对其他企业有较好的借鉴意义。2015年11月，我们承接并完成了财政部《中国企业管理会计指引体系研究》（也是14个课题中唯一的由企业承担的课题），形成了12万字的研究成果。

实践加理论，取得良好经济效益、促进企业良性发展的同时，财务队伍素质也大幅提升。财务工作转型的同时，财会人员也成功实现转型。通过推进价创行动，集团公司财务人员队伍发生了较大转变，财务人员素质大幅提升。企业财务人员从事管理会计工作的比重目标是60%，实际已经达到68%。

探索无止境，财务转型在路上。回头来看，从完善财务基础管理到集团化财务管控模式，再到价值创造型财务管理体系，可以说它们都是“SRRV”财务管理理念的一脉相承，是万变不离其宗，变的宗旨和目的都是在支撑兵装集团战略的落地。

企业的财务转型处于我国整体社会变革、经济转型升级的时代背景之下，管理创新无止境，所以这种探索和转型也是无止境的。随着社会经济环境和兵装集团战略的不断发展变化，我将在今后的工作中继续带领财务团队探索财务管理模式的变化，做财务转型的探索者和实践者，为建设世界一流军民结合型企业集团贡献自己的一份力量。

（原载《财务与会计》2016年第20期）

左良伦

感恩　尽心　付出
——我的幸福观

左良伦，重庆市财政局副巡视员，高级会计师，重庆市高会评委副主任、正高会评委。西南大学等校外兼职教授，两次获重庆市委市政府授予先进个人，获重庆市政府会计人才发展研究三等奖。

人，怎样才幸福？不同的时代有不同标尺，不同的人有不同回答。几十年风风雨雨，我也一直在思考。近一甲子的沉淀，我发现，内心的富足远远胜于物质的富足，为国家、为社会、为大众尽心尽力，尽管过程艰苦，但正所谓“苦尽甘来”，吃苦之后内心收获的坦荡和甘甜才是让人感觉最幸福的。

不松劲　每天拥有一颗上进的心

2008年8月，重庆市财政局内部轮岗交流，我从农业处长转任会计处长。在一些人看来，手里的权力变“小”了，岗位的份量变“轻”了，从“人求我”到“我求人”了，虽然心里也有些落差，但从小受到在农村生产队当了几十年会计的父亲影响，他严谨、踏实、奉献的态度一直激励我不能懈怠。

刚一到任，就面临一块难啃的硬骨头：全市会计资格考试合格率70%以上，个别考点甚至高达100%，社会反响很大，说会计考试是“水”的。怎么办？调查研究最具发言权。我和处里所有干部分别到区县实地巡考，现场解析“100%”背后的真问题，并“化装”暗访会计培训机构、会计人员，同时召集区县财政开会，得出三点原因：考题泄露、管理不到位、监考不严格。快刀斩乱麻，我组织重新命题、重新选定印刷厂、重新制订运输保管规则，在试卷箱贴封条的同时加贴特制的专用胶布封条，从领导到考官层层签责任书……经过打攻坚战，建立了重庆最严的会考制度，有人说严过高考。在考题难度相同的情况下，合格率降到35%，挤掉了会计从业资格考试的“水分”，破灭了培训机构收费“包过”的神话，社会普遍反映：会计考试认真“逗硬”了，找任何机构、任何人都不行了，只有认真复习应考了。

之后，财政部在全国实施会计从业资格无纸化考试，我反复研究设计考场的布设标准，制定了包括考点交通、安全和考场候考、服务器、监控、桌间距、考生饮水等19项沿用至今的具体标准，2011年建成了全市统一、标准规格一致的会计从业无纸化考点9个。当时，财政部相关部门负责领导检查后给予肯定：重庆的考场是他们见到的考务管理最规范、考点设计最合理的。

会计从业资格，近些年越来越受到市场的吹棒。重庆目前有36万多名会计人员，每年新增参考人数高达12万人左右，考试培训、继续教育等市场大、链条长、利益多。近些年个别省市财政干部在这上面出问题的并不鲜见。

我坚决斩断利益链，压缩各方面利益寻租的空间和市场，升级建设“重庆会计之家”网站，考试报名、成绩查询、继续教育、政策咨询等与大众密切相关的会计业务“一网”完成，“人人对话”变成了“人机对话”，并购买会计职称考试辅导课件挂网上供考生免费学习，会计人员有了真正的“网上之家”。2014年，“重庆会计之家”被“中国会计视野”网站评为全国“十佳地方会计管理官方网站”第二名，2015年日均浏览4.21万次，单日最高31万次。

不畏难　在岗一天竭力干好一天

会计基础工作不牢，财政管理就是无本之木。初步解决会计资格考试问题后，我带着同事到区县、乡镇等实地调查会计基础工作，结果不乐观，其中有两个最为紧迫的问题：一个，一些规制与实际不符；另一个，会计人员无从业资格证多。

针对1996年发布的《会计基础工作规范》中不符合《会计法》的地方，我组织专家和实务工作者，结合重庆实际进行反复讨论，2011年在全国率先出台《重庆会计基础工作规范实施细则》，印制15万册免费发放到市级部门和基层核算单位，同时配套制定《重庆市会计基础规范考核标准》量化考核，并将细则和标准作为全市会计人员继续教育培训必学课程。当年在市和区县试点创建会计基础规范达标示范单位，有效提高了各方面对会计基础工作的重视。

面对全市行政事业单位在岗财会人员近1/3无会计从业资格的严峻现实，在全市行政事业单位实施会计从业资格全覆盖整治，设定一年的整改期限，整改结束，如果单位的会计人员仍然无证上岗，暂停支付该单位公务开支经费，并提出了两条限制性规定：行政事业单位不得使用无会计从业资格的干部从事会计工作，在岗无证人员必须一年内参加考试并取得资格，否则调离岗位；各单位每年年底须将财务机构及财会人员基本情况表纳入单位决算报表报备，一年一审查。成效是明显的，仅2015年，全市有 1073 人通过考试取得了会计从业资格。

不自足　让目光和力量永远向前

会计要为社会经济发展服务，没有高端会计人才是不行的。

2011 年，我提出以领军人才和青年英才为引领、高级会计师和总会计师为重点、注册会计师和会计师为骨干的方案，培养一批高素质的高端会计人才。高端会计人才的培养，在组织、方法、模式、保障等方面，肯定也必须不同于一般会计人才的培养体系，必须突出重点、抓住关键、有的放矢。

重点是拿什么培养人才？我主导建立了充足的资金保障，每年筹集 400 万专项资金，注协每年设立 100 万行业专业奖学金；严谨的选拔程序，即申报 + 资格审核 + 考试 + 评审 + 面试 + 单位意见；强大的师资力量，实施“梯级式异地分段”培训；综合的检验平台，与学员单位联合培养，发动单位加任务、压担子。

关键是用什么留住人才？着眼让高端会计人才深度参与全市经济建设和财税发展，我主导将全国和重庆会计领军人才、青年英才纳入全市人才库统一管理，优先向国有大中型企事业单位推荐，优先作为专家向部门推荐，优先安排财税科研课题并给予资金支持，允许其提前两年参加高级和正高级会计师考评。

一系列政策“吹糠见米、刀下见菜”，虽说起步比较晚，但进展比较好，已有 22 人入围全国会计领军人才培养工程，选拔培养市级领军人才 131 人、市级青年英才 163 人。此外，拥有高级会计师 3000 多人，正高级会计师 16 人。

重庆的会计工作得到了财政部会计司有关领导的肯定。2015 年重庆在全国会计人才工作座谈会上介绍了做法，2016 年全国会计管理工作会上重庆作了经验介绍，高端会计人才培养项目被重庆市评为“人才项目建设年”十大精品项目之一，连续三年获重庆市委人才办高端人才培养评比第一名。

不忘本　时刻将百姓利益顶头上

从事会计工作前，我负责财政农业工作，常常利用双休日、节假日，走工地、到乡村，了解农民的困难和想法。都说农民弱，弱就弱在生存环境和致富技能，他们是最需要培训的群体，政府应通过培训帮他们走出大山、改变自己。

2002 年，我采取学校自主招生、农民自愿报名、财政补助培训费的方式，对农民进行城市基本生活常识和劳动技能培训，并起名“农民转岗培训”，也就是现在的“农村劳动力转移培训”。当年农业部财务司到重庆考察后向农业部党组汇报，认为“重庆式农民工培训”可以推广，次年财政部、农业部在重庆开现场会，决定安排财政专款培训农民工，并将重庆的做法向全国推广。为此，重庆市委市政府两次表彰我为劳务、扶贫工作先进个人，给了我很大的鼓励。

重庆既是大城市，又是大农村、大山区。如果你问生活在大山里的村民最想要的是什么，回答一定是修路——在家门口修一条出行方便的路。有一次在农村调研，我发现了一条1米多宽的“水泥路”，路面虽然比较破碎，但绝对晴天不起灰、雨天不沾泥。仔细一打听，原来是村民用从县城捡来的预制板，义务投劳铺成的，占用的土地没要求赔偿一分钱。在为群众自力更生的力量与精神感叹的同时，我“灵光一闪”，能不能复制推广？

我私下委托朋友调查，得出乡镇赞同、群众愿意的结果后，迅即向上报告：建村社便道解决群众出行难题，财政补助水泥和砂石等原材料钱、镇村负责规划、群众自己协调用地和出工，当年拿出100万元在3个镇试点，取得了成功，老百姓满意、乡镇党委政府满意，2007年筹集3000万元在全市推开，2008年资金加码到2亿元。事后数十名人大代表在市人代会上联名向市财政局发出表扬信：村社便道没有修成宽马路，只是把土路改了改、把宽度扩了扩，符合重庆市情，符合群众意愿，符合农村实际，创意较好，深得人心！可以说，这是我在支出处室管资金分配的26年中，做得最有绩效、最有意义的一件事情。

不苟富　用感恩和善行滋养内心

羊有跪乳之恩，鸦有反哺之义。作为农家子弟，我尝过人生之苦，也受益于改革之甜，我始终认为，人要有慈爱之心，懂得感恩和回报。

20世纪90年代末，重庆电视台推出“走进贫困山村”纪实节目，反映山区贫困孩子的求学及生活现状。我将40集纪录片刻录了60多套光盘，送给财政部相关司局和重庆市有关领导，希望上级更多关注，并利用节假日下村走访，物色了12名贫困孤儿作为资助对象，资助他们生活、读书直至自食其力。

有这样一个片段始终难忘怀：2002年，我决定资助酉阳泔溪镇一名失去父母的女孩，她家离镇上50多公里，不通客车，雇用摩托才将她接到镇上，和中心校长当面落实资助的事情后，带她到杂货店买糖果，她一直在摊位边呆呆地看，始终没有去拿；让她坐只需投币一元的“摇摇车”，抱上去两次她都挣脱下来，问其原因，她吞吞吐吐说，那些东西她没见过，怕！

一个“怕”字，让我心如刀割！20多年来，除了定期给孩子们寄送生活学习费用，我一直与孩子们通信，关注他们的成长进步。这12个孩子把我当亲人，诸如报志愿等一些学习和生活中的困惑都会给我说，我也非常珍惜他们的信任。现在这些孩子成长都比较好，看着他们不断进步、生活幸福，我很欣慰。现在我还珍藏着一摞摞书信，偶尔翻出来读，初见他们的贫困窘迫、与他们交往过程中的点点滴滴都历历在目，泪会不自觉地湿润眼角。

改革开放30多年，农民的日子发生了巨大变化，但仍然有大量的贫困人口，阻断贫困代际传递，帮助贫困儿童成长是农村脱贫的治本之道，期待越来越多的人关注、参与公益，让爱的力量一直传递下去。

（原载《财务与会计》2016年第20期）

王兴山

王兴山，浪潮集团执行总裁。国务院特殊津贴专家，泰山产业领军人才，财政部管理会计咨询专家。拥有 30 年软件与 IT 服务行业经验，致力于以信息技术推动企业管理创新与模式变革。

走进会计信息化的三十年

与会计信息化结缘

很多人可能不知道，虽然我现在经常和会计实务界和理论界的专家学者一起交流，但我的身份其实并不是 CFO，大学所学专业也不是会计，而是计算数学。之所以和财务结缘，应该说是偶然中的一种必然。

1987 年我毕业被分配到浪潮集团的前身——山东电子设备厂。当时，公司的浪潮品牌电脑在全国销售得很好，很多大客户需要管理软件，我被派到一个大型企业客户的 MIS（管理信息系统）项目部，负责财务管理模块的开发。从此，我便和财务结下了不解之缘。

1989 年，受国家体改委选派，我前往日本社会经济生产性本部做了两年的访问学者，研修软件工程与企业管理。那时，日本的企业管理模式全球领先，早在 1987 年，国际会计师联合会就在日本东京召开了以“计算机在会计中的应用”为中心议题的第 13 届世界会计师大会，第一次明确以计算机会计信息系统作为会计核心要素。这两年的学习经历让我深刻感受到了信息化对财务和运营管理的重要性。后来我国财政部发布了《会计核算软件管理的几项规定》，开启了中国会计信息化时代。从此，我也更加坚定地走上了以信息化提升财务管理的探索之路。

这一走，就是30年。

坚定集团财务理念

回国之后，我开始专注研发企业财务软件，后来逐步扩展到ERP企业管理软件。与大多数从会计电算化发展起来的软件公司不同，浪潮的财务管理软件从起步之初便依托MIS系统，主要面向大中型集团企业，这一“出身”也决定了后来我们“定位高端”的发展方向。

成就浪潮财务软件高端地位的关键，是1995年开始为中石油研发基于Unix操作系统、大型关系型数据库（Sybase）的财务信息管理系统，这是当时国内第一款通过财政部评审的基于大型关系型数据库的Client/Server财务软件。后来为支撑中国石油、中国石化在美国、中国内地、中国香港上市，我们与国外的大型咨询公司一起，按照国际财务准则，以国外的设计理念、本土化的生产和实施对软件进行了改造。同年，浪潮率先发布了基于Sybase、Oracle、SQL Server等大型关系型数据库的Windows版财务软件，由此进入大型集团企业的高端财务管理领域。

1999年，国家经贸委在首钢集团召开了一次研讨会，我在会上提出，“财务必须走集中模式，企业信息化一是要抓行业，二是抓财务集中。”这在当时正热炒网络分布式财务管理的业界来说，可算是一个“另类”和前卫的声音。直至次年10月，这个想法渐已成熟，我们联合会计界知名专家与咨询专家召开了一场关于互联网时代下财务管理模式的研讨会，正式提出了“集团财务”的理念，引起了与会专家的重视和好评。

然而对于大型集团企业来说，单纯的财务集中管理是不够的，各部门的协同配合、与业务的紧密相连也至关重要。于是，2000年，浪潮在国内率先提出了“集中协同管理”和“分行业实施ERP”的解决策略。随后的几年中，“集团财务”及“集中式集团管控模式”的理念逐渐得到了业界的积极响应，并被国内众多集团企业所实践，财务信息化建设也逐步从会计核算走到了集团管控的新阶段。

近年来，随着互联网对传统企业的冲击力度越来越大，企业组织倾向于扁平化、平台化、移动化。集团总部要转型打造一个管控服务型的创新平台，就更需要共享、管控、智能的支持。因此，集中式的财务服务模式也亟待向管控型财务服务模式演变。基于此，2015年12月，浪潮又一次率先提出“建设管控服务型财务共享中心”的理念和方案，对财务管理软件进行转型。在随后召开的中国财务共享服务探索论坛上，北京国家会计学院审计与风险管理研究所发布了《2015 年中国财务共享中心建设调查研究结果》调研报告，结果也显示，加强集团管控是国内财务共享服务中心建设的首要驱动因素，集团管控及会计服务并重更适合国内企业财务共享服务中心的职能定位。

从集中式财务管理到集团管控模式，再到管控服务型财务，集团企业的财务管理定位与范畴也在不断延展、转变，而不变的是持续优化企业内部管理、打通业财一体化的关键需求。以信息化为基础的集中整合模式推动企业财务转型与集团管控能力提升，成为大多数集团企业的关注与实践。

可以说，业界和市场对这些理念和方案的认可，给了我很大的鼓舞与动力，也坚定了我从业近 30 年来对财务信息化重要性的认识。

做 CFO 的好伙伴

近年来，管理会计的发展推动 CFO 职能不断转变。2014 年 7 月，财政部发布《关于全面推进管理会计体系建设的指导意见》，大力推动管理会计。同年，我有幸入选财政部管理会计咨询专家，在管理会计上倾注了更多的热情和精力。在管理会计研究与实践的过程中，我发现，虽然信息技术和管理思想相融合是普遍共识，但管理思想时而太具体，时而又过于宏观，所以，作为企业管理与信息化之间的桥梁，管理软件应通过技术创新将最新的管理思想固化到软件流程中，才能实现管理软件与管理思想的深度融合。企业积累的交易数据、感知数据、交互数据等能否创造价值，从数据到信息，再到知识，最终支撑决策，是衡量企业管理软件先进性的重要标志。只有能够支持定价决策、多维度价值分析的成本核算，才能进一步凸显管理会计决策功能。因此，管理会计还要适应企业多层级、多业态、业务驱动、闭环管理等复杂性需求，这在大型集团企业尤为突出。

在与业界人士交流的过程中，我与很多 CFO 结下了深厚的友谊。2016 年 6 月初，我有幸又获选北亚管理会计领袖智库（CGMA100）成员。希望今后在管理会计领域能继续做 CFO 们的好伙伴，与合作企业共同成长。

在攀登中不断前行

工作之余，我比较喜欢户外运动，特别是爬山。仅泰山，我就已走出了 17 条不同的登山的路径。在我看来，本土企业要走向世界，需要攀登精神；国内管理软件厂商与国外厂商抗衡，同样需要攀登精神。从 PC 机时代的会计电算化到互联网时代的集团管控系统，再到数字化转型，这是一段漫长的探索之旅，幸运的是，有越来越多的伙伴与浪潮结伴前行。

2017 年，我即将迎来职业生涯的整 30 年。回首往昔，作为改革开放后投身企业管理信息化事业的一分子，我用自己的专注和激情带领团队不断突破和创新。未来，我仍将满怀信心，继续坚定而沉着地向下一个目标努力攀登。

（原载《财务与会计》2016 年第 20 期）

徐　华

徐华，致同中国首席合伙人。财政部会计信息化委员会委员，XBRL 中国地区组织指导委员会委员，曾获“全国五一劳动奖章”“全国先进会计工作者”等荣誉称号。

行路以“致”远
真诚伴“同”行

回首 30 多年的职业历程，有成功、有挫折，有心酸、有收获。这固然与我个人对于自身以及致同发展所怀的莫大期许与持续努力有关，更多的还是我们身处的时代所产生的机遇与挑战所致。

忆往昔：五次转型铭心刻骨

1983 年，我从首都经贸大学财金系毕业，幸运地被分配到北京市财政局工作。虽然专业对口令人羡慕，但对于当时刚从大学校园走出的我来说，角色与身份的转换仍然是极大的考验与挑战。

在北京市财政局工作了 10 年之后，时逢审计署与财政部讨论“两师两会”合并事宜，我所在的财政局会计管理处有幸参与了其中一部分工作。在这样的契机下，我加入北京市注册会计师协会从事行业管理工作，正是从此时开始，我正式接触到了注册会计师行业。

如果说之前的我还生活在“体制内”，履行着一名行业监管者的责任，1998 年我便彻底进入竞争性的市场“熔炉”中，抗受残酷的“锤炼”与“锻造”。“两师两会”合并后，财政部成为注册会计师协会的主管单位，实现了行业的统一管制，会计师事务所之间的合并重组也成为一时的“潮流”。当时北京市所属的三家会计师事务所中的两家——北京会计师事务所与京都会计师事务所实现了合并，机缘巧合之下由我担任合并所的负责人。突然间由监管者变成被监管者，现在回想起来颇有点单枪匹马、孤军深入的悲壮之感。

原先在北注协，日常工作中面对的也就 20 来人，到了事务所需要同时面对 400 多名员工；以前对于一件事情可能一句话或者一份文件就能解决和处理，但事务所的环境更为公平、包容和平等，需要与很多人进行沟通和交流，事情也变得更加复杂和具体……这一切变化都迫使我在管理方式和管理策略上做出调整。在初入事务所一年多时间里，我每天清晨 7 点出门、晚上 9 点才能到家，基本一天只能吃上一顿饭，甚至有时忙到晚上七八点才想起来吃饭，回首那段岁月，当时所承受的巨大心理压力与繁杂的工作任务的确让人不堪回首。

前三次转型对于我来说更多的是质变，身份和角色的巨大变化逼迫着我不断地调整自我、充实自我、完善自我，而这之后的两次转型，则更多的是时代潮流所引领的事务所的变革，我本人在其间也实现了自身量变式的积累。

在经历 2008 年京都会计师事务所与天华会计师事务所合并为京都天华会计师事务所之后，2009 年我们正式加入全球领先的会计师事务所组织——Grant Thornton 的国际网络，这标志着我们走上了一条国际化的道路。作为一家“老资历”的本地所，如何将多年积淀的优秀的公司文化与业务能力与“Grant Thornton 在中国唯一的成员所”这一新身份融合起来，需要我们在思维上实现再一次的转变与调整，同时也给我们的价值观、理念与视野等各方面带来了跨越式的改变。

如果说加入 Grant Thornton 是我们向着更高的追求主动发起的一次由外在力量所引导的变革，那么 2011 年底、2012 年初京华天都与天健正信会计师事务所合并、更名为“致同会计师事务所”，并于同年完成合伙制改革，便是为了更长远的发展而展开的一次内在革新。在合并的基础上，实现从有限责任公司转为合伙制的转制，不仅是组织形式的改变，更多的是一种治理、管理、风险管理、质量控制的根本性改变。因此，转制后我们将 Grant Thornton 的策略性管理和办公室运营管理相结合的模式移植过来，把服务线和职能线作为策略管理部门，同时明确办公室作为运营管理部门，发挥面向市场发展、开拓客户的模式，我们的方向和目标不再单纯是审计、税务咨询的服务机构，而是要更多地向“行业专精”发展，提供“一站式服务”。

现在想来，每一次转型与其说是机遇和挑战，我更多感受到的还是压力。身为常人，在面对问题时我也会纠结，遇到难以克服的困难也偶尔想退缩、逃离。之所以每次都能够战胜自己的内心，主要在于我深刻地领悟到，这些转型不仅是我个人的转型，更多的是整个团队的转型，作为团队的一分子，我既然承担了责任便无法逃脱。

好在，我永远不是“一个人在战斗”。

话当下：“致于心　成于同”的初心不改

“致同”这个名字诞生于2012年。彼时我来到这家事务所已近15年，事务所正在经历第三次大的合并（即京都天华与天健正信的合并）。在处理好合并方方面面事宜的同时，大家还怀着一个共同的心愿，那便是希望合并后的事务所有一个新名字以承载大家共同的期待和理想。考虑到我们与Grant Thornton合作这一标志性的特色，最终选择了“致”“同”，以此表达我们真正渴望与大家合作、共同发展与共同进步的美好愿景。我深信，在我们自身及整个行业发展的过程中，要努力实现真正的合作和共同发展，不仅来自某一个项目或人与人之间表面的沟通与交流，更是真正发自内心深处的一种合作。

时至今日，我们依然在沿着更名的目标继续努力。作为Grant Thornton的成员所，我们积极、主动承担“桥梁”作用，我们的专业团队一直将“致于心，成于同”的理念牢记在心，通过中国事业部的形式，与许多国家实现了组织和人员的连接，保证构建通畅的信息沟通渠道，提升我国企业在国际上的竞争力。

2016年是致同成立第35周年。为了更好地回顾历史、凝聚力量，同时也将致同合作、尊重与责任的价值观更好地传播出去，我们以此为主题开展了一系列的主题活动，其中不得不提的，便是我们一直坚持的公益活动。关于公益活动的开展，我一直抱有这样的想法：作为一家专业机构，我们首先要做一个专业的人，即做事要严谨、认真、负责任，同时还要严格要求自己不断学习、不断改变、不断提高；我们有着商人的身份，现实迫使我们追求利益最大化；在兼顾专业与商业利益的同时，我们还处在社会中，社会人的角色又时刻提醒自己不能只偏重利益最大化，还要尽全力去履行社会责任。社会责任既包括严格控制审计风险、避免审计失败，更包括了将自己从社会中得到的利益通过做公益活动的形式，回报给社会。简单地说，便是只有以专业的价值和专业的精神为根基，通过帮助客户提升他的价值以创造商业价值，才能够有力量向社会做出应有的回报和回馈。

展未来：使命担当鼓舞我们继续前行

致同35年的历史，是一部艰苦奋斗史、一部坚持专业精神的历史、一种追求品质强调改变的历史，也是一部通过学习实现自我提升的历史。当前，我国已经进入了改革的关键时期，致同作为一家专业的中介服务机构，如何才能适应时代的需求，为国家的改革助力？这是我一直思考的问题。

我认为，今后致同主要从以下四方面努力：一是从思想和理念上明确自身定位，即我们要做一个怎样的机构才能与市场发展的需求结合起来。按照2015年致同合伙人大会通过的战略规划，我们确定了未来要成为一个提升品牌价值、依靠品牌发展的国内一流的、国际化的专业机构。同时我们提出了综合解决方案商业顾问的营销模式——在面对客户、面向市场时，要把审计、税务、咨询三者整合起来，最大限度地从客户中挖掘出更多的资源。二是除了在内部进行整合、实现增长外，还要争取吸收更多、更好的团队到我们中来，通过更多人的共同努力，提升事务所的品牌效应，为事务所的长期可持续发展注入新动力。三是在产品服务上尝试更多一些的创新，持续地实现团队的建设。四是从行业的角度出发，立足行业专、精特色，将行业的专业精神与我们自身的的审计、税务、咨询结合起来，更大限度地巩固和提升我们的核心竞争力。

从我们自身而言，还有很多需要改进和变革的地方。正如我们2012年年会的主题“改变”一样，我们一直在主动寻求改变，以更好地适应客户市场和市场不断变化着的需求，更好地满足监管部门的要求，更好地达成社会公众的期待。改变是一个漫长而持续的系统过程，从创立伊始我们就开始改变，未来仍会将改变继续下去。35年的发展历史，对于致同而言，只是百年发展的开端，我们还要继续通过有品质的增长，创“百年老店”，接下来的努力和工作会将更为艰辛，幸运的是，有4000名致同人与我一路同行。

（原载《财务与会计》2016年第20期）

陈永宏

陈永宏，天职国际会计师事务所原首席合伙人。高级会计师，中国注册会计师，全国高端会计人才，湖南大学兼职教授，中国注册会计师协会理事。2000年被湖南省人民政府授予“湖南省劳动模范”“湖南省直十大杰出青年”称号。

天道酬勤　职守笃行

我在天职国际的员工工号是199300002，背后的含义是1993年入职天职的第2位员工。其实，创立于1988年，与中国注册会计师协会同岁的天职国际，在我1993年年初被湖南省审计厅派到事务所任副所长时，全所员工不足20人，年收入只有100多万元，业务十分单一。当时，我还是所里最年轻的3个员工之一。1995年年初担任所长到2016年交棒第二任首席合伙人邱靖之，20多年过去了，天职国际由一家区域性大所发展成如今的以北京总部为中心，在上海、天津、重庆、深圳、广州等20多个中心城市及香港地区设有分支机构的全国性大所。员工总数从20年前的30多人增长至近4000人，同时积累了30多位全国高端会计人才；业务收入从1995年的602万元增长至2015年的15.2亿元，全国排名位居第9（本土所第5）。

从一而终的会计人

如果要介绍头衔，我的虚衔还真不少：中国注册会计师、中国注册资产评估师、高级会计师、中国资深注册会计师、全国会计领军人才、湖南大学兼职教授、湖南省劳动模范……但我总是更喜欢称自己是从一而终的“会计人”。

1980年9月，不满18岁的我挤过“独木桥”，顺利考入了湖南财经学院，就读该校财政专业。1984年被分配到湖南省审计厅从事政府审计，1993年年初开始担任天职国际会计师事务所的前身——湖南省审计师事务所副所长，1995年年初担任所长。弹指一挥间，我在审计会计行业一干就是30多年。30多年来，我见证了注册会计师行业太多的潮起潮落、内部纷争、分分合合，作为其中的亲历者，我始终保持着一个学生的本色，一个会计专业人士的初心。

我一直认为，会计师事务所与其他一般服务机构不同，质量是会计师事务所品牌的本质、基础，也是品牌的生命线。而良好的内部治理是会计师事务所"执业质量保障体系"的根本，没有过硬的内部治理，品牌建设就是没有地基的高楼，岌岌可危。领军班学习期间，班上的专家、大师们关于企业管理、内部治理的讲解，以及学员间的探讨给了我很大启发。

经过几年的探索和实践，天职国际逐步确立起以"四大基石"为核心的天职国际内部治理体系，即分配机制——员工"年薪制"、合伙人一个"利润池"；晋升与退出机制——合伙人的进入、晋升、退出机制；业务承接与承办机制——统一批准承接、专业分工与地域分工相结合；回避机制——从制度上禁止裙带关系。

利润分配机制是内部治理的核心。我认为，总分所松散、合伙人纠纷、执业风险加大等很多问题都是因利润分配机制而引发的。在"全所一个利润池"下，天职国际的总分所在员工薪酬标准、项目承接与分工方面高度统一，事务所的整体效益充分显示出来，合伙人之间也逐渐形成一个血脉相连、利益共享、风险共担、休戚与共的共同体，有效降低了执业风险。

乐当人梯的会计人

我认为，在事务所这类"人合"型企业，唯有重视人才、培养人才、成就人才，才是做强做大的根基。领导天职国际20多年，我始终把人才培养放在首位，致力于为员工提供一个终身学习、终身受益的职业发展平台。

天职国际自创的培训体系一直被业界所称道。针对业务部门不同职级的员工，天职国际形成了一套员工终身培训规划体系，其目的是确保员工自应届毕业生第一年加入天职国际直至成长为合伙人，每一年所需学习的课程明确固定，且与其职业生涯发展路线相匹配。自编的培训教材体系为"10+1"类，其中"10"为10个职级，"1"为新员工，职级考试成绩合格是晋升的必要条件。师资均来源于业务一线的项目经理及以上职级员工，案例内容则来源于执业过程中的真实案例。

我的核心人才观是发现和最大限度地把优秀的年轻员工提携到重要岗位。天职国际90%的合伙人都来自内部培养，且分所所长、业务骨干大多都是70后。天职国际合伙人平均年龄是前十大会计师事务所中最低的。2016 年，我义无反顾地将天职国际的指挥棒交给了 1976 年出生的年轻合伙人。

我希望，一批又一批天职人将这个平台搭得越来越高、越来越大、越来越好，一批又一批天职人从这个平台上丰富知识、经验和眼界。无论是坚守在天职的员工，还是选择新的岗位奋斗的员工都越来越感到这个平台的魅力和对自己人生的影响。

目前，天职国际的行业领军人才已达 30 多位，天职国际也是“第三届全国会计知识大赛”时，全国 6000 多家会计师事务所中唯一一家闯入大赛总决赛的代表队，并荣获行业第一、全国第九的优异成绩；近年天职国际编写出版了《税务会计学》《清产核资操作实务手册》《合并会计报表理论与实务》《工程项目全过程跟踪审计理论与实务》《会计准则内在逻辑》等专著；先后担任中国会计准则委员会“合并会计报表理论与实务研究”、国务院办公厅“部分国有资产划转全国社会保障基金”、中国注册会计师协会《会计师事务所员工薪酬与激励机制》等课题组的负责人或主要研究骨干。

努力回报社会的会计人

2009 年 9 月 1 日，天职国际老树川希望小学近 200 名学生迎来了期盼已久的开学典礼，由天职国际会计师事务所投资 200 万元兴建的希望小学正式宣告落成。这是“5・12”地震灾害后，国内第一家由会计师事务所捐建的希望小学，财政部原部长、中国注册会计师协会原会长刘仲藜为其题写校名。天职国际老树川希望小学成为“5・12”地震灾后重建的样板工程，成功解决了周围失学儿童的上学难题，并且长期坚持员工与该校学生“一对一”帮扶。近年来，天职国际还为湖南大学身患重病的同学募集巨额生命善款；当贵州毕节学院 15 名会计学子闯入全国商科院校会计技能大赛总决赛，但因缺少赴京参赛经费而一筹莫展时，天职国际立即给予了全额资助。

2011 年 8 月 2 日，天职国际官方微博宣布天职国际将义务、无偿地向“免费午餐”提供审计服务，而后，还扩大到为“大病医保”等公益项目提供无偿的审计服务，成为阿拉善 SEE 公益组织的一员。通过公益审计，探索出一条会计专业服务机构参与公益慈善事业的道路。2017 年，以天职国际的名义我个人捐资 1000 万元在湖南大学设立“天职英才基金”，用于湖南大学经济、管理、法学等专业领域青年拔尖人才的引进，是注册会计师行业个人最大的一笔捐助学捐款。

我最大的愿望就是要做一个受社会尊敬的注册会计师，社会公益一直是我所追求和主张的企业家责任。这些年来，除了致力于推动天职国际的公益事业，每年将自己的一部分收入用作公益慈善，不仅帮助了无数名贫困学子完成学业，还给家乡的敬老院、学校捐赠了大笔资金，用于家乡的基础设施建设。

低调务实的会计人

做自己喜欢的工作，我认为可以滋养人的内心和精神。2016 年交班之前通常晚上八九点钟以后我才会离开办公室，走一段路当作锻炼，然后坐公交车回家。虽然买车很早，但现在很少开车，安步当车，既健康又环保，何乐不为？

我的业余爱好也很简单，就是看书，尤喜两种刊物：《读者》和《小说选刊》。读书不仅带给我精神上的享受，还给我们带来了现在业内口碑不错的天职国际会计师事务所的名字。“天职”二字的由来就源于《读者》。

那是 1998 年《读者》上的一篇文章。大意是讲在德国，人们是带着宗教般的虔诚对待自己从事的每一份工作。他们认为工作是上帝安排的任务，是一份天职，所以要好好完成。从那时起，“天职”这两个字就烙印在我心里。

我也把对阅读的热爱延伸到了天职。很长一段时间，天职国际的内部刊物中最有代表性的可能要算《文化导读》了。这里面几乎每一篇文章都是我亲自筛选集结而成的。每一个新入职的员工都会领到一本散发油墨香气的《文化导读》，那些长长短短的铅字，或感动或奋进，总是触及心灵深处最柔软的角落。

熟悉我的人都知道，工作之余我也是一个非常潇洒的人，与员工一起摇呼拉圈，一起 K 歌，一起过生日，一起为天职足球队当拉拉队员……天职的每个角落都可以找到我的身影。

按照天职的合伙人机制，60 岁必须退休。那么，等到退休的那一天到来时，该怎么打算呢？我认为，工作时候要认真工作，不工作的时候就要好好享受生活。或许，还会提笔写点东西，用文字来妆点生活；更有可能，到处走走环游世界；我还想到天职捐资建设的希望小学去做做“孩子王”。对于我和天职国际而言，未来都将值得期待。

（原载《财务与会计》2016 年第 20 期）

王国荣

王国荣，浙江正泰电器股份有限公司董事、副总裁、董事会秘书、财务总监。教授级高级会计师，中国总会计师协会常务理事。浙江省第四届优秀总会计师，多次荣获“《新财富》金牌董秘”称号。

左手盘算　右手算盘

零星算之为计，总和算之为会。会计不只是简单的合计和周而复始的计算，还蕴藏着丰富的人生哲理和纯清的艺术美感。现代会计人更是具备了实业家的气质、探险家的胆识和政治家、谋略家的机敏与智慧。我1993年大学毕业后到了上海耀华皮尔金顿玻璃股份有限公司，从会计的底层工作干起，到参与A股、B股的发行，陪着中外审计机构日日夜夜加班，真真切切体会了财务工作的重要和辛苦；1997年加入了联合利华上海伊丽达有限公司，全面系统地学习了英荷公司的管理会计制度，明白了全球业务报表管理系统对“Deadline”要求是多么苛刻；1999年揣着在国内公司尝试国外财务管理先进办法的念头，走进华虹集团旗下的上市公司上海贝岭股份有限公司，从收购飞利浦先进半导体34%的股权，到再融资建设八英寸半导体生产线，一晃近10年，成长为一名财务总监。2008年我加入了正泰集团，期望实现作为财务人为公司创造价值的梦想。在正泰工作的八年时间里，我左手拨动着企业发展的战略“算盘”，右手拨动着企业运营财务“算盘”。两个算盘构成了撬起心中财务价值梦的两个支点，打造属于自己的精彩职业人生。

内方外圆
新时期“账房先生”

如何管好“一本账”，当好一名账房先生，在不同的时期有着不同要求。一把算盘、一叠账本、一支笔，这是古时“账房先生”的形象。那时，只要能熟练地拨动算盘进行数字计算，把账本条理清晰明朗地记录好，也许就能成为一位合格的财务人员了。而当今社会对财会人员的要求已上升到一个新的高度，算盘的打法随之发生着翻天覆地的变化，财会人员除了需要掌握必备的会计基础知识，还要能综合应用财务、税法、金融、财政、计算机理论和技术等各类专业知识。

“内方外圆”是南存辉董事长也是我一直秉承和倡导的正泰财务文化。在这种文化理念的指导下，我对财务工作进行了一系列调整和变革，不断优化、完善财务组织架构、流程制度和工作职能，推动着新时期公司财务体系规范化建设，用20余年的财务实践与创新，赋予了正泰财务新的视角和内涵精神。

不论是总会计师还是首席财务执行官，其财务活动将来一定是和战略结合的。进入正泰以来，我坚持把业务和财务结合，逆向看利润报表，以盈利为导向的方式领导财务团队，将战略财务的思想自上而下传输，同时也推动着财务体系的建设和完善向着管理会计要求的方向发展。2011年我很荣幸获得“浙江省优秀总会计师”称号，并担任浙江总会计师协会副会长负责温州区域的协会管理，2012年带领财务团队参加第一届“天职杯”中国民营企业财务管理创新评选获十佳案例，2016年被选为中国总会计师协会常务理事。

借力上市
勤修企业内功

自加入正泰到其成功上市的近两年时间里，我带领财务小组努力克服关键性难题，对相关财务标准、制度作了进一步规范和完善，并积极配合相关部门完善涉及关联交易的相关文本、协议的起草与修订工作，助推了公司2010年顺利上市。

上市让公司搭上了资本市场这节快速行进的列车的同时，也将公司自己推上了众人瞩目的舞台。上市以后企业更加需要勤修内功，完成蜕变。站在资本市场这个舞台，公司的信息都要披露并向市场反馈。我们坚持符合资本运作的市场规律，合理地把价值最大化，既不被资本所左右，也始终坚持给投资者以回报。2012年，我带领财务部、内审法务部、证券部参与了浙江证监局的内控试点推行，践行了规范财务内控、完善信息披露管理，持续现金分红向股东汇报，公司列入上交所现金分红指数标的。

有序无序间转化
创新打开财务管理新空间

从事公司投资活动事务后，在忙碌的工作之余我也在思考，每个人的价值创造得到最大化后，生命时间也就最大化了。对生命来说，时间是有序的，但多数时候工作却是无序的，通过价值最大化的投资、研发或创造活动把无序变为有序，而当把有序变成无序之后又打开了另一扇窗。从事财务工作的23年来，历经许多次有序无序间的转化，不断打开新的空间。在参与企业战略规划和公司各类兼并整合的过程中，我深刻意识到，各类投资只要是围绕战略去进行的并符合战略投资决策的，大概率的风险方面就已经得到了控制。投资为什么会犹豫，为什么会偏离，实际上是战略不够清晰，或者说没有围绕战略这条主线去做投资。所以我一直认为，财务和投资是不分家的，但整个投资活动也不是财务上简单的一加一等于二。

电影《星际穿越》里说有五维空间，进入了一个不同的空间，时间的尺度就会发生改变。所以，当进入不同的空间，打开的是另外一个维度，在进入这个新空间的时候，与其他东西的距离和时间也就缩短了。从事财务工作的这些年里最大的体会之一是，在企业发展的过程中不断发现自己新的空间，从中找到新的创造价值机会，同时也实现了自己的跨越。如从投资新能源到投资新材料石墨烯，再到投资发展储能就是实践战略闭环，创造价值新空间，实现超越时间，穿越空间的真实案例。

构建信息化平台
为价值管理插上无形的翅膀

未来的信息化时代，追求效率和速度是企业获取竞争优势、抢占市场先机的重要内容。在打好财务算盘的同时，如何进一步提升财务分析的效率、领导决策、数据分析快速响应等能力，为公司各类重大决策提供铿锵有力的依据，同时建立未来高速运转的信息化正泰，成为我现在研究的又一个重大课题。

自2008年起，我开始推动公司的财务分析工作进一步转向信息化。财务部协同相关部门，运用信息化手段，结合内控规范要求和内部管理标准，以SAP、OA、EC等信息系统为依托，全面梳理业务流程与公司管控体系，在采购、销售、生产等关键业务环节设立监控点与监控指标，通过信息化手段建立覆盖生产运营全过程的业务监控流程和监控指标体系，从而逐步建立起具有正泰特色的财务集中管控与全过程业务监控管理体系。

在我设想的正泰管理的未来版图里，财务管理是以信息化手段构建的新的管理体系，需在以信息化为基础和手段的机制下，形成共享信息中心、分析决策中心。我认为需要用自己系统的管理和分析方法来提高财务管理的效率。我提出，将来财务上 2/3 的人甚至3/4 的人都在做数据处理、数据加工、数据录入等工作，其余1/4 的人做财务分析，财务决策执行就行。由于当前形势下各产业公司板块间财务水平的差异性较大，也许这条变革转换之路尚为遥远，但我的设想与尝试却从未停止。

传道解惑　凝心聚力
打造高效团队

企业需要什么样的财务团队，如何成长发展为一个合格优秀的财务人，我也有自己的理解和盘算。财字，左半边是宝贝，右半边是才能。要想成为有价值的人才，首先一定要修炼右半边的才能。有了才能，才可以成为公司的宝贝，成为部门的核心。因而在我带领的财务团队中，人才的建设和培养始终是一项作为重要工作。针对员工的实际状况和专业技能理论知识的实际差异，财务部门分期展开不同内容不同形式的培训和学习活动，旨在提高财务人员的专业知识水平同时，也增强员工在部门间的沟通协调能力以及培养树立管理服务的意识，极大地提升财务团队的综合能力。

我一直强调员工间互相学习，共同进步，一起成长。结合员工个性特点和发展潜力，我在财务部门内部推行了部分岗位轮换和互学互助的机制，促进员工间的业务交流和提高业务综合处理能力。“敢为人师，敢为人先”，我时刻鼓励大家敢于展现自己的能力。此外，我还持续关注着后备骨干的培养，组织部门内部骨干员工学习小组，促进管理团队的梯队建设工作。在整个财务团队的凝聚力和向心力得到增强的同时，未来在不断提高财务用数据说话的能力，加强财务体系建设和完善，打造核心的中坚力量方面，也不断成为我盘算的新内容。

（原载《财务与会计》2016 年第 20 期）

奋斗的人生最精彩

何宏伟

何宏伟，内蒙古霍林河露天煤业股份公司总经理。2005年内蒙古自治区“全区十佳会计工作者”，2007年中国电力投资集团公司“优秀共产党员”，2009年中国电力投资集团公司“先进财务工作者”。

冬去春来，年复一年中，你是否还能记起曾经的梦想？花开花落，夜深人静时，你是否会自责每天的碌碌无为？

我们总是抱怨付出得太多，生活给予得太少。我们错过、输过、痛过，当经历诸多的挫折困苦，你是否还会执着于自己的追求？

人生一世，草木一秋，我们应该怎样度过短暂的生命，实现最大的价值？我的经历或许会带给你答案。

学习改变命运

1985年，我从一所中专学校会计专业毕业，分配到霍林河煤矿，成为一名出纳员。农村里走出来的我非常珍惜这来之不易的机会，工作中勤勤恳恳，业务上虚心学习，很快喜欢上了这份忙碌而充实的工作。

“学习改变命运，知识成就未来”。1992年我通过会计师资格考试。1993年开始电大财会专业学习，3年取得大专学历后又转而攻读本科课程。为掌握最新的会计准则、税法细则、法律知识，1994年我又开始参加法律专业自学考试。

学习过程是艰难枯燥的，没有老师指导和同学交流，只能自己默默钻研。复杂的数学公式、生涩的法律术语、深奥难懂的知识点，既要死记硬背，又要融会贯通，困难可想而知。白天，我认真完成本职工作；晚上，秉烛自学，一次次拒绝同事的娱乐活动邀请；面对不解总是一笑而过，我将别人休闲娱乐的时间全部用在了学习上，“功夫不负有心人”，我陆续获得了法律大专、财会本科文凭。

“黑发不知勤学早，白首方悔读书迟”，30多岁的我没有在应该奋斗的年龄选择安逸，没有在应该拼搏的日子虚度时光，当时又盯上了一项更高的挑战——注册会计师考试。对学历起点较低的我来说，注会考试难度非常大，经过3年苦读，终于在1997年通过全部课程考核。

“胜人者有力，自胜者强”，通过苦行僧般的自学，我获得了两个大专、一个本科文凭，取得会计师职称和注册会计师资格。这些证书的背后，是一种不断挑战自我、战胜自我、永不放弃的坚持在助推我前行，其中包含了多少酸甜苦辣、孤独求索、冷嘲热讽，现在想起还百感交集。

参加工作后，我就养成了一个“苛刻”的习惯，一直坚持早晨5点起床锻炼之后学习，我将业余时间全部用在了学习上。每年都记下十几本笔记，内容包括财会、管理学、政史、哲学、国学等各种知识和感悟。多年来，我的终身学习理念植根于心，学习已从单纯的求知变成了一种享受生活和提升价值的方式。通过坚持学习，我不断成长，也得到了更多的机会，相继从事过审核会计、总账会计、财务科长等岗位。

我不断思考财务工作中出现的各类问题，1994年至2003年间，累计撰写了20多篇论文，提出的工作方法和流程解决了财务管理中的大量难点问题。1995年提出预算编制、资金审批、均衡支付的管理程序，保证了资金使用规范，支付可控；2003年提出流程管理与项目管理相结合，避免了员工工作中责任意识不强、配合不力、沟通不畅、协调困难等问题发生，提高了会计人员的工作效率；2004年提出并在露天煤业实行“统分联责、集中控制”财务管理模式，获得“内蒙古自治区管理现代化创新成果奖”和“中国煤炭企业管理现代化创新成果奖”。2005年被评为“内蒙古自治区十佳会计工作者”，同年还考取了高级会计师职称，2007年7月又在香港中文大学取得会计学硕士学位。

“学而时习之，不亦乐乎”，学习改变了我的命运，让我从一个普通职员晋升为公司的中层管理者；学习让我得到了成长、收获了快乐，体会了梦想变为现实的艰辛和喜悦。

笃行创造价值

2008年4月，我开始担任露天煤业股份公司财务总监、副总经理、董事会秘书，管理从单一的财务向分管工作领域拓展。我调整以往的工作思路，不再侧重于自身的提高，而是注重员工整体素质提升，将“笃行创新、止于至善”作为工作的出发点和落脚点。研究出一套适合露天煤业财务管理人员实际的“四加二”学习培养模式：即建立题库、组织培训、组织考试、组织竞赛，岗位轮换与互动式培训相结合，开展管理实践活动与撰写管理论文相结合。“四加二”模式提高了财会人员综合素质，加快了知识结构调整，加强了与生产工艺的协同联系。

财务工作重要性不言而喻，如果员工稍有差错或以公谋私，就会给公司带来巨大的损失。财务工作需要认真、负责的职业精神，更需要坚持“诚信、公正”的会计操守。我一直严于律己，坚持原则，对财务系统员工也严格要求，下属出现差错和失误，处理起来不留情面。严厉的作风，虽然让员工很“受伤”，但益处也显而易见。主管露天煤业财务工作以来，财务部没有发生一起财务违法违规事件；财务部员工凭借全面过硬的专业素养、廉洁自律的职业精神，50 多人职务得到晋升；财务人员深入研究把握政策文件精神，累计为露天煤业节约各种税务支出 10 余亿元；财务系统 30 多人在省级、国家级以上刊物发表论文；露天煤业财务部已出版 10 余册管理论文集，涵盖成本管理、会计核算、税收策划等。

在绩效管理方面，我用 3 年时间主导建立了“关键绩效指标为主，兼顾保障指标为辅”的考核体系。普通员工绩效考核针对各岗位设定不同的考核指标、考核周期和考核程序，实现了“考核有结果，分配有依据”的工作目标；各部室按照财务、顾客、内部流程、学习与创新四个维度设定了考核指标，管理人员绩效考核由工作计划为主调整为日常工作与临时工作分别考核兑现的机制。中层管理人员绩效考核以履职评价、综合业绩、民主测评、管理责任四个考核维度为重点。绩效管理工作的推进，密切了公司整体经营目标与员工个体绩效目标的关系，极大地提高了员工的积极性、主动性和创造性。

分管培训工作期间，以“培训创造智力资本”为理念，加强计划管理，强化效果评估，厚积师资力量，创建特色课程。多次召开座谈会听取员工的意见和建议，并督导有关部门及时解决，提高培训效果。期间策划批准了多期管理类培训班，全程参与到露天煤业“优秀青工班”和“管理提升班”学员面试选拔中。通过培训的开展，员工学习能力、创新能力、解决问题的能力得到极大提高，一批批德才兼备的人才脱颖而出，成为露天煤业发展壮大的有力保障。

我还利用业余时间系统研究起传统文化中的管理精髓，从中汲取反映事物本质和规律性的知识，感悟古人的智慧和思想，以“入世”精神对待处理问题，将创新求变思维应用到企业管理中。同时毫无保留地将感悟与大家分享交流，公司环节以上管理人员和半数青年都听过我的课，大家对传统文化的学习热情越来越高，传统文化对企业管理的促进作用越发明显。

奋斗成就梦想

2014年6月，我被任命为露天煤业总经理，成为一家138亿元资产的上市公司掌舵人，肩负起4300多名露天煤业人的期望和重托，我的管理范围开始涉及煤矿生产经营的全过程。如何在激烈的市场竞争中，保持露天煤业在蒙东地区的市场地位和盈利能力，是我面对的最大挑战。

上任之初，带领团队去基层调研，“一对一”与基层班组长谈话，听取意见建议、汇总解决各类问题。通过职能交叉部门重组、基层单位中层管理人员轮换，有效规避了管理中存在的突出问题，提高了部门之间的运作效率和中层管理人员的工作积极性。

回首30年的从业经历，我觉得是会计这一职业让我的人生与众不同。首先以会计工作为起点，勤学不倦，让我在专业上成长成才；其次将知识应用到实践中，笃行创新，不断拓展管理领域，积累了丰富的管理经验；最后准确把握经济规律，冷静应对各种管理难题，以及传统文化的积淀和吸收成就了总经理这个工作岗位。

拼搏到无能为力，努力到感动自己。感谢生命中奋斗的每一天，让我拥有精彩的人生。如今，露天煤业为实现百年优秀企业的目标，又将开始新的征程，我将在追寻梦想的道路上奋斗不息、努力不止……

（原载《财务与会计》2016年第20期）

戴国华

戴国华，中铁大桥局集团有限公司财务部副部长。武汉大学、中南财经政法大学等多所院校会计专业硕士研究生校外导师，正高级会计师，武汉市高级会计人才专家评审委员会委员，入选“黄鹤英才”（会计）计划。主持、参与 11 项省部级课题研究，获一等奖 5 次。

持之以恒 +
机遇让我梦想成真

我是一名平凡的会计人——忘不了初中未毕业的我“子承父业”、接过父亲“铁饭碗”时的沾沾自喜；忘不了作为一名“铁匠”，在体会到没有知识“打”不出好“作品”的苦恼后，领悟到“打铁还需自身硬”时的豁然开朗；忘不了多年来坚持自学，尝遍生活的辛酸苦辣，终于明白“春天不播种，夏天就不会生长，秋天就不能收割，冬天就不能品尝”真谛时的苦尽甘来。20 多年的努力奋斗终于学业有成同时我也是一位幸运的人——庆幸自己生活在一个伟大的祖国和伟大的时代，带薪上学的好政策、自学取得学历文凭及单位提供锻炼舞台等诸多机遇，都助我梦想成真。

世上无难事　只要肯攀登

1984 年，我第一次离开家人独自过春节，在孤独和寂寞中暗下决心要认真学习。在之后的两年多时间里，我白天承受高炉的烘烤认真工作，晚上筋疲力尽回到宿舍仍然坚持 4 小时以上的自学。功夫不负有心人，1986 年经过单位预考和原铁道部统一招生，我如愿以偿成为原铁道部一所职工中专学校会计专业的学生，正式开启了我的会计人生。

之后的10多年中，我陆续完成了中专、大专和本科阶段的学习。山西、江西、湖北、广东都留下了我自学考试的奋斗脚印。在工棚里简陋的办公桌前，我曾从高等数学的学习中寻找到乐趣，也体会到了英语自学中的孤独和无助。当2000年完成会计本科论文答辩、取得毕业证书时，我泪流满面，多年来的彷徨和苦闷在此刻倾泄而出，其间的苦楚是外人所无法体会的。

在收获学历教育成果的同时，我也不忘对于专业考试的追求。1998年在参加注册会计师最后两门考试的那一天，时逢长江流域突发特大洪水，道路被淹，为了准时赶到考场，我凌晨4点起床徒步绕道赶考。也正是这一年，我体会到了注册会计师全科考试通过的喜悦心情。在兼任企业法律事务部主任时，我连续几个月挑灯夜战、积极备考，一次性通过全国企业法律顾问资格考试，又一次体验了圆梦的艰辛。2013年1月，我取得了正高级会计师任职资格，此时我再次体会到“机遇总是垂青有准备的人”。

跨越天堑　超越自我

自1983年加入原铁道部大桥工程局（2001年改制为中铁大桥局集团有限公司）以来，“跨越天堑，超越自我”的企业精神一直是我前进的方向。

1992年刚到船舶管理处财务科上班时，我连会计凭证都做不好，为尽快提升自己的专业技能，我在工作中倍加用心，不仅坚持边看、边学、边做、边请教，还自觉加班，每天的工作时间都长达10小时。3年时间下来，我一步步成长为单位的业务骨干，成为财务科唯一的主任会计员。

1995年8月，我迎来了自己会计人生的一次重要机遇。我和另两名同事组成代表队参加局会计知识大赛，取得了团体第二名的好成绩，我也获得了个人第三名的奖项。之后我再次成功入选局会计知识大赛集训队，参加原铁道部举办的“全路工业、施工企业会计知识大赛”，经过激烈竞争，最终取得了团体预赛第三名、决赛第四名的好成绩。

在船舶管理处工作期间，我在充分调查研究的基础上，上报了《基层单位推行独立核算，实行资金集中管理》的调研报告，得到领导的高度重视并让我负责实施。实施独立核算后，公司取消基层单位20多个银行账号，只保留财务科对外户头，盘活了存量资金，使基层单位经营观念和创效意识发生了根本的变化，财务状况也得到改善，这一资金集中管理经验随后在系统内得到推广应用。

在担任九江长江大桥指挥部财务科负责人期间，我除了负责日常会计核算外，还要清理1970年以来的所有财务账目。为完成这项任务，我泡在办公室内找文件、查资料，往返南京、武汉多地与设计院和往来单位核对账目，还花了两个多月的时间，在DOS操作系统下开发了“九江大桥分项目验工计价与财务对账系统”，把27年的财务账目的来龙去脉弄得清清楚楚。1999 年九江长江大桥工程项目顺利通过了政府部门的终结审计，这是对我工作最好的回报。

在桥机公司兼任法律事务部主任期间，我代理诉讼案件十多项，挽回经济损失 300 多万元。特别是作为原告代理人起诉一家涉外公司委托制造产品纠纷案时，我充分利用所学的法律、财务和企业管理知识，陈述理由，该案件经过中院、高院，长达 3 年的应诉，最终以我方胜诉告终。

2007 年，中国铁路工程总公司启动上市程序，作为大桥局“宏图项目”财务组成员及联络人，我在那一年起草下发的“宏图项目”财务相关文件通知多达 80 多份、发出广播消息上千条，主持收集整理各类资料摞起来超过 1.5 米、提交的电子文档达 2GB 之多，保质保量完成各项工作。

近几年，我不断创新工作方法，加大了管理会计在大桥局应用力度，主动参与公司各项改革，为领导层决策提供依据。如我提出实施的全面预算与财务绩效适度融合的新举措，通过评价指标前移和预诊的方法有效提升了公司管理绩效水平，该项管理经验也于 2015 年被财政部《管理会计实践索引（一）》收录；我所牵头负责的公司盘活存量资产总体方案设计，通过过程控制和资产处置工作的开展，提升了公司资产发展质量；通过系统梳理相关业务流程、组织制定财务管理方面制度，进一步完善公司制度管理体系；我所分管的会计决算、全面预算、产权管理等方面工作也曾多次受到上级单位表彰和表扬。

传递正能量　再续会计梦

我 20 多年追寻会计梦的故事，自《财务与会计》2013 年第 11 期通过题为《让不可能变成可能——记一位敢于有梦、追梦和圆梦的会计人》刊出并在中国会计视野论坛“《财务与会计》杂志”版面贴出后，不少读者和网友通过信函和网络在线交流等形式与我互动，面对他们的肯定与赞扬，我内心充满了喜悦，但更多时候我还是不忘告诫自己：要正确对待得失、勇于担当，时刻保持一颗感恩的心。因此，在自身积累正能量的同时，我努力将所学到的知识传递和分享出去，用实际行动回馈企业、回馈社会。

2014 年，我以会计专业硕士校外合作导师的身份参与指导中南财经政法大学会计专业硕士代表队参加第二届中国 MPAcc 学生案例大赛，获得冠军，我也被大赛组委会授予指导老师奖。

2015 年 10 月，我第三次应中国财政杂志社的邀请，参加其组织的“新形势下的财会改革与发展研讨会暨《财务与会计》创刊 500 期座谈会”，作为基层会计工作者的代表，向财政部会计司领导提出了加强会计队伍建设等方面的建议。在之后的沙龙活动中，我作为六位主讲嘉宾之一，与其他专家一起围绕“新形势下财务、会计面临的机遇与挑战”进行主题发言并参与讨论。

近些年，应湖南财经工业职业技术学院、长江职业学院等校的邀请，我以自己20多年的“有梦、追梦和圆梦”历程为题，为新入校和即将走上工作岗位的会计专业大学生做生动的报告会。为中铁大桥局集团第一工程公司几十位会计主管人员做成长立志为主题的报告会，以自己的学习工作经历为原型，启发和鼓励大家，“人生要有坚定的理想和追求，不能安于现状、墨守成规，必须立足岗位、勤奋工作，才能实现人生价值”。为中南财经政法大学等校会计专业硕士研究生开设选修课，为中国电子系统工程总公司、中国兵器工业集团有限公司、湖北省交通投资集团有限公司等国有企业讲授全面预算管理、PPP项目投融资风险识别及防范、财经纪律等专业知识，收到各方好评。

与此同时，我也继续坚持课题研究和撰写论文，与大家分享工作成果已成为我积累和传递能量的最大动力。我已先后在《财务与会计》《中国审计》等专业刊物上发表论文70余篇，并主持和参与了11项省部级课题的研究。

为响应财政部推进管理会计体系建设的号召，在认真总结近些年在管理会计方面研究成果的基础上，经过半年多的撰写和整理、多次修改和完善，我的第一本20多万字专著《管理会计实践与案例——会计人员提升与转型读本》已于2016年出版发行。对我而言，此举既实现了我多年来立志出书的梦想，也实现了我一直坚持将所学习知识回馈社会的理想。

我认为，常修会计职业之德，勇于担当，甘于奉献，就是积累正能量的过程；常怀感恩之心，行胜于言，以专力行，就是传递正能量的过程。行者常至，为者常成，既然选择了这条路，虽然路中充满了艰辛和曲折，我还是会坚定不移地走下去，相信在不远的未来一定会有更多的梦想实现。

（原载《财务与会计》2016年第20期）

第三篇

2017年（上）

编者的话

古者称师曰先生。师者，人之模范也。他们似儒雅之河，静水流深；似尖利之风，振聋发聩；鸣得生气，默得风骨。其品性和学问，皆应为人师表。

2017 年《财务与会计》继续推出“会计先生风采”专栏。先生们的故事不仅是有关财会、服务、创业等的讲述，而是有关汗水、信仰、梦想甚至是尊严的呈现。我们希望这些文字和讲述能够化成力量，给囿于常规带来的稳定和安全感而不敢迈步的大多数，给曾经拼搏过但遭遇挫折偃旗息鼓的“失落者”，给需要承受别人目光中的不解、不信而执着坚守在路上的“孤独者”送去鼓励和指引。我们希望藉先生们之风骨和追求照亮暗夜秉烛者的黑夜，温暖踽踽独行者的寒冬。

飞行器设计、运筹学和财会，风牛马不相及的学科在黄火灶的身上交汇并使他 30 年的职业生涯焕发出不一样的光芒，正是他的跨界和整合思维，让他不断突破认知局限，在思想和实践的海洋中自由驰骋。深入推动财务转型与管理会计实践、践行价值创造与财务创新的王文章在实践中形成系统的资金管理模型架构，在建章立制中支撑推进集团财务工作，在会计之路的俊俏嶙峋间砥砺成长、追求卓越。从农村生产队会计到百年企业集团财务负责人，志存高远又脚踏实地，以递进式实现职业目标三个阶段的张志芳用“乐此不疲”四个字表达了自己历经40余年蜕变与升华后依然不变对会计职业的挚爱。蔡磊用“勤奋”“进取”和“创新”作为自己攀登人生高峰的注脚，在工作安稳之时主动转换方向迎接挑战，三十而立仍不止步继续追寻，直至找到施展抱负的舞台，并作为中国电子商务领域电子发票的推动者而不断探寻。曾经的数学迷，有幸与会计结缘，从事会计工作，见证行业的变革与发展，王鹏程认为自己非常幸运，经历过从学者到实务工作者的转变，经历过从国内会计事务所到国际四大的转换，这个过程让他感受到美好的会计人生。从作为CFO从事财务管理工作，到服务CFO从事财务管理咨询及信息化服务工作，韩向东始终关注并实践着数字化管理，把专注于管理会计及信息化理论研究、实践创新、软件研发视为这些年自己最大也是唯一的爱好，并将智能财务作为自己逐梦的方向。以会计为职业起点的赵团结坚守“工作只能靠业绩才能获得大家认可”的理念，在持续学习中创造机会，在专业敬业中创造价值，为我们展现了既勤勉务实又目标明确的奋斗历程。医药行业执着的耕耘者张能鲲，认为每8年是一次知识释放和提升的周期，因此选择每8年一次参加全国统一考试脱产返校进行系统性学习，和普通学生一样吃住在学校，圆满完成直至博士阶段的学习，并通过系统性知识的转化提升了解决实际问题的能力。

沉浸在8位先生的故事中，耳畔仿佛传来马蹄四起的铿锵，荡起阅者内心想要奔跑、想要攀登、想要飞翔的渴望。成不须矜，败不须争。我们要不断地行之思之，在忙忙碌碌、跌跌撞撞中坚定地走向未来，更好地诠释生命。莫道桑榆晚，为霞尚满天。现在、即刻、当下，就出发！

黄火灶

黄火灶，厦门航空有限公司党委委员、副总经理。曾获第八届国家级企业管理现代化创新成果二等奖。其首创的精细化财务管理、大财务管理理念，在地方与行业财务管理领域内有较大影响。

跨界挑战自我 整合创造价值

苹果之父乔布斯曾说过：“每一个革命性产品的到来都将改变一切，如果在你的职业生涯中能够为其中的一件产品工作过，那将是非常幸运的”。我很庆幸，过去的30年职业生涯，全部奉献给了我热爱的厦门航空有限公司（简称厦航），见证了厦航从最初2架飞机到如今机队规模超过180架。带领计财团队，助力厦航做出一次次正确选择，实现企业一次又一次转型升级，创造了30年持续盈利的骄人业绩。

我1964年出生于厦门农村，打小“散养”的方式给了我自由随心的遐想空间。1984年从北京航空航天大学飞行器设计专业毕业后，恰逢无需参工即可考研，我就从工科跨界理科，考取了厦门大学运筹学研究生。1987年毕业后，我被分配到厦航工作，算是当时公司的第一个研究生，虽非会计专业出身，但却机缘巧合开启了近30年的财务管理职业生涯。

半路出家：勤补先天不足　反成跨界优势

进入厦航后，因专业主修运筹学，首选计划统计工作。当时很多人打趣我“大材小用”，但我认为，是金子总能发光，把平凡的工作做到极致，就能成就不平凡的事业。四年基础统计工作，我不仅写出了5篇对厦航发展有实用价值并在民航界具有一定影响力的论文，还逐步摸索出了企业生产经营数据背后的逻辑关系。同时，我也逐渐意识到，光看生产统计数据作用不大，背后的收入、成本才是关键，因此我有意识地开始从计划向财务转型。工余时间“恶补”会计知识，即使出差，行李箱里也少不了厚厚的专业书籍。飞行器设计、运筹学和财务本是风马牛不相及的，但世界上的事情就是这样，当你下定决心做一件事时，全世界都会为你让路。书一开始越读越薄，领会框架、要点，一本本砖头般晦涩难懂的会计学、财务管理，让我读成了薄薄几张自画的图文并茂的发散性思维导图。再后来，书又越读越厚，在掌握了财务会计相关知识后，我融会贯通、举一反三，做出满满的别具风格的读书笔记。2001 年的会计师考试首次实行五门课程统考，难度不小，靠着平日的积累，非会计专业出身的我一次性考过。

掌握会计知识后，结合宏观运筹思维、航空专业背景以及工作中的实际统计经验，竟成为我财务管理工作的跨界优势。2003 年面对突如其来的“非典”危机，我提出“保变多飞”理念，即只要保证变动成本能收回就多飞，既保证公司运行的现金流，又掌握了市场的主动权，该理念一直成为民航业重要的经营理念之一。2009 年年初，厦航面临飞行实力受限，我利用线性规划的概念进一步提出“高效精飞”理念，即把有限的资源投入到成本低、收益高的航线，在有限的飞行员资源下创造最大的经济效益，该理念也是迄今厦航经营管理的重要思想。在这些理念的推行指导下，即使是在中国民航业巨亏 280 亿元的 2008 年，厦航也实现盈利 2.1 亿元。

业财融合：首创精细化财务管理　引领转型升级

1998 年，由于民航运输价格放开造成航空公司过度竞争，加上亚洲金融危机负面影响，中国民航首次出现全行业大面积亏损，而我也正是在这个特殊时期被委以重任，全面负责厦航财务管理工作。

面对企业盈利压力，我创新性提出了精细化财务管理理念，提出将财务管理的触角延伸到企业生产经营的每一个环节，发挥“事前引导与预警、事中控制与服务及事后核算与监督”。同时，从两个维度释义精细化财务管理理念：广度上追求“细致入微”，实现财务管理“零”死角，挖掘财务活动的潜在价值；深度上追求“精益求精”，通过对企业经济活动产生的财务信息进行全面分析和精加工后来指导生产经营，追求财务工作的高附加值，为公司创造更大价值。

在精细化财务管理推进之初，我要求“财务人员懂业务”，深入一线，挖潜降本增效的点滴空间；也引导“业务人员懂财务”，从财务角度考虑问题，树立成本效益意识，实现自主管理的最佳模式。用现在管理会计与财务共享的眼光来看，这就是“业财融合”。随着财务人员从机关办公室走到售票处、值机柜台、配餐车间、航材仓库，走到合同谈判一线，从一开始硬着头皮学习了解具体业务，到后来成为业务专家并有效地引导生产经营，更好地服务业务部门，财务人员的能力和价值都提升了。

2001 年精细化财务管理荣获第八届国家级企业管理现代化创新成果二等奖；2007 年被中国民航树为先进财务经验转发全行业学习；2011 年亦被纳入国务院国资委调研撰文的《厦航 23 年连续盈利的经验与启示》，向 100 多家中央企业推广。

跨界整合：创建“大财务”管理模式协同放大效能

得益于精细化财务管理，厦航财务人员的综合能力持续提升，公司越来越信任并赋予财务部门以战略、绩效、法律、股东事务、节能减排、对外合作等更多传统财务职责之外的核心职责。职能的不断增加，促使我从战略上思考如何更好地发挥整合优势，取得放大效应。也正是在这种背景下，2010 年，我在精细化财务管理的基础上又提出了“大财务”管理模式，即围绕战略落地、效益提升、内控完善的全面财务管理活动以及与之相配套的管理机制和流程优化等。

站位战略高度，我以更宏观、系统、联动的思维进行财务管理，探索建立起“战略——资源——绩效”SRP 管理体系，形成互相支撑、有效联动的管理大闭环，即以战略规划为导向、以资源配置为依托、以绩效考核为保障，有效支撑资源匹配与战略落地。目前，SRP 管理体系已经成为厦航的核心管理理念和管理专利，也是厦航荣获中国质量奖的管理双引擎之一。

“大财务”实现各项职能协同作战。在 SRP 战略管理体系下，我建立起厦航特色的“六环相扣”内控体系，把财务管理职能和战略、采购、合同、绩效等其他管理职能进行深度而有机地融合，不搞“多张皮”，不单打独斗。此举既保证了公司财产安全，也保证了每个管理者和员工的政治安全。

由点带面：提炼“四维时空”系统思维开拓管理视界

2016 年，我在精细化和大财务管理的基础上，进一步提炼出“四维时空”系统思维方式，以“广度、深度、高度、时间”为指引，形成了一套行之有效的管理体系和工作方法。

看似深奥玄乎的“四维时空”系统思维，其实简单实用。就好比一棵大树，要有深度上的“精耕细作”、广度上的“枝繁叶茂”、高度上的“高屋建瓴”以及时间维度上的“深谋远虑”。具体说来，广度上要拓宽视野，从业务链的上下游、内外部与生态圈等多个方面思考问题；深度上要从现象看本质，从面到里再到核，发现人事物背后的真相和发展规律；高度上以“上帝之眼”审视工作和管理，将工作从操作层面提高到战术层面继而提升到战略层面；时间维度上兼顾短中长期利益，实现事前、事中、事后全过程管理，实现 PDCA 闭环管理。除了财务管理，目前“四维时空”系统思维方式已经在厦航采购管理、人力资源管理、空中服务等其他管理领域广泛使用。

回顾 30 年职业生涯，从创新提出精细化财务管理到创建“大财务”模式，再到总结提炼“四维时空”思维，直至跨界分管不同领域业务，可以说是一个在摸索中前进、在前进中总结、在总结中思考、在思考中提升、再将提升成果付诸实践的自我迭代、升级认知的漫长却又充满意义的过程。这可能与我是太极运动的爱好者有关，常年坚持每天早起站桩三刻钟，从站桩中体会的那种坚持和定力，给予我工作中的激情与动力、坚毅与笃定。

我今年 50 有余了。“活到老，学到老”。我一直坚信，思维方式是最高的智慧，决定事业的格局与高度，而认知将影响思维及选择。我常和我的财务团队说，一个人的成长和蜕变，除了自身的发展机遇外，更重要的是要有一股昂扬向上的正能量和求知欲，要做知识的“游牧民族”，哪里水草鲜美就转场到哪里，保持一颗驰骋的心。特别是在知识更新如此之快的万物互联时代，跨界已成为一种新常态，因此更要秉持终身学习态度，不断突破认知局限，通过自我迭代加速成长，做到“心中无界，方能跨界”，这样才能助力企业创造更大价值，也才能实现个人潜能和价值的最大化。

（原载《财务与会计》2017 年第 19 期）

王文章

王文章，时任中国中煤能源集团有限公司监察审计部副主任，现任中国中煤能源集团有限公司审计部总经理。国务院政府特殊津贴获得者，全国会计领军人才，财政部第二届会计准则咨询委员会副主任委员、第二届管理会计咨询专家，全国先进会计工作者。

做一个砥砺前行、追求卓越的人

人生的精彩，莫过于艰难前行中的一路风景；旅途的选择，又何尝不是冥冥之中的命运使然。我这一生，注定要与财务会计结下不解之缘，相伴相随。

春蒸秋尝，曾经找不到哪一片叶子属于自己，一朝相伴，不经意间已是似水流年……

财务会计并非小时候懵懂的理想追求。与财务、会计结缘，始自1982年参加的那场如同南方炎夏7月的严酷高考。当时的高等教育资源十分稀缺，我是幸运的，被当时隶属于国家煤炭部的财经专科学校财会专业录取，从此便踏上了漫漫的会计征途。30多年来，正是这个严谨的专业、朴实的行业、悉心的传承，铸就了自身执着、坚韧、倾注、忠诚的特有风格。与有的人“干一行怨一行”不同，我挚爱着这一行。

当今的财务转型与会计改革大潮此伏彼起，建立会计强国的呼声日益高涨。5年前，作为一名基层财务负责人，积极响应财政部号召，深入推动财务转型与管理会计实践，践行价值创造与财务创新，与所在企业实务相结合，在探索中不断总结完善，逐步形成了自己独特而系统的管理会计领域的应用实践与研究成果，即“五维解码”“三个一”实践模型与“一向四驱”资金管理模型架构，得到了业内广泛认同。作为当时一名基层企业的总会计师，深感理念创新与行动引领至关重要，在现代社会快节奏、多信息、高强度的工作下，更需要发挥团队的协作精神，而这个团队的带头人至为关键。通过积极倡导“大财务”观，坚持独立的专业立场；通过建立多种信息沟通渠道，防范岗位职务风险，增强财务与业务的统筹协同能力；通过大力推行 ERP 系统建设与应用，推进业财融合。

2017 年年初，按照组织安排，告别了 30 多年的财务会计行业，转入内部审计领域。一上任便全面接手了国务院国资委对集团开展经济责任审计问题的整改落实工作。由于之前未参与审计的整个配合过程，审计问题不仅量大，而且历史背景错综复杂，加上离开集团总部已达八年之久，变化之大可想而知，突发的压力和感受从未有过，只能迎难而上，坚信自己有能力完成这一艰巨任务。通过着手制定整改方案，组建工作团队，根据分工负责组织协调、分类指导，边干边摸索边总结，在短短 5 个月的进程中，不断总结提炼，通过落实“两责”（整改责任与督办责任）、推行“两化”（整改标准化、验收指引化）、实行“三制”（台账销号制、定期简报制、集中会审制），体现出鲜明特色，个中的很多机制从无先例，得到了国资委的高度赞赏与肯定。

曾经的“运动员”“修炼”成了“裁判员”，承担起了领导交给的“打造审计利剑”的艰巨任务。虽身在审计，但心系会计，会计就在身边，财务就在眼前，会计审计如何相向融合，如何相得益彰，在财务转型背景下如何实现审计转型，已预感到可能就是我下一步在更宽层面需要努力的方向。那一定是一种缘分、一种召唤、一种付出，更是一种别样的精彩。

凡尘万物，都有无法推卸的使命，灯火阑珊，更需要独自披荆斩棘。

33 年前，与那个时代的所有年轻人一样，怀揣着改革初期的青春梦想，来到原煤炭工业部直属的一家煤矿建设企业工作，一呆就是 13 年，始终跟随着上世纪三四十年代的老师傅们钻研业务，埋头苦干，他们对工作认真、严谨、细致的态度潜移默化地影响了我的一生。那时没有像现在这么高超的信息技术和手段，年度决算全靠人工，有时因为算盘的加减误差，或金额的进位误差导致表间的勾稽关系错误、频繁调整，一找就是几个小时甚至一个通宵。因为上报时间紧促，还曾经将工作带上火车在途中完成。由于工作表现出色，很快成了所在单位的业务骨干，连续多年被评为单位的先进工作者，获得过新长征突击手、“优秀青年”、优秀知识分子等荣誉称号。

时间进入 1997 年，我被抽调到上级单位——曾为独立的中央企业之一，主持财务审计部门的全面工作（那时的财务与审计的不相容性质尚无严格规定）。当时正处于从计划经济向市场经济过渡不久，面对经济转型、行政脱钩、产权划转、财务关系理顺、公司制度的建立、市场规则的摸索与适应等一系列问题，集团型的企业财务管理几乎从零起步，没有任何可借鉴的基础。集团组建初期的财务审计任务艰巨而繁重，集团下属有多家不同类型子企业，而负责总部财务同时涵盖审计业务的仅有5人。在巨大的压力面前深感肩上担子的份量之重、责任之大，唯有凭着年轻时充沛的精力、顽强的信念迎难而上，全面承担起财务管理与审计工作。“5+2”“白加黑”是家常便饭，最繁忙的年终财务决算干脆以办公室为家，辛勤的付出使集团连续多年被财政部评为决算先进单位。

接触并关注西方会计理念，是从2002年参加的香港第十六届世界会计师大会开始的，这一机缘为后期走入高端会计领域奠定了基础。在国资委成立之初，作为首批重组央企，有幸进入了重组后的新集团财务管理总部工作，立觉涉足的领域更宽、业务更丰富了。为继续发挥优势，从会计基础入手，完善了当时统一会计制度下的规范核算与会计电算化的全面推广应用，连续主持多个年度财务决算，连获财政部通报表扬。在2007~2008年企业会计准则即将全面实施的背景下，结合集团现状和实际，历时一年完成了《财务管理办法》和《会计核算办法》基本框架性制度的制定工作，对集团财务工作起到了较为重要的支撑性作用。

职业生涯中的一些亲身体验是一项宝贵财富。前些年，参加国资委面向社会公开招聘就是一种很好的体验，让我真正体验了“过关斩将”的感受，也荣幸获得组织的信任，担任另外一家央企的第一任总会计师。面对一个完全陌生的行业，又是一个新的环境、新的平台、新的考验，加上行业的不同、文化的差异、理念的认知，都需要认真地加以应对，并开创性地开展工作。通过建立良好的银企合作，前瞻性地研究政策性企业与市场化经营之间的关系，很多工作实现了从无到有。实践中我深刻体会到，既要有锐意改革的魄力和不断创新的勇气，也要有追求卓越的韧劲，更要有赢得信赖的真诚。

世间风景万千，只在那俊俏嶙峋之间，金秋红叶满地，必是那四季修行之功。

人是需要存有感恩之心的。社会给予我们太多的荣誉，应该有所回报。在义务担任中央财经大学、对外经济贸易大学、首都经济贸易大学等高校的兼职客座导师期间，我用“一种态度、三点体会和六点做法”来定位自身的校外导师职责，用“修身则道立，尊贤则不惑”来勉励这份光荣使命，与学生结下了深厚友谊，也多次荣获优秀校外导师称号。

早在2013年，适逢中国会计学会等单位组织的海峡两岸50多所高校的专家、学者参加的第五届海峡两岸会计学术研讨会暨现代会计论坛，有幸参加并作了题为“基于管理会计框架下的大陆企业全面预算和绩效考核”的主题演讲，增进了两岸学术与实务界人士的友谊，促进了财务会计理论与实践的交流与互动，记忆犹新，受益匪浅。

在煤炭行业下行形势最严峻的2015年，我作为国管局推荐的、包括所有中央企业在内的中央在京单位会计人员的唯一代表，荣获了“全国先进会计工作者”荣誉。随后又经所在集团推荐，获得了“国务院政府特殊津贴”，这是财务会计人的最高奖赏，能获此殊荣，不仅是个人的光荣，也更展现了现代会计人的地位与自豪。

实践推动理论创新、理念引领行业发展，本人合作编著出版的《建造合同实务》，基本上填补了建造合同会计准则在实务应用方面的空白，并得到了时任财政部会计司领导的高度赞赏并亲自作序；独立完成了“煤炭建筑企业价值管理探索与实践”课题，获得中国煤炭工业协会“煤炭企业管理现代化创新成果二等奖”。可以说，作为在煤炭行业、棉花储备行业、建筑行业的财务会计领域里的一员做出了自己应有的努力。

多年的专业实践领悟出一个信念：无论生活还是工作中，都需要有一颗真诚待人之心，一份勇担重任之志，一种协调沟通之能，一种精益创新之责。

未来我将不忘初心，继续前行，做一个追求卓越的人，一个忠诚事业的人，一个善待社会的人。

（原载《财务与会计》2017年第19期）

张志芳

张志芳，时任开滦（集团）有限责任公司党委常委、总会计师。正高级会计师，注册会计师，国务院政府特殊津贴获得者、全国先进会计工作者、全国“五一”劳动奖章获得者。

乐此不疲做会计

我的父亲是农村生产队会计，源于对父亲的崇拜，我从小就认为会计神秘而神圣。高中毕业后，我被选为农村生产队会计，子承父业，从此开始了我的会计生涯。历经多次蜕变和升华，逐步成长为百年企业集团的财务负责人，至今已走过了 40 多个年头。回首往事我无怨无悔，展望未来我乐此不疲！

志存高远——目标是“灯塔”

人生好比一次远航，职业目标就是导引远航驶入理想港湾的灯塔。我的职业目标以递进式历经了三个阶段：第一阶段是“当会计”。高中毕业的我被选为生产队会计，做了一年会计后，1977 年恢复高考，我考入河北财金学校财政专业学习。第二阶段是“当企业会计”。在学校学习时，我感觉《工商企业财务会计》最深奥，毕业分配到县财政局，在各业务股轮岗工作时，感觉企业股学问最大。为贴近大企业，我 1992 年调入河北省石家庄工作、1995 年调入河北省国际贸易促进委员会工作、2000 年调入河北省委企业工委工作、2003 年调入河北省国资委工作，之后的 2004 年我参加了“河北省公开招聘企业高级经营管理人员”，并如愿以偿获聘开滦集团总会计师，成为真正的企业会计。第三阶段是“当好企业会计”。2004 年的最后一天，我来到百年企业——开滦集团就任总会计师。为深入了解开滦集团，我不敢停歇，一上任就马不停蹄开始摸索和探寻：与领导成员畅谈，触摸开滦人血与火、灵与肉凝结的历史；深入千米井下，体味开滦人代代相传、自强不息的“特别能战斗”精神；慰问劳动模范，感觉开滦人浩如大海的宽阔胸怀；走遍百里矿区，探索百年开滦基业长青的深邃内涵。在开滦集团十几年的职业生涯中，凭着恪守职业道德的坚定信念、开拓创新的豪情壮志、求真务实的工作作风、崇尚学习的不竭动力、天道酬勤的事业信条，我与全集团财会同仁一道，实现了开滦集团会计工作的新突破：自 2005 年以来，开滦集团财会工作从未缺席两年一届的“开滦集团十大管理创新奖”；先后荣获“河北省企业管理现代化创新成果”“中国煤炭工业企业管理现代化创新成果（行业级）奖”等 20 余项。

学而不厌——学习做“动力”

会计工作是与政治、经济、社会融为一体并紧跟其发展变化而不断丰富完善的，市场经济条件下与国际接轨更是如此。中专毕业的我为了弥补自己文化知识的“先天不足”，对学习始终未敢懈怠：参加学历教育方面，1987 年取得脱产成人大专毕业证、1994 年取得党校本科毕业证、1997 年取得函授会计大专毕业证、2008 年取得北京交通大学硕士学位；职称考试方面，1993 年考取会计师、2002 年考取注册会计师、2004 年考取高级会计师、2009 年考取正高级会计师。在学习、考试的同时，我注意归纳总结自己的实践感悟，先后在省级及以上刊物发表专业论文 30 余篇。

开滦集团是我工作过的第 8 个单位、总会计师是我工作过的第 16 个岗位，我的所有学习都是为了掌握岗位专业知识、争做岗位行家里手，学习国家政策法规、规避风险用足优惠，学习先进经验做法、为我所用发扬光大。在百年开滦历史积淀的优秀企业文化、现代化的企业管理、规范的会计工作、高素质的财会队伍的基础上，推动开滦集团财会工作再上新台阶。

务实创新——实干出“效益”

“实干兴邦、空谈误国”“创新奋起、因循衰亡”是我 30 多年工作的座右铭。

首先要做到工作有计划，计划有落实。比如，每年年初制定下发《全年财会工作指导意见》、召开年度财会工作会议；根据财会工作指导意见制定落实计划，细化保障措施、落实工作责任、明确完成时间；每月月初召开财会工作例会，检查上月工作完成情况、研究解决存在问题、安排部署本月工作任务；每半年召开所属单位总会计师述职会议，推动创先争优工作开展。事事有计划、件件有落实，确保了推进的每项财会工作高效、保质保量的按时完成。

其次是立足创新求实效，在创新中使会计基础工作越来越规范，在创新中使日常财务管理越来越优化，在创新中实现财会工作的创先争优。上任伊始，我从实施财务集中管控，强化集团竞争实力入手，构建开滦集团财务集中管控体系：资金集中管理为核心、全面预算管理为平台、财务风险防范是关键、总会计师组织是手段、财会政策制度是根本、会计信息报告为基础、财务监督检查做保障、工作考核评价做支撑。

在财务集中管控体系顺利推进并取得阶段性成果的情况下，为贯彻落实国务院《关于促进煤炭工业健康发展的若干意见》，支撑和保障集团发展战略的实施，我们又从战略角度审视和谋划财务管理活动，提升财务管理工作水平，研究制定了集团财务战略。创新之路，马不停蹄，之后又相继构建了有开滦特色的全面成本管理模式、内部控制体制、开展财务能力评价，等等。

财务管理创新需要优秀的财务团队来落实，为提升企业的财务管理水平，我特别注重全集团学习型财会队伍建设，组织制定了《开滦集团公司财会人才队伍建设规划》，按年度制定实施《关于"财会人才队伍建设规划"的落实意见》，全力以赴狠抓建设规划落地实施。每年举办财务人员专题培训、专项竞赛、座谈交流、技术比武、征文比赛等形式多样的活动，扩充各级财务人员的专业知识领域，提高胜任本职工作的能力，提升政策法规和财会制度执行能力。制定实施专业技术职称与工作挂钩政策，积极组织符合条件的会计人员参加职称考评。

团结和谐——众人拾柴"火焰高"

财务工作涉及单位的所有方面，会计岗位需要与所有同事打交道，最大程度的团结共事就成了会计工作者的"必修课"。团结能成事、不团结必坏事。我的工作经历中，一直尽可能做到：关心下属，出于真心、发自肺腑，把下属当做岗位上的伙伴、生活上的朋友，工作上高标准严要求、政治上多关心促进步；尊重同级，多沟通、求理解，换位思维、五湖四海，常思支持配合、少虑利益得失，小事重友谊、大事讲原则；支持上级、当好参谋，遵守组织纪律、严格工作程序、积极履行职责、审慎行使权力、维护财经纪律、当好领导参谋，不越权、不回避推脱责任。在我看来，面对纷繁复杂的财会工作，身为单位财务负责人必须掌控好几点：一是服从服务于单位中心工作；二是完成好全年财会工作计划；三是完成领导交办的任务并争取为领导分忧；四是解决工作中存在的突出问题；五是时刻关注并有效化解财务风险；六是高质量完成财政及主管部门部署的工作；七是跟踪行业或系统财会工作动态，博采众长，争取创出自己的品牌。

天道酬勤——播种就会有“收获”

乐此不疲做会计使自己收获颇丰：先后荣获县级、地区级、省级到国家级的各种荣誉奖励，其中既有全国先进会计工作者、全国“五一”劳动奖章和国务院特殊津贴专家，也有县政府在全县仅有的年度4个晋升工资名额中授予我的“升级”奖励；从注册会计师考试的成功通过到正高级会计师的获得；8个单位的工作经历中，从一般会计人员到会计科长、会计处长、企业总会计师。苦尽甘来总是春，我的所有收获得益于专业学习与理论实践。我感恩领导、感恩同事、感恩下属，也感恩我的家人。

在个人收获的同时，我们开滦学习型财务团队也收获满满：目前，开滦集团财会队伍中有19名正高级会计师、260名高级会计师、21名注册会计师、241名会计师，高级会计师以上职称人员占在岗财会人员比例超过30%。共有29人先后入选全国、省、市会计领军（后备）人才培养工程，其中3人入选全国会计领军（后备）人才培养；8人获河北省第一批会计领军人才证书；12人入选河北省第二批会计领军（后备）人才培养；9人入选唐山市第一批会计领军（后备）人才培养。

展望未来，展身手尚任重道远、获奖励如鞭策加身、学先进当皆为我师、尽职责助基业常青。

当会计，我乐此不疲！

（原载《财务与会计》2017年第19期）

蔡　磊

勤奋　进取　创新——不断攀升事业人生新高度

蔡磊，京东集团副总裁、大象慧云执行副董事长、益世商服董事长。北京大学经济学院、清华大学经济管理学院等院校的研究生导师。中国电子商务领域电子发票的推动者。

追求有作为的人生就像登山一样，需要不断攀升事业和人生的新高度。对此没有捷径可走，唯有勤奋、进取、创新。这既是我的思想感悟，也是我的行为箴言。

勤奋：使我像春山新竹，奋发向上

我出生在一个普通家庭。父亲曾是一名军人，对我管教十分严格。父母经常教导我们，“咱穷人家的孩子，最重要的是有志气、要勤奋，咱没有条件享乐，只有克服困难不停地往前走”。父母纯朴的语言深深烙刻在我的心里。我从读小学开始就很刻苦，到了中学对自己的要求达到了偏执苛刻的程度。我给自己写了一个“考试考不了第一名，就磕烂自己的额头”的警语纸条放在文具盒里，时不时拿出来看一下激励自己。这张小纸条被父亲发现后，一向严厉的他心疼地对我说，“把它扔了吧”。我虽扔了纸条，但从未懈怠，从此培养了自身勤奋刻苦、自强不息的品格，受益终生。

“宝剑锋从磨砺出，梅花香自苦寒来”。勤奋，让我像一杆新竹，奋发向上，不断成长。读大学和研究生时，有的同学花不少时间谈恋爱、玩游戏，玩乐享受，而我则是集中全部时间和精力刻苦学习和研究，参编出版了9本税收筹划及税务管理等方向的专著，发表多篇学术论文。毕业后，大部分同学都在政府机关工作，过着朝九晚五和下班后及双休日陪伴家人孩子休闲安逸的生活。而我每天晚上八九点钟才下班到家，到家后太累了就洗洗脸在沙发上睡半个小时，再起来看书、钻研专业、改稿到凌晨；双休日也都在忙碌，没有逛公园的悠闲，也没有花前月下的温馨。虽然忙、累，但有成就感。这样的拼搏生活我已经坚持十多年了。有人善意劝我别太执着和辛苦。而我知道，“无限风光在险峰”，只有锲而不舍地勤勉奋斗，才能具备充足的才智和实力，不断攀升人生和事业的新高度。

进取：使我势如急流行舟，不断刷新目标

对成功的渴望和进取意念鼓舞着我不断瞄准新目标，奋力前行。1995年，高中二年级时我以优异的成绩跳级考入中央财经大学税务专业。1999年毕业后，我选择到基层税务机关工作，做过税务稽查、征管工作。即便在相对轻松的工作生活中，我仍然坚持学习不放松。在积累两年基层工作经验后，2001年我考取中央财经大学财税学院研究生，师从全国人大常委、全国人大财经委副主任郝如玉教授。之后我被借调到国家税务总局政策法规司税改处工作，参与了企业所得税“两法合并”提案等相关工作。

2003年，我进入世界500强的三星集团中国总部担任税务经理，由此开启了我新的职业生涯。在三星，我身临其境体会到韩企的拼搏精神，锤炼了我拼搏奋争的意志，重塑了我适应激烈竞争的工作方式、节奏和效率。在三星的经历是我人生事业的转折，是对我工作作风、做事行为的再造，我成为了三星拼搏大军中的一员。三星赶超其他品牌成为全球最大手机制造商的历程给予我强烈启示：目标一经确立，就要以高昂的激情奋力实现。此信念一直激励着我向新的目标迈进。

更高的岗位承载着更多的责任。此后，我又相继在安利（中国）、万科集团担任税务经理、集团总税务师，有幸经历了所在公司成长为行业或世界第一的过程。其间我付出激情和拼搏并最终赢得尊重。俗话说，三十而立。在30岁我成为世界级龙头企业的集团财税高管，可以说事业做得风生水起，在一些人眼里是成功了。但我并没有止步，又规划了新的目标。此时恰好一个机遇向我走来。

2011年，猎头公司邀我加入京东，我对“年轻的京东”认知不多，便婉拒了。然而猎头第二次造访，向我介绍了京东业务的高增长性和企业文化的独特魅力。互联网行业未来的远大前景让我对发展中的京东有了初步的认识，尤其是京东全体员工自上而下的打拼热情引起我强烈的共鸣。价值取向的一致让我决心在此再展职业风采。

京东为我提供了施展抱负的舞台。加入京东后，我在集团全球资金和税务业务、

政府事务、财税创新、合资公司、媒体公关、学术研究等方面全力而为。对内进行专业管理、团队建设，对外平稳应对重大审计和检查风险，成功助力京东在美 IPO（首次公开募股）。京东的成功也将我带上了人生和事业新高度。

锐意进取的闯劲，使我如同急流行舟，不断刷新奋斗目标。当年，京东 CEO 刘强东在中关村摆摊时，立志要在未来实现京东“中国第一电商公司”的目标，在别人看来是异想天开。但是第一个十二年的成绩单，刘强东将目标变为现实，继而又做出第四次零售革命即将到来的判断并全力应对。勇往直前、持续设立新目标已经成为京东的价值取向。锲而不舍的激情与拼搏，也是我本人“身在此处，心为所动”的奋斗哲学。

创新：使我犹如春蚕破茧，步入事业新境界

在我的职业生涯中，围绕财税这一领域所学所做既包括深入了解其专业特点，还包括培养经济学、法学素养。就岗位来说，在国家机关做税务是执法者，在企业做税务是遵从者。尤其是后者，一般不为人了解和重视，很难做出显著业绩。但我体会到，在平常工作中实现超越更具挑战性，更能体验到成功的喜悦。

在京东，我负责的各业务板块管理工作沉重而繁忙，但我仍持续奔波在学术机构、政府和企业间，加强协作交流和创新实践。在国家提出网络强国战略、推进“互联网＋”行动计划背景下，我将企业财税管理置于国家税制改革大局之中，寻求创新发展之路。从互联网、云计算、大数据对经济社会转型发展的作用及电子商务的发展大趋势来看，我选定推行电子发票作为启动点，以推动“互联网＋”财税治理的创新，促进税收征管信息化。在京东集团领导的支持下，京东作为电子发票的坚定倡导者多次发出倡议，得到国家有关部门的重视和支持。2012 年 7 月，国家税务总局发布《网络发票管理办法（征求意见稿）》，2013 年 5 月初，京东集团被选为项目试点单位。随即京东组织成立了跨部门协同的电子发票虚拟项目小组，致力于电子发票项目技术与系统的开发，并于 2013 年 6 月 27 日开出了中国内地首张电子发票。随后，政府将京东电子发票推广覆盖到包括北京、上海等近 30 个省市。中石油、中移动等多个行业的多家大型国企都引入电子发票试点运行。在电子发票试点业务顺利开展之时，2016 年 3 月，国家“十三五”规划纲要将推行电子发票纳入其中；2016 年 5 月 18 日，随着“营改增”全面落地实施，越来越多的增值税纳税人使用电子发票，扩围电子发票的应用领域；2017 年 7 月 5 日，国务院总理李克强在常务会议中要求，年内实现统一开具高速公路通行费增值税电子发票，由此，电子发票应用进入又一新领域。

通过以倡导推广电子发票为抓手，我和我的团队配合国家有关部门，倡导建立公平税收环境，促进“互联网+”财税建设，助力国家政府治理，助推《电子商务法》立法进程，取得了丰硕的创新成果。

创新，使我犹如春蚕破茧，不断超越自我，获得升华。

勤奋、进取、创新，是我攀登事业和人生高峰的阶梯。人生的目标没有最高，只有更高。活着就要奋斗，奋斗就会绽放光彩。这不仅仅是为了完善自我，其意义还在于以一已之力推动社会的发展和完善。

（原载《财务与会计》2017年第19期）

王鹏程

王鹏程，安永大中华区审计服务主管合伙人。财政部会计准则委员会委员，中国会计学会会计准则专业委员会副主任委员，中国青少年发展基金理事会理事。

数学迷　会计缘　专业梦

曾经的数学迷，有幸与会计结缘，从事会计工作，见证行业的变革与发展，于我而言是幸运的。我当不忘初心，怀揣专业梦想，努力追寻下去。

从数学迷到会计缘

年少的时候，我曾经喜爱数学逻辑、公式推导、几何论证，曾暗下决心报考数学专业，却因为一些变故与之失之交臂。考上鞍山钢铁学院管理系物资管理专业后，我便一头扎进数学的海洋，并自学完大二课程跳级直接读大三，开了这所高校建校50多年的先例。

大三的专业方向没有物资管理，只有会计。所以，读大三后，我的专业方向也就自然改为会计专业。此时的我，心中只有数学，对会计全然不知。领我入门、让我与会计结缘的是当时的会计老师王成勇。他教我工业会计、中外合资经营企业会计，也经常给我开小灶，让我喜欢上会计。在东北财经大学陈国辉、刘明辉老师来校时，王老师又将我推荐给2位老师，让我向他们学习清产核资、厂内银行等书本中没有的知识。在国家取消对本科毕业直接报考研究生的限制后，王老师鼓励我报考东北财经大学。读研时，我师从著名会计学家谷祺教授，教我们的也都是老一辈会计学家。他们功底深厚、要求严格。这3年为我日后从事会计工作打下了坚实的基础。特别是在成本管理、经济活动分析方面颇有造诣的欧阳清教授带着几位年轻教师，还有陆建桥和我，深入沈阳、辽阳、鞍山、大连的很多企业进行调研，由此我不仅接触到实务，更深深理解到会计研究的严谨态度。耳濡目染，我喜欢上会计，有志于毕业后从事会计教育和会计研究工作。

1993年的夏天，中青年财务成本研究会在北京地矿部招待所召开年会。我在现场聆听了杨纪琬教授关于会计改革的演讲。年轻学子对杨老这样的泰斗无疑是高山仰止。杨老那绘声绘色、抑扬顿挫的演讲，那高屋建瓴、富有哲理的论述，描绘的会计改革蓝图，在年轻学子的心中激荡着。怀着忐忑不安又无比激动的心情，我鼓足勇气和杨老说非常渴望能成为他的博士研究生。没成想杨老竟答应了！现在想来，年轻的我真有些冒昧，而杨老的态度则显示了他对年轻学子的爱护。1996年，我终于成为杨老的学生。杨老的治学精神、品格让我受益匪浅，仿若灯塔照亮着我的人生！

是因为对数学的喜爱让我与会计结缘。而在会计的人生旅途上，是众多的师长为我点亮了专业的梦想。

象牙塔里的六年

1994年的春天，我来到中央财经大学会计系任教，开始了为人师表的六年。此时的我对会计教育和会计研究工作满怀激情。

我希望能够在会计研究上有所建树。于是，我开始申请课题，进行课题研究；开始选题，撰写各种科研论文。如今想来，收获很多。期间我曾主持或参与多项课题研究，1995年主持的财政部重大科研课题《会计环境与会计模式关系问题的研究》被评为优秀课题报告（当年数十项课题仅有两项课题获此荣誉）；与前国际会计师联合会主席一起合作的亚洲开发银行援助研究项目《强化中国会计行业》让我收获了合作研究的经验；1997年在《会计研究》发表的《关于盈利预测若干问题的分析与研究》也有不少的引用量。

我希望理论研究与实务应用紧密结合。当师兄陈建明博士组织研究制订审计准则，邀请我加入时，我喜不自胜。从1994年到2000年，我有幸参与了三批审计准则的制定。大量的调研、座谈让我了解了审计实务的前沿；大量翻阅国内外资料让我接触到审计理论的前沿；而准则组不断地讨论交流，让我理解到理论与实务结合的应有之义。1997年我参与中国证监会股票发行审核，参与起草《新股发行公司基本会计报表编制指南》《财务与会计资料的内容与格式准则》《盈利预测编制指南》，更让我接触到大量的资本市场会计问题，也让我那时的会计研究有了一些实务基础。

我希望教学工作不仅传授理论，更应讲授实务。得益于审计准则组和中国证监会的工作经历，我总是不忘尽我所知给学生们介绍一些实务前沿知识，包括审计案例和资产剥离、改制上市、收购兼并中的会计问题等。我总希望学生们的理论学习能够与实务同步，走上工作岗位后能够学以致用。

1998 年上半年，经过校内外的评审，我从助教直接晋升为副教授。这是对我教学科研工作最好的认可。

转眼间，离开教育战线已经 17 年了。每当看到中央财经大学会计学院取得的成绩时，每当看到学生们在各自岗位上取得的进步时，我总是为昔日的师长、同事、学生感到高兴。

投身实务前沿

投身实务，亦是机缘。1998 年 9 月，师兄陈建明博士筹建天健会计师事务所，希望我来协助。热衷于会计教学科研的我，从未想过离开学校，当师兄说两者可兼顾，况且我希望理论实务相结合，便欣然应允。随着天健的事业蒸蒸日上，已经不能两边兼顾的我只能离开自己热爱的会计教育事业，专注于事务所的工作，真正成为会计实务的一分子。

从 1998 年至今的 19 年间，我经历了从学者到实务工作者的转变，经历了从国内会计事务所到国际四大的转换。我负责过很多有影响的审计咨询项目，曾带领团队完成了针对某国有银行的彼时全球历史上最大的 IPO 审计项目；负责过管理咨询、专业技术、风险管理等方面的工作和对金融服务行业的业务；如今又负责事务所的行业发展和审计服务。19 年的经历收获的是经验和成功的喜悦，当然也有一路的艰辛和汗水，汇聚成对会计人生和行业发展的感悟。

质量是基础。师兄陈建明经常说 100 - 1 = 0，很形象，也是天健的信条之一。天健成立之初，我们和天健各成员所一起，投入大量的资源，制定包括审计、验资、项目管理、管理咨询等各种规程，并定期进行修订。我分管专业技术部门时，针对实务中不断出现的会计审计问题制订各种指引，总结各种案例；对于重大审计项目，除三级复核外，我和专业技术部门的同事经常到现场与团队、与客户进行交流，进行现场的技术复核。

人才是关键。天健的成功是与一大批优秀人才的加盟分不开的，也得益于天健内部及各成员所定期、系统的人员培训，包括与高校合办的在职研究生班。在四大这些年，对人才的重要性我体会更深。于团队，本土人才与国际化人才，专精人才与复合型人才，均需汇聚。于个人，职业生涯的成功，离不开专业能力、沟通能力、创新能力，当然还有国际化的视野。

价值是根本。一个行业如果不能带来价值，就没有存在的意义；一项服务如果不能带来价值，则不可能存在需求。所以，无论是审计还是咨询工作，需要谨记为市场的健康发展、为客户的发展带来价值。从业以来，让我引以为荣的事情有两件。一是为国务院某央企重组领导小组提供审计支持服务时，师兄陈建明博士和我一起到国务院向国务院分管领导及相关部委领导汇报，我深深体会到审计工作在重要经济决策中的价值。二是负责某四大国有银行改制上市审计时，我代表团队向银行高管汇报工作，董事长代表银行管理层表示感受到我们良好的职业操守，体会到我们的敬业和专业精神。于我于团队而言，“专业”二字的评价为我们的职业生涯增添了光彩。

我爱两栖会计人生

人生就是一场马拉松，要想在长长的跑道上成就精彩会计人生，执着与坚持着实重要，理论与实务的紧密结合、视野的宽阔也是必不可少的。理论研究要走出象牙塔，方能体现理论的价值；而实务工作需要总结与提炼，方能推动理论的发展。超越会计、横跨多学科多领域的大视野和国际化的视野，则让理论研究和实务工作呈现不一样的格局。

尽管离开会计教育战线多年，但我从未割舍会计教育和科研情结。这些年，我经常到大学去做讲座，也一直坚持在几所大学担任兼职导师，而我所热衷的研究工作也不曾放下。我希望，我是一个两栖会计人，理论与实务相结合的理念在我的会计人生有所体现。我希望，会计人生是专业的人生，用专业成就梦想，以行动回馈社会。

（原载《财务与会计》2017 年第 19 期）

韩向东

韩向东，北京元年科技股份有限公司总裁。财政部管理会计咨询专家、财政部会计信息化委员会咨询专家，上海国家会计学院智能财务研究中心联席主任、中国会计学会会计信息化专业委员会副主任委员，中央财经大学中国管理会计研究与发展中心副理事长、中国总会计师协会信息化分会副会长。

笃志数字化管理

这些年，从作为CFO从事财务管理工作，到服务CFO从事财务管理咨询及信息化服务工作，我始终关注并实践着数字化管理。时间越久，我就越意识到数字化管理在企业管理中的重要价值与意义。

在我看来，数字化管理的内核一是管理会计的深化，二是商业智能的发展。近年来，管理会计在有关部门、学术界和实务界共同推动下走上发展的快轨，我和元年科技既是参与者，又是见证者。

专注管理会计

大学毕业后，我进入一家大型信息科技公司，在这里，我第一次接触到财务工作。随后，我又参与到财务管理工作中。在实践中，我感受到财务管理对企业运营的重要价值，也意识到中国企业财务管理水平相对较低、量化管理意识薄弱的现状。

在探索和思考的过程中，我有幸师从我国会计界知名学者夏冬林教授。在夏教授的启发下，我逐渐领悟到：市场经济越发达，财务管理在企业经营管理中的地位越重要。让财务工作从“记录过去”转变为“分析过去”“掌控现在”“预测未来”，让数字在企业经营管理中“说话”，是一件迫切且意义深远的事情。

彼时，全面预算管理、平衡计分卡等西方先进的管理会计方法开始引入中国。宝钢探索应用全面预算管理体系和标准成本管理，邯钢构建“以成本为核心、以市场为基础、全员参与、全程控制的综合企业管理系统”等均获得成功。这些企业“向管理要效益”的实践探索，引发了我对管理会计的研究和实践。

机缘巧合之下，我开始了诺亚舟咨询（元年科技前身）的管理会计及信息化事业，这样的角色转变于我而言是一件充满挑战又意义深远的事情。

做自己感兴趣的事时，就会更主动、更专心、更努力。专注于管理会计及信息化理论研究和实践创新，是这些年来我最大也是唯一的爱好。工作中，我和专家团队始终不辍耕耘着管理会计领域的最新理念、最佳实践和趋势研判。

我和元年科技既是中国管理会计事业的参与者，亦是见证者。自2014年开始，财政部大力推动我国管理会计的发展。期间，我有幸连续两届受聘为财政部管理会计咨询专家，见证了我国管理会计发展的纲领性文件——《关于全面推进管理会计体系建设的指导意见》从起草、修改、征求意见到正式发布的全过程，并参与了之后出台的一系列政策的研究与论证。而自财政部管理会计案例征集之日起，我就带领元年研究院的同事们开始为案例库的建设提供支持。2016年，我协同元年科技的研究力量承接了《财政部中国企业管理会计应用水平评价体系研究课题》，助力政府部门掌握我国企业管理会计的总体应用质量、分析问题并采取切实有效的措施。

我和元年科技既是中国管理会计事业的传播者，亦是布道者。我深深明白，企业的发展在一定程度上要依赖于行业的发展，而行业发展需要的不是孤胆英雄，而必须集合行业相关人士的合力。为此，多年来，无论企业运营艰难还是顺畅，我始终不吝投入，坚持投身于搭建“政产学研”平台、构建管理会计生态圈的行动中去。

在我的主张下，元年科技成立了元年研究院。我们以研究院为孵化器，集合了一大批有志于推动管理会计事业发展的专家、学者和行业精英，形成了一系列具有创新性、前瞻性和实践价值的专业研究成果，推动管理会计的理念和方法在中国企业的推广和应用。我们还推出了专注管理会计实践的专业期刊——《管理会计实践》，搭建了中国管理会计网，这些已然成为研究、传播和创新管理会计理论及实践、促进“政产学研”交流协作的平台。

过去，很多企业的内部管理都是以粗放式定性管理为主，企业对以量化管理为主题的精益化管理探索较少。如今，随着国内市场经济环境日趋完善，中国企业意识到激烈的市场竞争需要依靠内部管理的精细化，而管理会计则是以量化管理为主题的精细化管理的核心。从2009年开始，我国管理会计的发展开始提速，自2014年起受益于财政部的大力推动，呈现出一派繁荣景象，通过各类管理会计工具方法的应用，推动企业管理升级，成为企业界的潮流。

令我庆幸的是，我处在一个管理会计日益觉醒的时代。

打造本土信息化利器

“工欲善其事，必先利其器”。在计算机技术和现代网络技术为代表的信息技术迅猛发展的时代，无论是管理会计理念与方法的落地，还是管理会计功能的发挥和价值实现，都离不开信息技术的支撑。管理会计要在应用中为企业创造更大价值，不仅要运用较多复杂的计算分析方法，还要处理大量繁琐的数据，这些在手工环境下很难实现。而信息化的应用，可以保证运算的准确性，减少大量的手工工作量。

自 2000 年起，我国少数已经应用管理会计工具方法的企业开始认识到信息化的重要性并开始在预算管理、成本核算等领域应用。这期间，一些国外管理软件厂商逐渐进驻中国，在一定程度上推动了我国管理会计信息化的发展。

彼时，在管理咨询市场，本土管理软件与国际软件在技术方面的差距非常明显，国际管理软件凭借强大的技术优势占据了市场主流。但是，一方面，由于这些软件是基于西方管理思想和企业管理特点来开发的，很多中国企业出现了“水土不服”的现象。另一方面，国际软件的购买和实施费用相对较高，让一些中小企业望而却步。此外，考虑到管理软件所涉及的大量数据信息的保密性、安全性、完整性，在政府倡导的“软件国产化”趋势下，国产软件迎来快速发展的“窗口期”。

那时，我带领团队一边做 Oracle、SAP 等国际公司的绩效管理软件实施，一边总结经验、探索自主产品研发。尽快研发出一款技术领先又贴合中国企业管理特点和理念的管理软件，成为我们当时最迫切的任务。

早在 2002 年，我们就开始组建管理软件开发团队，启动软件信息化项目，迈出咨询与信息化相结合的第一步。2004 年，成为全球绩效管理软件排名第一的海波龙（Hyperion）在中国本土的第一家合作伙伴；2005 年，开发了国内第一个自主知识产权的作业成本（ABC）软件，实现了行业领先；2007 年，拥有了自主知识产权的管理会计信息化平台——元年 E7 管理会计软件套件。

“操千曲而后晓声，观千剑而后识器”。得益于元年科技在国内管理会计领域做过数百家企业的案例，得益于多年来在绩效管理软件领域的实践经验与专业积淀，让我们率先在业内研发出行业领先的管理会计解决方案。

令我欣慰的是，管理会计信息化平台在众多企业获得了成功应用，真正帮助企业提升管理水平、实现卓越绩效。

引领财务智能化

这些年，我成长的每一步都幸运地赶上了时代赋予的难得机遇。

2015 年 12 月 7 日，我迎来了事业的一个重要时刻。这一天，我带领管理团队在全国中小企业股份转让系统举行了新三板敲钟仪式。元年科技成为国内首家以管理会计信息化为主业的公众公司，也是市场上为数不多的挂牌即做市的新三板企业，并在随后入围创新层。元年科技登陆新三板，不仅开创了中国管理会计行业发展的新篇章，也为我们未来持续专注管理会计研究与创新打下了坚实的基础。截至目前，我们在资本市场成功完成了两轮融资，这为元年科技后续的发展提供了资金支持。

2017 年以来，智能化风暴席卷各行各业，智能化与财务融合成为业界热议的话题。得益于在管理会计信息化领域的多年深耕，我对行业的发展具备了敏锐的洞察力。早在 2015 年，我就曾在《财务与会计》撰文阐述构建管理会计信息系统必须基于商业智能。而就在 2017 年 1 月 1 日，我又决策购买了在商业智能领域全球领先的 IBM Cognos 源代码十年使用权。获得这一全球领先技术使我在商业智能领域的探索有了重大突破。

智能化代表信息化发展的未来，智能财务是我事业发展的重要方向。在智能财务领域，我已带领团队形成了完整的理念、完成了领先的案例、构建了完整的产品线。未来，我将继续坚持“专业之上、积淀管理智慧、构建信息化利器”的宗旨，和 500 多名元年人一起，成为智能财务时代的“引路人”。

这都是我持之以恒追求的梦想，更是我每天的生活。

（原载《财务与会计》2017 年第 19 期）

赵团结

赵团结，时任武汉烽火与时投资有限公司副总经理，现任武汉烽火与时投资有限公司董事长。全国会计领军人才，正高级会计师，全球特许管理会计师（CGMA），英国皇家特许管理会计师公会会员（ACMA），英国皇家特许公认会计师公会会员（ACCA）。

不断求变　拥抱美好时代

会计作为商业语言，是社会经济发展的“晴雨表”，经济越发展，会计越重要。在经济发生重大变革的时代，会计的机会也越来越多。我倍感庆幸赶上了一个美好时代，“铁肩担道义，妙手著华章”也成了我的会计信条。

持续学习　创造机会

我出身于豫东一个贫困家庭，“知识改变命运”，通常认为农村孩子只有考取大学才能摆脱“面朝黄土背朝天”的宿命。经过努力，我考取了中南财经政法大学的国际会计专业，从此便和会计结缘。1999 年毕业之后，我应聘到中交第二航务工程局，从基层项目做起，在指导老师手把手的帮助下，一年后，便已掌握项目部全部的会计核算并能独立编制会计报表。同时，我主编的宣传材料为项目部荣获团中央“青年文明号”发挥了积极作用。由于业绩突出，之后我直接被调回局总部负责海外业务的会计核算和财务管理，从此我的会计舞台变得更加宽广。

2003 年，我应聘到中冶集团所属的一家子公司，历任会计主管和财务部长。“书到用时方恨少，事非经过不知难。”在职位的变迁中，自觉原来的知识体系和经验已不能满足工作的需要，适逢 2004 年全国第一批 MPAcc 开始招生，作为应用型为主的学位教育，MPAcc 正好迎合了我的现实需要。备考的过程虽有点艰辛，但在收到录取通知书的那一刻，自觉所有的付出都是值得的。正是这段学习时光，无论从知识结构还是职业技能，我都得到了很大提升，也为我后期参与中冶集团整体上市以及考取全国会计领军（后备）人才奠定了良好的基础。

我报考全国会计领军（后备）人才培养项目是在2009年，适逢集团整体上市工作正在紧张进行中，我内心充满了犹豫与彷徨。毕竟，上市工作本来就千头万绪，能用来备考的时间非常有限。在领导的鼓励和支持下，我还是决定尽力尝试。在没有指定教材的情况下，根据考试大纲要求，我以注会教材和财政部发布的内部控制制度征求意见稿等为主要参考资料。那段时间，常常是晚上加班到10点多才回家，等家人休息了，自己再挑灯夜战。早上也总是起床后读半个多小时英语再去上班。通过努力，我顺利通过了笔试和面试，成为全国会计领军（后备）人才中的一员。这次考试，让我一生难忘，不但是考试的难度和广度，更在于它开启了我迈向更大职业空间的大门。前后7年的学习，培养了我国际化的视野、完善的知识结构、良好的沟通能力，还结交了一批良师益友。读书期间，我考取了全球特许管理会计师，取得了英国皇家特许管理会计师公会会员资格，也收获了正高级会计师职称。

多年的学习以及企业实践，促使我思考如何有效地将理论与实践有机结合。近10年来，我参编了多本专业书籍。其中，《企业内部控制：主要风险点、关键控制点与案例分析》自2012年出版后多次修订；《成本与管理会计》也被武汉大学及其他部分高校选作本科生及研究生教材。同时，我还在《财务与会计》等杂志上发表了50余篇论文，部分文章还被专业期刊转载，多篇文章获奖。这些成绩的取得，既是对我前期工作的肯定，更是对我的鞭策，并激励我继续前行。

专业敬业　创造价值

对于工作，我一直认为，具备良好的职业道德操守是根基，同时具备扎实的专业知识、商业技能、合适的领导力和影响力才能决定工作的成就。在不同的发展阶段，也许我们在某一方面是欠缺的，但是态度一定要端正，除了发挥自己的相对优势外，如果时间允许，还要适当弥补自己的不足。“有为才有位”，工作只能靠业绩才能获得大家的认可。从业18年来，我一直坚守这种理念。

如果说通过中冶集团的整体上市提升了我对资本市场的认识和知识储备，那么2010年加入到当时拟上市的华灿光电股份有限公司，我作为公司高管全面介入上市的全过程，则积累了丰富的实践经验。上市前夕，我作为ERP项目经理，带领ERP小组加班加点，在9个月内完成了甲骨文软件的实施，整理完善了业务流程，拟订了30多项业务管理办法，为公司的规范管理打下了坚实的基础。随后通过与券商、会计师和律师等中介一起编制招股说明书，全面熟悉了资本市场的规则。在会计职业生涯中，如果经历一次完整的 IPO 过程，我认为可以快速提升职业技能和管理水平及个人视野。为了丰富自己的阅历，在公司成功上市一年后，我又应聘到一家拟到海外上市的民营企业。遗憾的是，由于后期遇到政策的重大变化，海外上市之路戛然而止。但这一工作经历促使我思考，作为全国会计领军人才，如果只服务于一家企业，对社会的贡献毕竟是有限的。如果机会允许，还是应尽力履行社会责任，用自己的专业知识服务更多的组织，这也是我为什么兼职以及后来转行做投资的主要原因。

2015 年 8 月，我加入武汉烽火与时投资有限公司。有人说，投资也许是会计专业人士最好的归宿。投资既是一门技术，也是一门艺术。虽然我所在公司的投资范围主要是智慧城市，但是投资涵盖了募资、投资、投后管理和退出等环节。在投资时，面对不同的公司，都要围绕行业背景、技术、盈利模式、团队、可能的退出渠道等进行全面而翔实的尽职调查，会计只是其中的重点内容之一。投资后，更大的挑战来自于投后管理。一个优秀的投资机构，不仅仅能够给被投资对象带去资金，更多的是带去资本之外的资源，如市场、管理和其他相关要素等。通过两年来的探索与实践，我所在的团队为被投企业做了很多增值工作，包括但不限于市场对接、内部控制体系建设、财税服务等，这些都得到了大家的认可。回想起来，投资虽然辛苦但值得倾情投入。毕竟，通过这种渠道可以用自己的专业知识服务更多的实体经济。

兼职服务　回馈社会

“谁言寸草心，报得三春晖。”我深知，自己的成长和进步离不开社会各界的关爱，因此多年来通过各种途径回馈社会。自 2011 年起，我先后成为武汉大学、湖南大学和上海国家会计学院 MPAcc 校外导师。期间，我不定期给同学们开展会计专题讲座，指导会计专业硕士论文的写作或参与学位论文答辩。在兼职教学过程中，我将实践与理论结合。同时，提供一些实践岗位并亲自指导学生，以让大家在毕业时能尽快适应岗位的需求。通过教学和实践的互动，同学们明显感受到理论和实践的差异并学会如何灵活运用相关理论。例如，关于企业内部控制，同学们在学校虽然系统学习了 COSO 的整体框架和具体技术，也研究了国家发布的内部控制应用指引等系列文件，但是，面对如何将内控体系应用到企业（尤其是中小企业），大家感觉还是无从下手。结合企业实践，我总结出适合中小企业内部控制建设的方法，同学们借鉴该体系，将其推广到几家新三板企业后得到了企业的首肯。后来，我将该体系总结提炼以《助推中小企业内部控制建设的 123 体系》为名发表在《财务与会计》2016 年第 21 期。

2012 年年底，我成为湖北省会计学会会计信息化专业委员会首届委员，该委员会作为民间组织，主要致力于在湖北省宣传和推广会计信息化新知和实践。我组织了多次“走进企业”的活动，组织委员、会员及相关人士参观考察了湖北省会计信息化优秀企业，通过交流，大家对财务共享中心、管理会计信息化和业财融合等提高了认识，加深了理解，也在一定程度上解决了大家的困惑。从 2017 年年初开始，委员会组织高校和企业的委员着手编著一套适合在高校应用的会计信息化教材，我也积极参与了编写工作。我想，通过这种理论与实践的互动，无论对于理论界还是实务界都是有积极意义的。

2017 年 5 月，凭借近两年来对 PPP 的研究和应用，我有幸入选湖北省 PPP 专家库。作为 PPP 专家，既是荣耀，更是责任。从事 PPP 方面的工作拓宽了我的视野，从投资逐渐拓展到法律和工程领域。为了做好 PPP 项目，我和团队成员边学边干，积极探索，不断总结，系统掌握了现行政策并形成了一套 PPP 操作体系并成功签约了几个 PPP 项目。

会计虽然是我职业的起点，但是正因为对会计的执著，我才不断地挑战自己。未来会计可能会面临更大的变革和挑战，只要我们未雨绸缪，迎头赶上，提前布局，便可把潜在的压力转化为机会。我将一如既往地热爱会计！

（原载《财务与会计》2017 年第 19 期）

追求卓越　持续创新——做医药行业执着的耕耘者

张能鲲

张能鲲，时任绿景控股股份有限公司财务总监，现任北京能源集团有限责任公司董事、中雪投资（北京）有限公司执行董事兼总裁，兼任国合医养健康所所长。高级会计师、高级审计师、律师、注册税务师、澳洲公共会计师资深会员（FIPA）、英国财务会计师资深会员（FFA）。

医药行业是永远的朝阳行业。因此，自大学毕业以来，我便义无反顾做医药行业执着的耕耘者。

专注：职业道路聚焦医药行业

1999 年我从大学毕业即到清华紫光英力化工原料药生产公司（简称紫光英力）工作，5 年后加入正大制药集团，2014 年加入中源协和细胞基因工程股份有限公司（简称中源协和），2016 年加入绿景控股股份有限公司（简称绿景控股）。

回顾以上几段工作历程，我始终在医药领域里辛勤耕耘，使得自己伴随医药行业的发展，无论是专业技能还是行业背景和对行业的理解，均有持续的沉淀和思考。坚守着“专注于一个充满前景和未来的行业，持续磨炼和提升自己”的信念，从最基层的岗位做起，尽自己最大努力将专业知识运用于医药行业，从财务到审计、审计到财务，工作的十几年时间，亲历了医药行业面临的外部监管、内部营销环节的流程管控、内部研发环节管控、财税政策和税务工商等外部监管等的变化，以及在变化和企业发展壮大过程中面临的问题和解决路径。始终相信“纸上得来终觉浅”，所以一直坚持虚心学习，并通过实践将学到的理论与企业实践相结合，在实现企业价值最大化的同时也不断提升自己。

学习：实践能力与专业能力并重

从大学毕业至今，我怀揣梦想，坚持学习从未间断。

一是从实践中学。在紫光英力工作的5年多时间里，也是我从基层财务人员转型为中层财务管理人员的过程，期间经公司批准兼任中关村学院（前身为海淀职工大学甘家口教学部）会计、审计、税法、财务管理的教学，逼迫自己要学明白和教明白。那时精细化工原料药的制造环节还较为复杂，成本核算环节也较多，因此，我扎根工厂一线，学习并掌握了全套生产工艺流程并运用到教学当中。教学与实践的反复融合，使我在精细化工原料药的成本核算和财务集中管控方面积累了较为丰富的理论知识和实践经验，并不断得到补充完善。之后参与了正大制药集团下属单位中国生物制药股份有限公司（简称中国生物制药）和永泰红磡、中源协和等几十起医疗行业的投资并购工作，在集团化财务管理、内部审计、专项审计、上市公司基金设立与运行等方面积累了一定的实践经验，为以后个人的提升打下了基础。

二是注重专业能力的提升。实践经验的积累为我一次性通过考试和评审获得北京市高级会计师、高级审计师资格奠定了基础。为了助力集团风险控制工作的开展，在面临全年出差频次过半的压力之下，挤出时间学习，通过了法律职业资格考试。不断通过系统性知识的转化解决企业管理实际中的问题，从企业管理过程中接受的碎片化、零散化的信息，到完整性、全局性、系统性知识的提升，这个学习沉淀非常重要。我认为，每8年是一次知识释放和知识提升的周期，因此，选择了每8年一次参加全国统一考试脱产返校进行系统性学习，和普通学生一样，住学校统一安排的宿舍，上课、看书、学习、写论文一样都没落下。在收入减少的情况下，得到家人的理解和支持，圆满完成了硕士和博士的学习任务，并通过系统性知识的转化提升了解决实际问题的能力。

实践：不同岗位不变的追求

1. 从基层财务起步，持续沉淀提升

一是契合营销模式加强财务团队建设。2005年我加入正大制药集团，适逢公司改制初期，各项管理工作尤其是会计基础工作较为薄弱。基于此，我以身作则，创新工作思路，根据企业发展要求提出“八戒”的工作要求，带领财务团队努力践行：戒满——满则无求；戒骄——骄则无识；戒躁——躁则无道；戒急——急则不达；戒惰——惰则无进；戒粗——粗则易错；戒名——名则难实；戒浮——浮则不深。同时，组织财务人员学习财务制度和有关财税法规，提高财务人员的业务水平。

医药企业面临的“深水区”是营销环节。因此，我以一个医药新兵的姿态，不断向集团的财务前辈学习，并不断摸索，结合医药混合营销模式的特点，将营销政策的制定与财务测算、费用额度提示预警、合规化运营等结合，从企业发展顶层角度进行思考，带领财务团队推动财务工作转型，防范企业经营风险。

二是契合医药大健康企业特点加强内控体系建设。在日常工作中，以“为企业当好家理好财，做好领导的参谋”为目标，不断完善各项财务管理制度，加强内控体系建设，并将财务管理贯穿于生产运营全过程，参与并促进资金流、信息流和物流管理紧密围绕公司的财务目标和效益目标运行。此外，带领财务团队加强成本效益分析，并将分析范畴从经营成果延伸到经营过程和质量方面，为公司保持良好运行奠定了基础。

三是建设与持续完善财务流程，提高服务质量。首先，深入生产一线，组织财务人员走访车间班组，了解生产工艺流程及各生产线的产能状况，搜集基础数据，针对生产流程制定具体的财务成本核算制度，助力企业降本增效。其次，为加大责任制考核力度，保证责任制的贯彻落实，制定了物质和精神双文明考核办法，并细化了各项指标和日常工作的考核。最后，通过建立覆盖公司所有层面及业务范围的全面预算管理，确保了资金的使用合理、规范、安全和有效。

2. 加强集团化管理与风险审计工作

随着中国生物制药规模的不断扩大，集团总部对下属企业管控越来越重要，集团审计部承担了承前启后的职能：一方面，要向集团下属企业派驻财务总监、审核下属企业财务数据提升报送数据质量以此指导企业发展；另一方面，要参与新投资并购项目并主导财税方面的尽职调查，为集团实现扩张进行风险把关。因此，集团总部“最实权”部门的审计部总经理一职是当时炙手可热的岗位。2010 年，我通过竞聘，得到集团的认可，担任集团风险审计部总经理。

随着中国生物制药下属企业的迅速发展，风险也伴随而来。如何有效开展内部审计工作、防范生产经营风险，成为摆在面前的首要问题。基于此，我带领各层面的审计团队，结合集团发展模式及下属企业内部管控、财务信息化、业务信息化和核心人才稳定的需要，结合对集团企业文化的理解，通过例行的年度内部审计工作，对生产经营各环节进行了量化权重、细化评估方式的医药制造行业内控评分系统和操作手册的设计与导入，通过培训、自评、打分、反馈、沟通等方式，历时 2 年，实现了全集团风控思维的导入与内控全流程植入，夯实了集团及下属企业风险管控的基础。同时，通过将风险审计的职责持续落地，打造了针对中国生物制药独特、良好的企业文化。

3. 助力集团打造“细胞 + 基因”双核驱动的上市公司

2014年，我受邀担任中源协和的CFO，时值细胞基因受热捧，中源协和原运营和管控模式均需要与时俱进加以完善。基于此，我结合中源协和现金流优势，认为盈利能力亟待通过各生产经营环节的改善得到提升。因此，我带领财务团队，完成了投资公司和相关基金的设立，并积极配合集团参股深圳北科、全资控股上海执城和基因检测公司等，助力集团打造“细胞+基因”双核驱动的上市公司，并实现快速盈利。

机遇与挑战

2016年，我加入绿景控股。在我国政府部门将国家医疗医药产业建设提升到了国家顶层设计层面、医药医疗创新成为推动“健康中国”落地的背景下，绿景控股适时从房地产板块转型医疗大健康产业。如何在新形势下协助集团决策层完成绿景控股转型医疗并实现可持续性发展，成为现阶段面临的机遇与挑战。我想，唯有从集团实际情况出发，学习借鉴先进理念和方法，不断优化自身知识结构，并不断创新与提高，加强财务团队的建设，才能充分发挥CFO的作用，助力企业转型和可持续发展。

涉足医药行业近20年，换了很多单位很多岗位，但是不管在哪，我始终本着做事先做人的态度，恪守职业原则，诚实守信，洁身自好，踏实做事，潜心修行。也正因如此，得到了不同单位领导的肯定和同事的尊重。

（原载《财务与会计》2017年第19期）

第四篇

2017年（下）

编者的话

先生，不仅是一种称谓，更是一种精神，一种情怀。《大学》一书中“格物致知诚意正心、修身齐家治国平天下”可视作对先生精神与情怀的较好诠释。古往今来，一批又一批先生们为国传承与担当、为后学示范风骨和气度、为晚进输送养分及能量。可以说，今日中国之辉煌，时代之进步，民族精神之接力及薪火相传，有赖先生。先生精神穿越时空，从来都不乏年轻的“接棒者”，每一代年轻人都在汲取其精髓，赋予其新的时代内涵。诚然，先生精神不仅是先生们自己的，也是时代的。

在这收获的季节，“会计先生风采”专栏继续为大家推介 8 位砥砺奋进于财会行业的先生，以朴实的文字讲述其人生故事。肖波，学习中注重厚积薄发，工作中致力业财融合、人才培养、实践创新，曾经的被动执行者在“倒空自己才能不断进步”的人生信条下转身为具有独立思考能力、能系统运用管理架构管控企业集团运营的管理者。王大伟，20 余年坚守中国航天事业的财务领域，“创业、创新、创智”是他会计之路的点滴凝结。时间在改变，岗位在改变，不变的是一名财会人扎根会计事业的初心。王朝旭，怀“空杯心态”，注重微观层面的业务学习和宏观层面的视野开拓，笃定学以致用、知行合一。陈玮，从会计教授到投资人，从创新投总裁到创办东方富海，在不断前行的路上，其会计 + 投资的人生愈加丰厚。马靖昊，从政府到基层、从制度到实践，从无忧会计网到自媒体“马靖昊说会计”的成功创立，一路走来，视压力为机遇，让自己的会计旅途变得更加宽广。刘志耕，财税工作者，既能扎根业务实践也能埋头写作，脚踏实地、不断学习、坚持原则、恪守底线，始终践行“专业人生当有专业感悟和取舍”的准则。左文军，从出纳、会计员、财务科长、财务部经理到集团总会计师，成长路上的守住寂寞和永葆激情使其职业生涯精彩不断。郑少波，在邮电通信事业的财会领域奋斗 23 年，不断推进企业财务管理的创新实践和转型升级，多项成果和荣誉皆是其孜孜不倦追求与热爱会计事业的精神浓缩与写照。

至此，2017 年度的 16 位会计先生已悉数登场。开辟“会计先生风采”专栏，不是为了记住先生的名字与头衔，也不是为了宣传先生的个人成就，而是提供一个与榜样进行对话和交流的思想平台，在“碎片化”的时代中形成一种聚合的张力，使勤勉、睿智、诚信、担当——当代“会计先生”精神之“魂”得以传承和发扬。愿行走在时间里的会计人能够领会先生故事背后所承载的精神与思想以及折射出的价值取向与人格修养，亦能从先生的修为和持守中提炼智慧以审视当下，进而以更深刻的思考和更积极的行动担当新时代赋予我们的新使命。

笃学与实践
——我在华录的 21 年

肖　波

肖波，中国华录集团有限公司总会计师。在集团化治理、混合所有制改革、企业并购重组和内部控制等领域具有较为丰富的经验，有关集团资金集中管理的实践成果曾获辽宁省企业管理进步奖。

入职中国华录集团有限公司（简称华录）既是机缘巧合，也是一种幸运。1996 年我大学毕业即被华录录取，始终从事与财务会计相关的工作。弹指一挥间，入职华录已 21 年。回顾自己的从业经历，有些感悟在此与大家分享。

学习：培养成为一种习惯

“知之者不如好之者，好之者不如乐之者。”刚参加工作时认为，只有掌握更多知识，才能把握住更多的机会。于是，努力学习企业管理、金融、市场营销、领导艺术、组织行为等方面的知识，也关注诸如文史、哲学、艺术、科技、宗教等与专业无关的旁杂学科。然而，学习越多越感到不自信，认为“人生目光之所能及者，不过九牛之一毛耳”，感觉不会的东西越来越多。“学而不思则罔，思而不学则殆。”我经常反思，如果明天离职找工作，自己准备好了吗？细思总觉得没有足够把握。基于此，有事做事、没事看书成为一种习惯和乐趣。2009 年的高级会计师资格考试，很多考生反映考题比较难，我基于日常积累并没有做特别的准备就参加考试了，结果出乎意料，考试成绩居然位列辽宁省第一（华录的前身为中国华录电子有限公司，地址在大连）。此后，参加一些其他方面比如基金、证券资格考试也都是以这样的方式顺利通过。

概括来说，我在学习方面主要采取了三种形式：一是系统的专业学习。既然选择了财务工作，就立志要成为财务专业人员。因此，自入职华录后，一路走来，参加了各种专业考试，专业技能不断提高，视野在拓宽，思维在重塑，职位也得到不断提升。二是在实践中学。“纸上得来终觉浅，绝知此事要躬行”。在当今快速发展的市场经济环境下，财务管理呈现出融合和跨界的趋势，为适应经济发展趋势和业务形态的变化，将所学到的财务理论知识运用于实践，再从实践中提炼总结升华到理论，将知识、经验、技能和方法融会贯通，践行知行合一，我认为这是一种最好的学习方式。三是在交流与碰撞中学。较为典型的方式是帮助别的企业解决财务管理方面的问题。我认为帮忙是一种高效率、高质量的交流学习方式。在帮别人的过程中，得到了一手的经验、技能和方法。

厚积薄发，“功夫在诗外”，现在想想，年轻时的自己所具有的那种能耐得住寂寞、板凳要坐十年冷的精神为以后的成长发展奠定了基础。

工作：致力于财务与业务的融合

在工作当中，无论是领导安排的财务方面还是非财务方面的工作，我都抱着来者不拒、使命必达的心态，认真履行一个财务人员的职责。对于安排的财务工作，有些工作任务有明确的步骤和方法要求，仅需要提供财务支撑即可。对于这一类任务，需要拓展对任务和执行力的理解，熟练掌握专业技能方法并加以灵活运用。比如：在为具体商业方案提供财务支撑时，就需要在市场可行性和技术可行性分析的基础上进行经济可行性测算。这是基于业务过程的财务表述，通过对资源投入、产出评价的分析与展现，发挥财务在业务过程中的管理支撑作用。而有些工作任务只给定了规划目标，并没有给定明确的财务支撑条件和步骤，有时还需要财务牵头论证方案是否可行。对于这一类任务，我认为这是为财务人员提供施展才智的好机会，因为只给出了规划目标，就需要对项目进行可行性方案论证与运营数据测算，这就要求财务人员必须运用方方面面的知识，比如对企业生产运营和发展趋势的了解，熟悉掌握财务预测建模知识等。而对于安排的非财务工作，则需要更多地与其他部门人员进行沟通交流，这也为自己了解生产经营业务提供了机会。凡此种种，每件事做下来都会有所收获。

为落实集团管理的要求，实现企业价值最大化，也经常需要加强财务和业务的融合，对此我有几点体会：一是财务要主动融入生产经营，推进业务、财务、资本的融合。二是要将财务管理工作延伸到业务源头，并渗透到合同、预算、经营、销售等业务管理全过程，做到财务和业务相互支撑、协同控制。三是要利用信息化技术，积极推进财务管理向价值管理、绩效评估、风险管控转型，实现财务和业务的深度融合。

成长：创新理念　提升能力

华录的发展和转型升级历经了20余年，也为我在财务方面的实践提供了沃土，并滋养着我成长、成材。记得我刚参加工作时，华录还是一家单纯的制造企业。在这个具有严密组织管理、严格成本控制、严苛质量标准的国有企业里，我参悟到了全面预算管理、全员成本核算、全面质量管理、6S管理等理念与方法，树立了“顾客满意度至上”的服务意识。2000年，随着经济体制改革的不断深入，华录启动了探索摆脱单一制造业困境的战略，我承担了制定企业发展战略规划的工作。根据企业实际，我提出了资本经营和产品经营“双轮”驱动的发展方式，服务于从“制造业企业向信息服务和文化企业转型”的发展目标，以财务转型促进生产运营转型与产业升级。基于此，财务部牵头进行分析和测算，找出了华录产业运营的规律和关键点，创新商业模式，采用经营层持股方式创新治理机制，取得了较好的成效：先后利用资本平台推动了“易华录”和“华录百纳”两家企业上市，打造了电子制造、信息服务、文化传媒“三足鼎力”的全产业链形态。

在华录的21年，历经了企业不同的发展态势，自己也从一个被动应对的执行者逐渐成长为具有独立思考、能系统运用管理架构管控企业集团运营的管理者，自认为：倒空自己才能不断进步，换位思考才能客观全面，尊重伙伴才能取得理解认同，合作共赢才能做事成事，顾客满意才能实现价值。

2014年，我被任命为华录的总会计师，使命、责任与压力集于一身。基于此，我结合华录新时期的发展规划，制定了《中国华录财务治理能力体系建设纲要（2016－2020）》，致力于全面深化集团公司财务治理体系改革，创新财务管理模式，优化财务资源配置，提升风险管控水平，构建科学、规范、有效的集团化财务治理体系。同时，我也深深认识到，人是生产力中最活跃的因素，人才也是提升集团公司财务治理能力和治理水平的关键因素。基于此，我致力于复合型人才的培养，让团队在实战中锻炼、成长、成才。人才的培养是一项系统工程，非一日之功。根据华录集团的实际情况，我从搭建财务人员履职环境、建设合理的人才结构、强化一体化的财务人员管理体制等方面提出了明确的目标和要求，并从会计职业道德、人才引进、培训培养、团队建设、考核激励等方面建立了促进人才脱颖而出的选人、育人制度体系并加以实施。经过两年多的探索和实践，集团财务人员综合素质得到明显提高，为集团的持续健康发展奠定了人员基础。

2016 年，在对华录“十二五”期间转型取得的成效进行分析时，我总结为：作为一个完全市场化的企业，成功的关键是构建了企业核心竞争力。华录核心竞争力构建的着力点体现在“六个力”：战略引领力、文化凝聚力、品牌影响力；改革释放活力，创新提供动力，管理提高执行力。而财务管理始终是集团管理的核心。作为财务管理的践行者，我为在企业发展转型中发挥的积极作用深感自豪。

“天行健，君子以自强不息。”在财务领域里辛勤耕耘与实践，是伴随我生活的主韵律。

（原载《财务与会计》2017 年第 20 期）

创业　创新　创智
——我的会计人生

王大伟

王大伟，中国航天科工集团公司财务部部长，高级会计师。全国会计领军（后备）人才。工业与信息化部财经咨询专家。在全面预算、财务共享、财务治理能力研究等领域从事开创性工作。

1990年，当我考取中央财政金融学院（现中央财经大学）国际企业管理专业时，从未想过今后会进入会计这一行。毕业时，在接受了几轮相当严格的选拔之后，我进入了一个颇带些神秘色彩的行业——中国航天，工作岗位竟是从最基础的出纳做起。从一开始的略有抵触，到逐步的深谙其中三味，直至将其确立为自己的毕生事业，我愉悦而努力地在这个行当里将自己的职业生涯书写圆满。

回首向来萧瑟处，也无风雨也无晴。经过20余年的投入与沉淀，这个在外人看来略显枯燥的职业于我却有着足够的空间与深度，能够让智、勇、信者书写出不亚于任何行业的华美篇章。多年来，我在这条道路上不断前行，对会计也有了自己的认识：创业，会计之基；创新，会计之魂；创智，会计之荣。

创业，会计之基

搞航天的人，他们是真正把自己的工作当作事业来做的：型号打成了，即便不关涉自己切身利益，也是万众欢腾；发生了重要的失利，那种满满的压抑感和迫切希望扭转局面的张力，是每一个接触到的人都能感受到的。或许受身在航天的影响，我很早就认定，要找准自己的位置，发自内心把工作当成自己的事业来做。

入职后不久，我就意识到做好会计这行并不容易。20世纪90年代的财务会计管理还是相对粗放的，本着“坐机关”的惯例，我大可安闲度日，但是身为“财务司里的年轻人”，我希望能够靠自己的努力，提高工作的“含金量”。于是在领导的支持下，我“霸占”了单位最好的一台电脑，利用每天晚上下班的时间“捣鼓”出一套小程序，借鉴相对实用的杜邦分析体系，提出一整套的财务分析指标，让当时耗费大量人力统计出的月报数据得以真正“说话”。

2002年，航天科工集团在全级次单位推行全面预算管理，我受命承担这个全新领域的具体组织工作。当时最大的困难是缺乏具体的经验和可供借鉴的模板。虽然当时有宝钢、海尔等企业的经验介绍，但其具体架构安排、报表设计、数据采集层面等方面并不适用于航天科工这种企事业单位兼有、业务领域广泛的企业集团。没有路，就必须闯出一条路，我下定决心：立足自我，兼收并蓄，研究、实践、提升。公司抽调了全集团重点单位的一线财务骨干组成一个半脱产小组，目标就是制定出自己的《全面预算管理工作规范》。几个月马不停蹄地调研、研讨，深入一线车间、研究室和管理部门，最终制定出了包括架构、流程、编报和执行规范，涵盖企业、事业、商贸等单位，近200张预算报表、近300张预算基础表的工作规范手册。对专业领域的深度投入也让每个参与者的能力有了质的提升，这个小组后来被戏称为集团财务的“黄埔一期”，因为其中绝大部分成员都陆续走上了重点单位的总会计师、财务部长岗位。我们的努力使全面预算管理制度成为集团公司基本管理制度之一。作为较早成功推行全面预算的中央企业，国资委成立后，航天科工的预算管理经验受到重视和推广。

近年来在财务会计专业领域的全心投入，加上这个领域本身的飞快进步，让我对会计这一职业有了深深的归属感，同时也感受到了自身的局限和提升的必要。为弥补自己基层工作经验的不足，我主动申请到河南公司担任总会计师一职。在河南公司的三年，我从纸上作业的参谋成长为一线拼搏的战士。无论是从刚到任就面临资金断流的窘境，还是组织优化对工厂研发、生产、销售环节的财务支撑与资源配置，以及规范建设、拔地而起的产业园新区，还有冒雨踩在所属农业单位的田埂污泥里研究智慧农业建设，都让我更加深刻地认识到自身工作的价值。

创新，会计之魂

我们处在一个日新月异的时代。智慧企业运行平台、国际工业互联网、商业航天“五朵云”工程、云制造、智能化改造等新概念、新领域层出不穷。在这样的氛围和环境里，没有哪个行业能够置身于创新之外，会计亦然。

2015 年集团全面建设 ERP，推动业财融合；2016 年集团全面推行 ORACLE 合并报表系统；2017 年集团在各二级单位全面开展财务共享服务中心建设……这些创新并非一帆风顺，争议和分歧始终相伴。比如，我们是不是应该用几年时间打好基础再推行 ERP？能不能等信息化手段更完备了再上合并报表？应该说，这样的想法并非全无道理，但我和各级单位的同事们充分讨论之后认定，财务会计从来都是紧随产业的创新而不断自我革新的，尤其是在当前这样的大变革时代，会计的创新无论是缺席还是迟到，都会使自身失去服务产业、引领进步的活的灵魂。在我和同事们的努力下，集团内越来越多的单位通过 ERP 建设已逐步实现业务财务高度一体化，核算信息由经济业务直接驱动生成，各级财务报告从账到表自主灵活生成；创新手段的全级次应用让月度报表逐级合并汇总效率大大提高；财务共享中心建设如火如荼。

近年来，管理会计实践成为业内焦点。航天科工集团正在推行以全价值链和全生命周期的业财高度协同为基本理念的“两个工程”建设——航天防务产业成本工程和民用产业价值工程。我注重耕耘好集团内部的“试验田”，集团公司每年发布 7 ~ 10 项来源于内部实践的管理会计创新工具指引，与智慧企业平台紧密结合的作业预算、精益成本、有效值绩效管理、基于实际绩效的激励机制等管理会计工具和方法得到推广应用，在提高企业核心竞争力方面发挥着重要作用。

2016 年以来备受关注的央企“双创”，航天科工集团扮演着领头羊和生力军的角色，“在岗创新、在职创业”让集团内部的创新活力得到极大激发，涌现出数千个创客团体和双创项目。我带领团队从资源配置、财务保障等方面努力探索建设不同于传统管理、适合双创特点的管理机制，包括在集团内部金融机构设置双创低息贷款池、建立起“三期三池”的双创资源支持机制等。对于双创项目的“种子扶持经费”的开支，若按照传统管法会影响效率，我们“特殊问题特殊处理”，探索出既不违反财务规则又切实提高效率的管理方法，成为创客们的“贴心人”。

创智，会计之荣

集智才能创智。自 2012 年参加的全国会计领军（后备）人才企业类培训，让我受益良多。与一批优秀的会计人朝夕相处，听取国内乃至全球知名的会计名家殷殷教导，颇具金石碰撞、春风化雨之效。经过了六年的学习历程，我的同学中相当一部分已经成为公司管理者，在各自的行业和领域中挺立潮头。我也参与了财政部、会计学会和集团公司多个重大管理课题的研究，在会计信息质量、职业道德、战略绩效考核等多方面取得了创新成果。

创智才能创值。2015 年，我参与了集团公司制定《全面提升财务治理能力的若干意见》的全过程，将所知所学尽力融入意见之中，从建设良好财务生态、优化净化财务环境、培育健康财务文化的高度引领各级次单位、各业务部门以全新的视角看待财务，在财务规则治理、财务信息质量治理、财务协同治理等多个方面“跳出财务看财务”。提出坚持建立在真实业务拓展基础上的业绩增长与质量效益提升”等重要理念，使《若干意见》的制定成为集团公司各方面协同提高运行质量、强化内控、防范风险的重要举措，国务院国资委全文转发并要求各中央企业研究借鉴。

财务数据是企业管理的重要资源，财务数据的深化应用是会计价值的集中体现。我引导集团财务人员改变传统思维定式，增强财务数据的成本意识、资源意识与应用价值意识，紧密结合智慧企业运行平台的建设，推进财务核算、预算、大额资金与票据管控、两金管控、经营管控以及 ERP 等管理信息系统的互联互通，打造财务数据大集中大应用的开放式平台，灵活响应不同维度信息需求；借鉴航天系统工程中的故障诊断技术原理，研究建立基于财务大数据的绩效评价、经营与财务状况分析、发展质量问题诊断与改进等智能化数据加工与应用模式。目前航天科工已初步建立起独具特色的财务数据深化加工与创新应用体系。

创业、创新、创智，是我会计之路的点滴凝结。我将在后续的职业生涯里继续化知为行，大则为建设会计强国尽力，中则为集团做强做优出力，小则为提升人生境界努力，体现一个勤勉尽责会计人的应有担当。

（原载《财务与会计》2017 年第 20 期）

不断挑战自我
无愧会计人生

王朝旭

王朝旭，国家机关事务管理局审计室主任兼局机关纪委副书记，全国会计领军（后备）人才，财政部内部控制标准委员会咨询专家。

当前，流行着两种不同的观点，一种认为会计前景远大，未来将占据更加重要的位置。一种则认为，在日益电子化、信息化时代，会计必将被机器取代，会计即将消亡。面对这样的形势，作为一名长期学习会计、从事会计、监督会计并研究会计的会计工作者，多年来，我一直关注着会计的发展，并努力通过自己的学习和工作来探索不断提高会计适应现代社会的能力。

我出生在山西农村，父亲是一名老会计。少年时，虽然懵懂，不知会计究竟干啥，但算盘，管钱管物，一丝不苟，严丝合缝，分毫不差，报账、对账、算账、结账、账码清楚等词汇早已在心中默记。当然，真正改变我命运的，还是后来的高考。1982 年，我考取了河北地质学院财务与会计专业，从此与会计结缘，并将其作为职业一直到今天。

不断设定目标　矢志不渝努力

35 年过去了，回顾我走过的路程，是学习一直伴随着我的成长：本科时以年级总分第一名和毕业论文优秀的成绩毕业，顺利考取武汉大学经济学院财政与审计专业研究生，在职学习获得经济学博士学位，先后通过考试获取中国注册会计师、高级审计师、国际注册内部审计师等专业资格。2010 年，我看到了财政部全国会计领军（后备）人才培养项目的招生通知，当时年已不惑的我已是一名司局级干部，本可以安稳地过一名公务员的生活，可常言道，人生能有几回搏，我又一次燃起了在会计行业中继续进步的强烈渴望，希望能够将自己打造成一名精通业务、善于管理、熟悉国家财经法规、具有国际视野和战略思维的高素质复合型会计人才。功夫不负有心人，经过精心准备，我成功入选并成为全国会计领军（后备）人才行政事业类三期学员。

在参加领军学习之初，我从财政部领导的讲话中吸取到保持“空杯心态”的理论——放下已有的东西，倒空自己的杯子，尽力吸取，让自己成为海绵一般的人，对此我感触颇深。“空杯心态”要求转变视野，撇开已有的成绩，更新已有，博采众长。不得不说，在之后的学习和工作中，我深受“空杯心态”理论的启发。

在工作和生活中，像海绵一样不断挤出时间学习是我的常态。从应考到培训，从聆听各界专家讲授课程到与同学、同事、跨界人士之间研讨交流，从参观革命旧址、重温建党建军历史到考察新兴产业、了解世界领先技术管理。我在努力克服时间紧、本职工作重等困难的基础上，以“空杯心态”对待自身的学习和培养任务，积极参与课题研究，广泛学习他人经验，深度吸收营养。

微观层面的具体业务和不断更新的专业知识是我学习的主要内容。无论是财务管理原理还是会计准则的主要变化，无论是部门预算编制与审核还是我国事业单位会计制度改革，无论是内部控制理论还是经济责任审计实务，从作业管理理念到平衡计分卡，从公允价值计量到综合财务报告，经过潜心钻研，我对企事业单位微观层面的经济运行和会计审计工作都有了更加深入的理解。

此外，我还一直重视对于宏观局势的学习和认识。通过参加各类讲座和研讨会，研读国学经典，我的思维得到拓展，视野更加开阔。

在自己积极学习的同时，我还不忘带动和号召身边的人一起学习。我在国管局审计室积极倡导学习风气，鼓励大家把学习作为一种生活态度，努力打造一支好学上进，团结合作的审计团队。我会定期和部门的干部同事一起学习会计审计业务新知识，每年集中加强业务培训，鼓励干部参加学历教育培训考试，支持报考专业职称，要求他们坚持接受继续教育。大家一直保持着十分浓厚的学习氛围，学习能力、业务能力不断提升，参加培训学习的积极性也大大提高。

学以致用　知行合一

学习的目的是应用，只有将学习和实践紧密结合，才能取得良好的效果。从参加工作的第一天起，我就注重正确处理学与做的关系，坚持学以致用，学用结合。

1989 年研究生毕业时，我被分配到审计署工作，同年下到河南省洛阳市审计局锻炼。为了更好地打造扎实的业务基础，我主动要求到洛阳拖拉机厂财务科进行了 3 个月的会计实务操作训练。在财务科师傅们的带领下，从整理原始凭证、填制记账凭证、登记账簿到编制会计报表，撰写财务情况说明书，我在短暂的时间内全面经历了一个完整的会计循环，熟悉了一个大型工业企业的会计核算、财务管理以及财务分析的工作内容，为以后的企业审计打下了扎实的基础。这期间，我珍惜每一个交谈机会，尽力了解每一笔经济业务，白天认真工作，晚上总结整理业务内容，归纳业务思路和会计处理方法，至今还非常感激当时遇到的师傅们，他们的热情和毫无保留，令我感动和难忘，三个月里奠定的会计核算基础为我以后的审计工作提供了很大的帮助，让我终身受用。

2010 年 12 月，我参加了由中组部和团中央组织的博士西部服务团并赴贵州工作。在挂任地市副市长期间，我运用所学知识并结合工作要求，积极参与到地方财政、金融，以及政府财务报告和地方债务管理等重要政策问题的研究中，及时提出贯彻国家关于预算管理、债务管理、财务报告制度的具体意见措施，推动工作积极落实。

在担任国管局财务管理司副司长期间，我参与组织制定了《中央国家机关会计人才发展规划》，倡导并推动中央国家机关会计领军人才培养工程的启动，争取并协调成立中央国家机关高级会计师评审委员会，开展对中央国家机关各部门和单位高级会计师的评审工作。我还倡导并推动了中央国家机关行政事业单位财务部门司局级领导和中央在京企业总会计师培训工作的开展，参与组织国管局内部控制制度建设和财务管理信息化建设，参与财政部《总会计师能力框架研究》和《行政事业单位内部控制实务研究》等课题研究，积极推进中央国家机关高级会计继续教育工作等。

2012 年 3 月，我被任命为国家机关事务管理局审计室主任，负责组建审计室工作。通过认真研究职责定位，我向书本学习、向其他单位学习、向领导学习、向前辈学习，结合领军班培训中学到的先进理念和管理思路，扎实开展工作。在总结借鉴先进经验基础上，组织推进审计室工作制度化、规范化、信息化，先后制定了国管局内部审计工作规范，系统规范了各类审计工作的程序和内容，建立了经济责任审计联席会议制度、年度审计报告制度等。

在我看来，审计和会计的关系更像是“道高一尺，魔高一丈”。从事审计工作，一定要熟悉会计工作和相关法律法规，还要具备较强的分析能力和沟通能力。内部审计工作者还需要非常熟悉本单位财务管理规章制度，这样才能对照法规和标准去发现问题、分析问题，进而解决问题。

此外，从 2011 年起我还担任中国内部审计协会常务理事及该协会培训委员会委员，积极参与国际内部审计师考试教材编写工作，参与制定内部审计质量评估准则和继续教育准则及其他常务理事工作。2014 年我率领中央国家机关会计领军人才培训团赴美国学习考察，并于当年起担任厦门国家会计学院硕士生校外导师，积极致力于教学实践结合，努力将实际工作体会和学校教学内容相互融合，收到了良好效果。

经过多年会计工作和生活的磨练，我相信，只有经过持续不断的学习，才能真正地做到厚积薄发，行稳致远。回望过去，我的会计人生是充实的人生，是不断学习的人生，也是坚持因地制宜、学以致用的人生。求学之路实属不易，但我从中收获了知识和力量。展望未来，当前知识经济的大环境为我们提供了求索进取的动力和平台，唯有重新审视自己，保持“空杯心态”并继续前行，方可不负时光、不负初衷。

（原载《财务与会计》2017 年第 20 期）

左手会计　右手投资

陈　玮

陈玮，深圳市东方富海投资管理股份有限公司董事长、创始合伙人，中国中小企业协会副会长。2008~2015年福布斯“中国最佳创业投资人”，2017年中国深圳投资榜单“2017中国深圳创投领袖”。

三个“没想到”成就会计+投资的人生

生活的道路难以规划，被动的选择却往往是最好的安排。于我而言，如今能成为一名具有会计学背景的投资人，便是源于我人生中的三个“没想到”。

第一个没想到——与会计结缘。

会计与我，本是风马牛不相及。小时候，我的梦想是当医生，后来想当兵，高考填报志愿时，我报考了兰州商学院（现在的兰州财经大学）。当时兰州商学院刚刚设立，只有商业经济学和财务会计学两个专业。那时的我对于会计的印象还停留在电影《白毛女》里黄世仁的管家穆仁智的形象——头顶瓜皮帽打算盘的账房先生，于是我毅然填报了商业经济学，没想到近80%的人都填报了商业经济学专业，无奈，我被调剂到了财务会计学专业，从此便与会计结下了缘分。从开始被动学习会计到逐步喜爱会计，到最后有幸师从中国会计学泰斗葛家澍先生并取得会计学博士学位，会计为我之后的职业生涯和人生轨迹刻下了深深的烙印。

第二个没想到——大学毕业后做了老师。

我本无做老师的打算，但当时还是计划经济，毕业后统一分配工作，自己无法选择职业，只好被动接受。从学会计到教会计，这种身份转变并不容易。犹记得第一次给学生上课，因为过于紧张，原本准备了一整堂的内容，20 分钟便讲完了，学生们一脸茫然，我站在讲台上窘态毕现，不知该说些什么了。但人生没有快进或跳过的按钮，面对这份窘迫，唯有硬着头皮继续站上讲台。老师的职业一干就是近 15 年。回想起这段职业经历，我倍感庆幸，因为这份职业给我带来了深远的影响，从性格到口才，从学识到见识，从职业到人生。因为会计老师这一身份，成就了我从本科到博士的学业，让我有机会赴荷兰商学院深造，也让我最终走上 PE 投资这条道路。从 2000 年开始从事 PE 投资以来，我又陆续在清华大学、北京大学、复旦大学、厦门大学、长江商学院、中欧商学院等高校和科研机构给 EMBA 和总裁班的学生上课。讲课带给我传授知识的愉悦，在复旦大学获得的“最受学生欢迎老师奖”至今仍是我最看重和珍惜的褒扬。

第三个没想到——从 Mr. Accounting 到 Mr. Investment。

从荷兰商学院归国后，35 岁的我萌生了离开校园去社会实践的想法，毕竟“磨刀练剑”了十余载，一直在教学生如何做核算，自己也想利用所学知识在实战中比划比划，我只身来到了中国最具创业精神的城市——深圳。刚到深圳的感受是“拔剑四顾心茫然”，不知道自己适合做什么。恰逢深圳创新投资集团有限公司刚刚成立，就投了一份简历去应聘，尽管那时的我对风险投资或创业投资一无所知。然而，时任创新投总裁的阚治东先生对我进行了不到十分钟的面试后，我便从一名老师成为了怀揣梦想的深圳人。我相信是我的会计学历背景给阚总留下了好印象。更没想到的是，3 年后的我会接任创新投总裁，成为当时深圳最年轻的“局级干部”之一。

2006 年，我和几位志同道合的伙伴共同创办了东方富海投资管理股份有限公司。之后 10 多年的投资和创业经历，让我更加理解了学好会计学对做好投资工作的重要意义，会计之于投资，那就是左手和右手的关系，缺一不可。以会计学为基础，我在不断行走的路上，拾到了越来越多的东西。

从会计角度看投资

会计在企业价值判断中很重要，但不是唯一标准。作为一名有会计背景的投资人，起初我习惯性地将企业的财务数据看得很重，经历了只见会计不见业务、只看数据不看成长的过程。慢慢地我发现，仅靠财务报表的数据并不能准确全面判断企业价值。从投资而言，会计的作用在于还原企业的经营轨迹，透过会计看清企业的经营之道。但除了三张报表以外，有时一些小的信息、“硬”的财务指标更能反映企业经营的真实情况。例如通过水电费、运费来判断企业的经营生产、销售能力；通过供应商账期判断企业在行业的竞争力；通过工资表判断企业的人才竞争优势；通过纳税判断企业的盈利能力；通过银行借贷判断企业的诚信度和财务弹性。因此，将财务与业务结合才能更为准确地判断企业的价值。

通过对被投资企业的财务尽职调查，我还发现不同阶段企业的会计核算重心不尽相同。对于初创型企业，生存是企业的重点，会计核算的重心是努力保证现金流的最大化；对于成长型企业，特别是融资阶段的企业，会计核算的重心是实现企业估值最大化；对于上市公司，维护投资者利益，保证市值最大化则又成为会计核算的重心。可见，会计工作的重心是随着企业的发展阶段而适时变化的。

“投资就是投人”。人是企业最重要的资产。对于企业老板的判断和把握，需要日积月累、阅人无数的过程，是经验的积累和感性的体会，往往只可意会无法言传。相对而言，看似冰冷的财务数据其实也可以作为判断创业者格局和胸怀、管理水平与规范程度的依据，多年的投资经历中，我也形成了自己的一套“会计相面法”。即通过股权结构看创业者的胸怀：通过企业资产可以看出企业规模；通过收入看到企业成长速度；通过费用看到企业的管理水平；通过薪酬看到员工待遇；通过利润可以看到企业效益；通过税收可以看到企业的规范水平。

会计的审慎原则也一直被我践行于每一次投资决策中。我在业内首次创立了“987654321 审慎调查法”，通过 9 个细节维度观察企业的市场地位、行业竞争情况、业务能力、管理水平等，透过这 9 个数字，形成最终的投资决策。

以会计为基础的增值服务

也许是多年会计老师的经历，让我更明白“授人以鱼不如授人以渔”的道理，因此，做投资除了给企业资金，我更看重给企业提供增值服务。

2008 年 5 月东方富海投资了广田股份，投资后我们根据该公司的特点，从其会计规范度入手，进行资产结构和业务结构的梳理。在规范发展方面，一是帮助企业彻底剥离房地产业务，凸显主营，将装饰做深做强；二是推动企业走高附加值路线，加大投入，设立行业内第一家国家级技术研发中心。在一般人理解的拼成本的装饰行业，广田在东方富海的帮助下明确了长期发展的战略方向，放弃低附加值业务，以节能环保为特点向中高端公用建筑、商业建筑及民用建筑装饰领域推进。2010 年，广田股份成功在中小板挂牌上市，东方富海也在该项目上获得了理想的投资回报。

作为中国中小企业协会副会长，我始终坚信，要做好投资，首先要学会站在企业家的角度思考问题，先做朋友后做投资，与创业者交朋友，理解他们，才能更好地帮助他们。这也是我们打造围绕创业者的增值服务生态的初衷。

在我的主导下，东方富海投资了厦门天健咨询公司，旨在利用天健咨询专业的会计管理咨询经验，为企业家提供全面的财务梳理及规范解决方案。我也与厦门国家会计学院合作，为投资的创业者开办了东方富海企业战略与财务管理 1 +1 提升班，让企业的 CEO 与 CFO 共同学习，帮助他们全面掌握现代企业管理、财务管理、风险管理等理论和决策方法，使 1 +1 >2。

正是由于我的会计背景，基于会计专业的增值服务也成为了东方富海有别于其他投资机构的独特附加值。

感恩会计人生

我一直把“慎思守志、事在人为”作为我的座右铭。很多年轻人都梦想能从事自己喜爱的工作，希望能够爱一行干一行。而我的经历告诉我要干一行爱一行，把自己的理想规划到自己所从事的工作当中去，从所从事的职业当中寻找到自己的理想和快乐，踏实认真，审慎勤勉。

我始终觉得自己足够幸运，从兰州到深圳、从老师到投资人、从创新投总裁到创办东方富海，从一个默默无闻怀揣梦想的年轻人到多年入选福布斯“最佳投资人”、清科“中国创业投资人十强”，获得胡润“投资贡献奖”等荣誉，我深知，是会计给了我不一样的精彩人生。它惠及了我个人的成长，也惠及了我的职业及事业，更惠及了我的合作伙伴和太多的被投资企业。是以此文对我的会计 + 投资的人生做个总结，唯愿飨于同行和学友，能从中得一益处足矣。

（原载《财务与会计》2017 年第 20 期）

喧嚣中的独行旅人

马靖昊

马靖昊，《新理财》杂志社社长兼总编辑，澳大利亚资深公共会计师（FIPA），英国资深财务会计师（FFA），中国人民大学、中央财经大学研究生客座导师。先后在财政部会计司、中国华融资产管理公司、中央金融工作委员会从事财务会计工作。

北京的秋天，总是来得步履匆匆。昨天还燥热得很，今天打开窗户，已经有清凉的风扑面而来。恍惚想起很多年前，办公室外也是这一番景象。我总是在下午静静地思考、写作，抬起头看到风吹着窗外不同状态的四季的叶子，感受着时光的静静流逝，然后低头，继续在我的思想世界里孤独地行走。

这些年办公室换了许多次，窗外的景色各异，会计旅途上的风景不断变换，思想的脚步从未停滞过。经济世界有着万千气象，无论腾飞或是低谷，总有熙熙攘攘的人群，这样那样的声音，我的旅途中不乏同伴与友人，但行走的却是我自己一个人，就像很多年前，少年的我背着背包，独自一人来到北京，伸出手拉开会计世界的求学之门。

砥砺

我和会计的缘分始于大学。那时中国改革开放的历史鸿篇巨制刚刚启幕，无论是经济腾飞激励的会计专业理论发展，还是社会巨变引发的思想碰撞，都让象牙塔不再静默。讲台上导师前辈的谆谆教诲，课桌旁同学同伴的交锋探讨，深深地吸引了我，在中央财政金融学院（现中央财经大学）求学 4 年后，我进入财政部会计司制度二处，在时任处长冯淑萍的带领下，参与了会计制度、会计准则的制定。我通过在胶州市财政局锻炼期间对会计制度的苦读，奠定了会计征途的基础；通过参与13个行业会计制度中9个制度的制定，学会用宏观视野去思考会计前沿理论在微观实践中的落地；通过《三峡移民资金会计制度》等的调研和起草工作，开始逐渐承担重要任务；通过公派加拿大多伦多会计师行工作和加拿大温莎大学的学习，学会从全球视野思考经济问题……回国后不久，我加入中国华融资产管理公司财务部，担任财务部副处长，负责牵头起草了《中国华融资产管理公司会计制度》，为规范公司的会计核算工作算是出了一点力。半年后又调往中央金融工委工作近3年。之后，我带着工作中的感悟和思考，创立了旨在帮助会计人员的无忧会计网，开始了自己的创业之路。

创业是个综合训练的工程。“圣人之道，吾性自足，向之求理于事物者误也。”这是王阳明在龙场悟道时候发出的感慨，而创业就是我的道场。创业的艰辛过程中经历的每一场风雨，都使我的思维更加精进，这些为我的写作积攒了能量。

筑梦

从求学到就业，从政府到基层，从制度到实践，作为一个理想主义的会计人，我的人生从被动一步步走向主动，梦想如种子，随着前进的脚步被播撒、孕育，逐渐长成参天大树。

新浪微博“马靖昊说会计”，就是在这个过程中诞生的。

这个ID始于时任浙江省委组织部部长蔡奇的一篇文章。蔡奇认为，未来的世界是影响力的世界，谁拥有话语权，谁就能引导这个社会。他的观点对我触动很大，我决心用自己熟悉的会计知识建一个有特色的微博，把自己的专业知识与广大会计同仁分享，创造属于自己的“影响力”。我把新浪微博起名为“马靖昊说会计”，以微博名突出差异化，主要定位于财税人员以及创业者。

在人们的传统观念中，会计总是枯燥无聊的呆板形象，人们脑子里的“账房先生”无非是从长袍马褂拿着算盘，变成西装革履敲着键盘而已，面容是一样严肃，言辞是一样无味。我创建这个ID，就是想让大家看到，会计也可以很好玩、很有趣，它和我们的生活息息相关，并将在一定深度和广度，影响每一个人的未来。我把会计学与哲学、社会学、美学、婚姻家庭学以及热点时事等相结合，吸引了大量人群的关注，也影响了人们对会计的看法。“深入浅出讲解会计”成为我的个人风格，希望能带领、引领会计人寻找到会计的乐趣，以一种积极态度去直面对会计工作，从而在愉快工作的同时，为企业创造更多的价值。

为让会计更好地为大众认知，有很多具有深厚理论功底的专家学者，他们也在孜孜不倦地做着会计知识传播的工作，但专业背景、人群特征、固化思维等很多因素导致他们采用的是理论式的说教，浓重的学术味限制了人们的阅读兴趣。在这样的大环境下，把会计知识说得灵活、生动、有趣的“马靖昊说会计”，自然而然地脱颖而出。

语文是所有学科的基础，如何用简洁的语言、准确的词汇来描述和解读经济事件，对会计人非常重要。我认为，在语文的学习中，精读与思考是两个重要方法，对一本好书的反复咀嚼，胜过对一百本书“牛嚼牡丹”式的吞咽。《大学》《论语》《老子》时时放在床头，《人民日报》是我每天都要读的报纸，每天的阅读中我都可以找到对自己有帮助的文章，时间充裕的时候，我更是会对评论及副刊文章的结构、笔法、遣词造句进行分析。在“说会计”的过程中，我也更加注意对文字的雕琢，这是我能够“说好会计”的法宝。

在互联网时代，自媒体的口碑传播效应是非常明显的。“马靖昊说会计”的受众迅速增加到十万、百万级，我成了会计界“第一网红”。粉丝达到百万级，即使在泛财经自媒体中也是个现象级事件，更不用说在会计领域，我因此得到了很大的激励。对我来说，自媒体成功更大的意义在于，自己分享的那些思考火花，可以在越来越多的会计人中得到共鸣，并引发更多的思考与讨论，点燃更多的星星之火。这样的思考与探讨，成为我现在的人生常态。随着粉丝量的不断增多，通过“马靖昊说会计”这个链接平台，很多信息都能迅速地、准确地传递到会计人那里。我从与会计人的互动中汲取新的能量，又凭借着这样的能量，走向更远的征途。

情怀

陈顺达是我无数热心读者中的一位，也是非常特殊的一位。刚刚认识他的时候，我还在用友集团，而他则即将从黑龙江大学研究生毕业，他在“马靖昊说会计”的微博下留言，希望能够见我一面，恰好当时我到哈尔滨出差，有机会和他面谈。那次会面中，陈顺达给我讲述了他的故事——一位贫困的学子在慈善机构的帮助下完成学业，后来又加入了慈善机构去帮助别人。

他的故事触动了我。人是社会性的动物，纯粹为自己而活，其实意义不大，只有利用自己的能力去帮助别人，最终才能彰显人生的价值。

毕业之后，陈顺达回到家乡贵州，在贵州毕节学院担任会计老师。我特意找了机会去贵州出差，给他们学校的会计系师生讲了一堂课。“马靖昊说会计”奖学金就在这次课后成立的，我拿出自己的一部分报酬，用来资助会计学子，同时在用友公司的支持下，向学院捐赠了价值数十万元的用友软件，帮助他们提高会计知识的应用能力。

随着经济的发展，知识是比金钱更具意义的存在。正是基于这样的考虑，如今的我已经筹划成立了一个会计支教队伍，有上百位优秀的会计人站到了我的身边，我们希望能够对自己的时间和事业进行合理规划，抽出精力到三四线城市的学校，为会计系的孩子们讲课。这个计划将是我未来一段时间回馈社会的重点。

媒体掌门人

一个很巧的机缘，我接到中国财经出版传媒集团的邀请，出任集团旗下新理财杂志社的社长兼总编辑，我的社会角色从企业的高级管理人员转变成媒体掌门人，这让我有更多机会去思考媒介对于中国经济改革发展的作用。

“纸媒在走下坡路”，这句话常常被人们挂在嘴边，我却不这么认为。纸媒在信息传播的过程中起到了重要作用，如果说“纸媒在走下坡路”，倒不如说“思维在走下坡路”。碎片式阅读不应该主宰人们的阅读时间，鸡毛蒜皮的无用信息也不应该充斥每一个人的脑袋。时代在发展，传播的介质在不断进化，不同的介质承担着不同的使命，它们需要相互融合。

正如习近平总书记所强调的，当前我们要建立文化自信。中华文明是这颗蓝色星球上最为开放包容的文明，我们的“和”文化是欧美发达国家无法比拟的，会计文化是中华文化的有机组成部分。前辈们的“龙门账”“四脚账”都曾经是当时世界上最优秀的会计成果，今天，在中国企业全球化发展过程中，会计人员也要发挥自己的专业力量，建立属于我们的会计文化自信。

（原载《财务与会计》2017 年第 20 期）

专业人生当有专业感悟和取舍

刘志耕

刘志耕，时任南通市注册会计师行业党委副书记，现任江苏文峰集团总审计师。资深注册会计师、知名财税审专家，兼职多家上市公司、IPO公司独立董事，多家财会税审专业报纸、杂志的特约撰稿人和评论员，多家财税审培训机构教师。

1981年年底，我有幸成为一名税务人员。那时的我只知道税务是收税的，会计是记账的，但具体做什么却不是太清楚。经过三个月的速成培训，我走上了工作岗位，并先后在税务、审计和财政部门工作，至今已有40年。三段不同的工作经历不仅丰富了我的人生，更带给我不同的体验和感悟。

吃苦为乐　吃亏是福

初入职时，我先后被安排到三个乡担任税务专管员。那时，去乡里收税全靠自行车，路较近的需要半个小时，较远的则需要1个小时左右。较大的乡有好几十家企业，全部跑完需要两天时间，加上一些企业纳税意识不够强，为了完成每月的税收征收任务，最稳妥的办法就是上门催收。因此，几乎每天我都要去乡里巡查，而且每天至少有一大半时间是在自行车上度过的。遇到冰雪天，泥路打滑易摔跤；遇到酷暑烈日，手臂晒脱了皮；遇到大风大雨天，全身淋透、满腿泥巴。那时，我骑过最窄的路不到一尺宽，走过只有二尺宽但没栏杆的桥，中午稍晚回到乡食堂往往只剩下白米饭，晚上七八点到家司空见惯，且总是一身泥土、一身汗、一身累。在这样的环境下我工作了6年。当时的我对此境遇很不理解，总认为是领导和我过不去，但现在看来，恰是这6年的吃苦、吃亏，磨炼了我在工作、学习、生活方面吃苦耐劳的坚强意志，并成为支撑我走好以后每一步的最宝贵的精神财富。所以，人要懂得吃苦为乐、吃亏是福。

多学多做　多磨多炼

对于财会审及税务业务，我的切身体会是要多学多做，因为只有多学多做才能多磨多炼、见多识广，进而学得更好、做得更出色。在这里，说说我的两段亲身经历。

一是在乡里收税。乡镇企业习惯将税务人员称为会计，我就是被叫了9年的“刘会计”。从接触乡镇企业会计开始，发现乡镇企业的会计人员总喜欢和我讨论遇到的业务问题。我没有认为会计与税务无关，而是很乐意将会计问题追根溯源，直到彻底弄清楚、弄准确为止。记得那时最多的情形是，我一到企业，会计人员常常会说：“刘会计你来得正好，我有个问题要请教你。”会计人员与我这个税务人员探讨会计问题，是对我的信任，也迫使我自己必须先学懂弄通。正因如此，我参加工作几年，就积累了较为丰富的会计实务经验，让我理解了记账的本质，学会了如何处理不规范甚至虚假的会计凭证，如何查找财务舞弊和偷税漏税问题，所有这些，不仅为我后来成为某报“查账技巧”栏目的特约作者奠定了基础，而且还为我日后对财会税审业务的学习、写作和授课积累了素材。

二是调到审计部门工作。记得我调到审计部门上班的第一天，审计组长就拿了一本《国营工业企业会计制度》对我说：“小刘啊，你是从税务部门调来的，对会计核算特别是成本核算不熟悉，必须先学好会计特别是学好成本会计，你的审计业务才能过关。”之后，我不仅结合日常审计实务认真学习了这本会计制度，而且还将这本制度作为工具书用了好几年。由于那时在审计小组中数我最年轻，因此，我什么活都抢着干。而且，同样的工作我一干就是两三年，如对原材料、固定资产实物的盘点，对原材料和产成品成本结转的审计等。事实上，也正是对这种看似简单、枯燥、重复工作的多学多做、多磨多炼，让我对财会审及税务工作有了更多、更深、更全面的了解。也正因如此，在审计部门工作7年，我从一般审计人员成长为业务骨干、审计组长直至部门负责人，这是领导和同仁对我虚心好学、积极肯干的充分肯定，也让我深深感到多学多做表面上看似吃苦吃亏，实际上是对自己成长最好的磨炼和鞭策。

坚持原则　恪守底线

当今社会，财会审和税务人员坚持原则往往很难，不仅会遇到各种各样的阻力，而且还很有可能会影响到自己的前途。因此，取舍坚持还是不坚持是面临的一个大难题。事实上，取和舍都有得有失，关键是你想得到什么，你舍得失去什么。我对此问题的认识是，真正的专业人员必须坚持原则、恪守职业底线，而不管会失去什么。比如，在审计部门工作期间，我记得最能说明坚持原则的事情是每年一次的税收财务物价大检查。我所带领的检查组每年收缴上来的违规款项总是全市最多、入库速度最快的，其原因就是我敢于坚持原则、不徇私情，但因此也得罪了很多人，甚至一些领导。又比如，我在南通市注册会计师协会（简称注协）工作期间负责业务监管，由于我在全省经办检查并处罚的注册会计师较多，导致一些注册会计师对我产生很深的误解。但对于自己所做的这些，我从不后悔。

我认为，如果你是一名真正的专业人员，就应该坚持原则、恪守职业底线，这不仅彰显了一名专业人员对专业应有的尊重和坚守，而且是自己人格和专业品质的最好体现。

专业为重　和谐为贵

在注协从事业务监管工作，对于想努力学习、进行财会理论研究和写作的人自然是机会较多。幸运的是，我一生中最黄金的 20 年就在注协从事监管工作。自豪的是，这 20 年没有虚度。在注协的前 10 年，主要是努力学习、工作和实践，后 10 年是潜心研究、总结和写作。经常有这样的经历，对一些需要掌握的业务问题，最多请教 3 位注册会计师就能够弄清楚，由此可见，在注协从事监管工作，只要你认真负责、积极肯干、谦虚好学，自然会学到很多财会审及税务方面的知识。

当我快到不惑之年时想申报高级会计师职称，便开始尝试写作。写了两三篇投给了有关省级刊物，经编辑提出修改意见，我认真修改后文章都得以发表，之后又写了一篇投给某国家级刊物，竟然也顺利发表，这给了我极大鼓舞，从此激发了我对写作的兴趣。在写作方面积累了一定经验后，我受邀开始走上注册会计师继续教育的讲台，通过继续教育这个平台将自己积累的知识和经验传授给注册会计师。刚开始讲课时，由于经验不足，为了确保讲课任务圆满完成，我不仅很认真地把讲课内容以文字形式全部打印出来，而且还像写文章那样对整个讲课内容从结构到文字都字斟句酌，这就让我花费了两三倍于别人的时间备课。我认为，尽管辛苦了自己，但这样的好处很多，不仅使讲课的内容、文字表达更为严谨、规范、准确，不会造成遗漏，而且课后我还能够把课程的全部内容毫无保留地分享给学员，即使一些学员一时没有听清楚，但从我提供的课件中一定能找到全部内容。同时，这样的讲课稿也基本形成了我几篇文章的雏形，一举两得。也正是因为我对教学这种严谨和认真的态度，让我先后走上了上海国家会计学院、国家税务总局干部学院、东奥会计在线、中华会计网校等全国性培训机构的讲坛。

然而，就在我各方面都感到得心应手的时候，由于工作的局部调整，使得我很难再有机会出去检查和讲课了，工作量大幅减少，感到很失落，但我并没有因此放松自己，而是以专业为重、和谐为贵，每天完成工作任务后如还有时间就都用在业务学习和写作方面。20年来，我几乎没有休息一天，一直坚持写作，到目前为止，不仅在各类报刊上发表了约900篇文章，还接受了很多媒体就有关财会税审等问题的采访近400次。记得有几次为时效性很强的采访，记者在我下班的路上就打电话提出采访要求，而且当晚就要完成任务，说第二天一早就要见报。对于这样的特殊情况我都是全力以赴、积极配合、及时完成。我很珍惜媒体的信任，让我有机会为会计人发声。虽然这些额外工作耗费了我很多休息时间，放弃了很多陪伴家人的机会，但我乐此不疲、无怨无悔。

我深知，要做一位真正纯粹、高尚的专业人员，必须脚踏实地、不断学习、耐住寂寞、坚持原则、恪守底线并长期坚持。唯有如此，才能到达成功的彼岸，也才能彰显出一个专业人员应有的高尚品德和职业情怀。

（原载《财务与会计》2017年第20期）

左文军

左文军，河北信息产业投资集团总会计师。河北省工业和信息化会计学会副会长，河北省正高级会计师任职资格评审委员会委员。2015 年入选全国会计领军（后备）人才培养工程。

孜孜以求会计路

我从小在棉纺厂大院长大，在棉纺厂的子弟学校读完了小学和初中。按照当时的规定，我没有在市里公办高中继续读书的机会，高中只能继续就读棉纺厂子弟学校，因此，通过高考进入高等学府的可能性微乎其微。无奈之下，初中毕业后我听从父母安排进入财会中专学习，在那个“学好数理化，走遍天下都不怕”的时代，我迫不得已选择了会计专业，然而就是这样一个无心插柳的决定，开启了我的会计人生，使我后来的职业生涯繁花盛开。

从青涩到成熟

我的父亲是一名军人，母亲是一名国企棉纺厂职工。一直以来，他们教导我，做人最重要的是正直和本分。参加工作伊始，父母对我的要求就是“做会计每天都要和钱打交道，但绝不能拿企业的一厘一毫”。父母灌输给我的是一脉相传的做人最基本的道理和原则，这些教诲使我受益匪浅并伴随我的一生。在 29 年的会计生涯里，当初的同学有一部分已经转行从事其他职业，更有甚者没能经受住诱惑走入了高墙之内。而我坚持着慎独原则，坚守职业底线，保持本心。岁月变迁如白驹过隙，我由当年一个初踏职场的小出纳通过自身的不懈努力和家人的帮助支持，一步步走到了如今的企业集团总会计师的岗位。一路走来，变化的是岗位和职务，而恒久不变的，是一颗忠于职守、廉洁自律、鞠躬尽瘁的会计心！为适应当今社会的快速发展，把企业做优做强，让企业更高效、有力地服务社会已成为我义不容辞的责任。在正确的世界观、价值观以及人生观的引导下，我将坦荡而不放纵，自信而不自满，奋发向上地继续坚持我的会计人生。

从被动到主动

刚进入财会中专学习时，我的成绩处于中下游水平。因为当时的学号是按照入学成绩排的，全班50位同学中我排在第33号，这对我的自尊心是一个沉重的打击。在短暂的苦闷和彷徨后我开始发奋努力。功夫不负有心人，我的成绩稳步升至全班前三名，这使我坚信，努力终有回报，付出便会有收获。毕业之后我被分配到了石家庄市外贸公司财务科工作，工作一段时间后，我深深感受到了来自专业知识匮乏、职场激烈竞争以及学历不足的压力。为了弥补自身短板，我开始在工作之余备考注册会计师资格。原计划用两年时间考过5门科目，但没料到的是，第一年会计科目考了59分，只能来年再战，就这样我用了3年时间于2000年考取了注册会计师资格。追忆往昔，备考注会的时光是我人生中最充实紧张的，下班以后我手不释卷，走到哪里便学到哪里，家里空间小，为了不影响家人休息，后半夜我就在厨房里挑灯夜战。通过备战注册会计师考试，我将理论与实践有机结合，同时专业水平和综合素质也有了显著的提升。工作和学习相互促进，共同发展，工作起来也越来越得心应手。

随着时代的发展进步，会计这个职业已经不是简单的记账算账，而是既要做好本职工作使其与业务协同，同时还要思考财务战略如何更好地服务于企业的发展战略，也就是我们常说的“吃着碗里、看着锅里还要想着海里”。只有不停地奔跑、不断地学习、不懈地更新自我，才能紧跟会计政策日新月异的变化以及企业快速发展的步伐，如不能适应这个新的形势，不进则退，被淘汰将会是必然的。从助理会计师、中级会计师、高级会计师再到正高级会计师考试，自注册会计师、全国会计领军选拔至证券投资基金从业资格考试，前后跨度长达20多年里，我的考试生涯从未间断，学习也伴随着我从出纳员、会计员、财务科长、财务部经理到集团总会计师一步步的成长。多年的奋斗历程让我体会到，从事会计工作必须要耐得住寂寞，要沉下心来，淡泊从容地面对金钱与权力的诱惑、人情的冷暖，笑看云起云落。所幸在职业生涯中我从未放缓过追逐进步、超越自我的脚步，而这也是为了使自己站得更高，看得更远，让自己的人生更加精彩。

从理论到实际

一个只懂财务而不懂业务的人是算不清账的，一个合格的财务人员还应具备基本的业务能力和洞察力。作为投资类公司的财务一员，我的心得体会是必须亲身参与到企业的融资、投资、投资后项目的管理及退出过程，才能与业务部门协同，实现财务人员创造价值的能力，保证投资项目的顺利完成。1994～1997 年在河北省国际信托投资公司工作期间，我与公司金融部协作，从国际资本市场融资 2.6 亿美元，支持了华药、邯钢、唐钢、石家庄化肥厂等省内大型企业和重点项目。在河北省市场建设投资公司工作期间，我参与了河北省要素市场建设，支持了各地市的经济发展。在河北信息产业投资集团工作期间，我带领团队先后在资本市场注册发行了短融、企业债、公司债等多种金融工具，为河北省新一代信息产业和工业技改项目筹集资金 50 多亿元。因河北信息产业投资集团管理着河北省首支国家财政注资的新材料创业投资基金，2014～2016 年期间又组建了 3 只河北省级政府产业引导基金，基金管理规模 66 亿元，投资方向涉及工业技改、新材料、节能环保、循环经济、电子商务等战略性新兴领域。为了跟上集团主业发展的步伐，2016 年 4 月我利用业余时间努力了一个多月，通过了中国证券投资基金业协会基金从业资格考试。

勤奋的工作获得了业界认可，2015 年我被河北省财政厅、河北省人力资源和社会保障厅、河北省总工会授予“河北省先进会计工作者”荣誉称号，并聘为河北省首届管理会计专家咨询委员会委员。

在从业 29 年里，使用的工具从算盘、计算器、计算机到无论出差到哪儿都随身携带的笔记本电脑，这些变化见证了时代的变迁，在学校时刻苦练习算盘，刚工作时练习计算器参加职工技能比赛时的场景还历历在目。这些已成为历史，远远不能满足会计信息化发展的要求。2013 年河北省国资委、河北省财政厅选定河北信息产业投资集团作为试点，采用可扩展商业报告语言（XBRL）报送财务报告，我作为集团财务负责人，从集团各部门选拔财务专业基础较扎实、英语水平较高、熟练掌握信息技术的技术骨干组成实施小组，完成了 XBRL 企业会计准则通用分类标准的实施工作，积极探索，创新 XBRL 在企业财务管理的应用模式，取得丰硕成果，2013 年 12 月获得了财政部会计司的通报表彰。

从现在到未来

2015 年参加全国会计领军（后备）人才选拔是我职业生涯的新起点。机缘巧合，选拔笔试考试时间和河北省正高级会计师考试时间重合，我到河北省财政厅报名参加正高级会计师资格考试时，会计处的领导建议，职称考试今后也能考，但按全国会计领军人才选拔年龄要求我已经是最后一年了，争取最后一次机会吧。在此鼓励之下，我放弃了职称考试，为这“最后一次”全力以赴。由于全国会计领军人才选拔考试范围涉及的内容太宽泛，我从企业会计准则、财务管理、内控、经济热点、英语等方面入手，制订了6个月的复习计划。通过不懈的努力，经过严格的笔试、面试选拔，我有幸成为全国会计领军这个大家庭中的一员。

在上海国家会计学院美丽的校园里，财政部会计司、上海国家会计学院精心选择的国内外名师大家的课程高屋建瓴，开拓了我的思维，提升了我的格局。而在与同学们的交流中，我的综合素质又在潜移默化中得到提升。他们分布在各行各业，遍布国民经济各个领域，企业规模和性质不同，专业特色鲜明，既有资金管理、税务筹划、成本管理等实际工作中遇到的难题分析，又有对深化国企财务改革的构想及国有资本投资战略的问题探讨。每次培训后都是带着满满收获和勃勃雄心而归，又饱含激情投入工作中，学以致用，将学到的知识转化为生产力。路漫漫其修远兮，我将一如既往地保持孜孜以求的状态，踏踏实实做人，认认真真做事，以谦虚之态，追求智慧会计人生。

（原载《财务与会计》2017年第20期）

郑少波

郑少波，时任中国移动通信集团四川有限公司副总经理、总会计师，现任中国移动通信集团江西有限公司党委委员、副总经理。正高级会计师，首期中央国家机关会计领军人才培养工程学员，2016年入选全国会计领军（后备）人才培养工程。

一个会计人的快乐心声

如果有人问我，人生的快乐在哪里？我会说：就像蜜蜂在花丛中酿蜜，雄鹰在长空里搏击，人生的快乐在于执着地追求而不停息。我的追求就是我已为之奋斗23年，并将继续为之奉献的事业——会计。

学海无涯　孜孜不倦潜心奋斗

我的父母都是老师，父母的言传身教是我受益一生的宝贵财富。小时候家里穷，但父母对子女的学习要求、教育投入始终是排第一位的。1990年，我考入北京邮电大学管理系。大学四年，我徜徉在知识的海洋里，贪婪地吸收养分，在以优异的成绩毕业后，1994年分配来到了南昌市邮政局。随后的23年至今，我一直奋斗在邮电通信事业领域，相继在南昌市邮政局、中国移动通信集团江西有限公司、四川有限公司工作任职，从事的工作也主要与财会相关。

从小养成的学习习惯并没有因为工作就中断了，我依然保持着求学的激情和状态，边工作边不断给自己充电，自我提升，相继考取了中级、高级会计师专业资格，并于2003～2006年在厦门大学完成了EMBA在职硕士的学习，2012年成功入选中央国家机关会计领军人才培养工程，2013年被江西财经大学聘任为兼职硕士研究生导师。

2016年，我参加全国会计领军（后备）人才培养工程考试，并拿到了期盼已久的入学通知。这一刻有喜悦，我知道我将踏上期盼已久的学习新征程，能更近距离聆听大师讲课了，离班上优秀的同学更近了；我也知道我离“舒适区”远了，这将是一条6年的艰辛求学之路，但也将是我人生中更多收获、更多积淀之路。

勇攀高峰　在快乐中奋勇前行

从事多年的财务工作，我始终坚持以效益和价值为核心，围绕“精细财务管理、凸显价值贡献、夯实基础工作、有效管控风险、创优服务支撑、锻造精良队伍”推进工作。

2000年，我入职中国移动江西公司。当时，公司刚分营成立，人少活多，百事待举。我一个人得承担几个人的工作：报表汇总编制、年报决算、会计核算、会计检查、会计分析等，工作量大、时限要求强。但是，我并没有被繁重的工作任务吓倒，反而迎难而上，一边了解移动通信业务的特点、学习相关业务，一边积极在工作中运用自己掌握的财务知识。2000年年末的那段日子，对我来说尤为难忘，会计检查工作期间正好赶上编制全省收支预算表，我一边与检查人员研究检查重点、设计检查表格，一边利用晚上的时间赶制集团公司年报布置会材料，每天平均睡眠时间不超过4个小时，最后几天更是通宵工作。

2008年，我开始负责江西公司全省财务管理工作，作为公司财务部的带头人，我尽自己最大努力带领财务人员突破创新、锐意进取，始终坚持“用统管聚财、以制度理财、抓龙头控财、定指标管财、用投资生财”的基本原则，推进财务管理由分散型向集中型转变，由核算型向策略型转变，由事后管理逐步前移到事中管理、事前预控。

爱岗敬业是我的人生信条，凭借强烈的工作责任心，我一次次圆满完成了各项工作任务，受到了公司、集团以及社会各界的认可。2002年我被公司评为劳动模范，获得集团公司一级突出贡献专业人才奖，2008年被江西省直机关工委和江西省直青年联合会授予了“省直十大杰出青年”荣誉称号，2014年荣获江西省五一劳动奖章。

2014年10月，我来到中国移动四川公司任职。作为一名“新”人，通过向公司其他管理层学习、请教，与分管部门座谈，我快速了解了公司发展全貌及分管专业运行状况。通过到地市开展调研，走访分公司，实地查看营业厅、仓库、基层稽核等运营情况，与一线员工充分交流，我熟悉掌握了一线问题。公司近几年面临的最大挑战就是在营销成本连续3年压降的情况下，仍然要提升效益、做大做强。因此，我在自己的专业领域，着重推进精益管理、降本增效工作，重点是加强资源精细化管理，有效支撑发展。面对营销成本压降的压力，积极引导市场口、分公司从思想上进行转变，对一些需求不是仅仅说“不行”，而是深入研究怎样“才行”。

几十年如一日，我持之以恒，兢兢业业。在工作不断受到认可的过程中，我倍感快乐。

开拓创新 挑战自我成就梦想

从小父母就教育我，做人要知足、做事要不知足。我也时常这样鞭策自己，在工作中要积极主动，在做好本职工作的同时，坚持一手抓管理，一手抓创新。

2005 年，我参与开发了预算与战略衔接模板，本着“深化推进、战略量化、操作简便、流程优化、模板实用”的设计原理，助力企业预算更好地契合、支撑战略发展。这个模板在第二届中国移动管理创新成果评选中荣获一等奖，并获得了第二届全国通信行业企业管理现代化创新成果一等奖，还被全国企业管理现代化创新成果审定委员会评为第十二届国家级二等企业管理现代化创新成果。

创新的脚步没有停滞。2012 年，通过对营销费用的研究，我又利用大数据思想构建营销费用的管理分析平台，并推动财务与市场部门合作，加强事前营销案审批、事中监控、事后评价环节。在业务层面，市场部门主动对接，积极应用平台成果开展营销案的管控，使管理更直接有效；在分公司层面，地市分公司利用系统每月开展营销成本评估、管控，使成果顺利落地推广。这个项目获 2013 年中移动集团十佳管理创新第二名，还被集团财务部推荐参加中国总会计师协会电信分会财务管理最佳实践交流会，荣获一等奖。

2013 年，在领导支持推动下，我尝试在江西公司内部推动“市场化契约和结算机制”的建设工作，本着“谁发生、谁管理，谁消耗、谁承担”的原则模式，按月对各生产单位的成本发生及各地市公司的使用耗费进行通报和管理。内部结算是一个透明管理的过程，也是推动上下级更好协同的纽带。通过内部结算，各个生产中心更注重管理的精细化和效率的提升，分公司更注重资源使用的效益。这个项目获得了集团公司的高度评价，成为 2014 年集团财务部首批财务管理最佳实践，并被评为江西省企业管理创新一等奖。

来到四川公司以后，我依然没有放松对创新的追求。2015 年，我推动部门积极探索，全力承接集团公司的 ERP 外围财务系统集中化试点工作。通过全面梳理财务流程，与总部 ERP 核心系统建设同步开展，正在构建符合集团公司、省公司财务管理要求的系统。结合集团公司在四川试点 ERP 外围财务系统集中化建设的相关要求，通过信息化系统建设，打造了大业财融合支撑体系，推进公司信息融合建设从“独立”走向“集中”，并上线标准化合同管理系统，合同审核提速近 30%，将会计核算在 ERP 中的操作行为深度融入报销平台，简化了报销操作。

为了更好地推动财务、采购等后台部门服务前台，我在公司内部推动搭建财务、采购 SLA 服务体系，提升服务水平。建立端到端的管理流程，监控和提升采购效率，全年采购时间平均缩短 16 天，降低人工成本 240 万元，公开招标及时率同比提升 14.72PP。供应链端到端管控获得中国物流与采购联合会“中国供应链管理最佳实践案例”。

2016 年以来，我开始狠抓资源管理方式转型，聚焦公司发展战略，推动资源供给更及时、资源配置更专业、资源使用更高效。提前下达预算，实施成本“赛马制”牵引与“集约化”管理，聚焦公司重点业务配置专项牵引成本。加强资源过程归口管控，推动专业部门对维修费、可控销售费用进行专业归口管理，并实施维修费上限控制。围绕“效率更高、成本更低、支撑更好”，建立以区域中心库和标准化产品库为核心的新型物流体系，产品库物资供货周期缩短至 2 天，效率提升 80%。公司参与的《RDC 集中物流体系建设研究与实践》项目获得中国物流与采购联合会科技进步一等奖。

回首多年来的经历，会计是我职业的起点，也是我始终执着于追求、执着于攀登、执着于创新、执着于进步的领域。正是这种永不知足、挑战自我的精神让我始终向上，不断超越自我、成就梦想。未来我将继续扎根会计事业，继续唱响快乐心声，立足岗位，力争将会计事业推上新的高峰！

（原载《财务与会计》2017 年第 20 期）

第五篇

2018年（上）

编者的话

中华文化源远流长。“先生”一词，有文字记载的历史最早可追溯到春秋战国时代——《论语·为政》有云，“有酒食，先生馔”“先生，父兄也”，彼时的“先生”意指父兄等长辈；而在《国策》“先生坐，何至于此”中，“先生”被引申为有德行的长辈。在之后几千年的中华文明演变中，“先生”一词随着社会的进步被时代赋予了更深的内涵，渐渐由一种称谓发展为一种修为、一种境界。

又到金秋十月，“会计先生风采”专栏再次如约而至。2018 年恰逢改革开放 40 周年，2018 年第 19 期 8 位“会计先生”既是改革开放的见证者和亲历者，更是财会改革与实践的先行者与引领者。他们身上镌刻着鲜明的时代痕迹，从中既能看到传承和坚守，又展现出开拓和创新。

刘贞锁，会计是他人生电影的主线，连接着渐行渐远的过去、书写着奋力拼搏的当下、昭示着超越梦想的未来，40 年的会计生涯早已凝聚成奋勇前行的强大力量，使其“会计人生芳华自成”；何召滨，在他 20 余载的成长之路上，学习成为一种习惯，会计精神则是一份责任与担当，胸怀远大梦想，却崇尚简单生活，在职业之路上不断“砥志研思，知行并进”；方世力，子承父业成为一名航天财会人，坚信财务工作要紧跟、伴随、支撑航天事业成长，只有连接到更大的团队中，才能在“航天梦”中更好地定义航天财会工作，成就自己的“会计人生”；沈树忠，“三进三出”会计之门，历经三次职业提升，每一次的离开与回归、“裂变”与进步，都让他更加深刻地感受到会计人所承载的责任，对于会计职业，虽为“偶然遇见”，却情愿“一生守望”；刘天猛，童年最向往的职业是生产队会计，身为县高考理科状元却阴差阳错未被心心念念的财经院校录取，一次次的擦肩而过却更加坚定了对会计职业的热爱，不懈追求终于圆梦，始终“不忘初心，逐梦前行”；季书战，在近30年的会计职业生涯中，建设财务中心、推行财务业务一体化、创建学习型财务组织等一系列实践经历使这位“永葆初心的会计人”的会计人生越发充实；朱保成，他的人生时空中始终有两条线交错前行，一条是孜孜以求、充实提高的会计求学之路，一条是求真务实、昂扬奋进的会计实践之路，他在自己的职业之路上“风雨无阻”，砥砺前行；漆颖斌，23年间通过坚持不懈的学习和提升以拓展人生格局，保持着自我的慎独与平淡，并将体现会计的使命和价值作为自己人生的责任，“勇于坐在会计人生的前排”。

无论所处时代如何变迁，人们对于“先生”的尊崇从未改变，这源于人们对这世间一切美好品质与高尚情操的仰望与向往。2018年第19期8位“会计先生”的故事，记载的不仅是他们个人的成长与奋斗经历，其中折射出的，是新一代会计人在时代发展中所展现出的奋进与拼搏，从他们身上，我们感受到与改革开放共成长的新时代会计人的全新面貌，他们所传递出的勤勉、睿智、诚信、担当等优秀品质，将激励、鼓舞更多的后来者，并最终汇聚为磅礴的前行之力，融入改革的滚滚浪潮，续写时代新的辉煌。

刘贞锁

刘贞锁，时任河钢集团有限公司总会计师，现任河钢集团首席财务专家。正高级会计师，注册会计师，河北省高级会计师、正高级会计师评审委员会委员。河北省十大杰出会计工作者、先进会计工作者，全国钢铁工业劳动模范。

会计人生　芳华自成

人生就像一场电影，由不同的片段拼接而成，每个人都是自己人生电影的导演和主角，场景每天都在变换，情节有高潮低谷，心情亦有快乐忧伤。当静下心来仔细回忆时，去掉一些过渡的片段，留下来的片段才是构成电影的故事主线。于我而言，会计就是我人生电影中的主线，它连接着渐行渐远的过去、书写着奋力拼搏的当下、昭示着超越梦想的未来。

勤求索　筑梦会计人

1978 年，15 岁的我从河北晋州市一所农村初中考入浙江冶金经济专科学校学习会计，至今与会计结缘已有 40 年。当时中专是在重点高中之前录取，特别是一所原冶金工业部直属中专在石家庄地区录取额屈指可数。作为一名出身于普通农家的孩子，物质极度匮乏并没有磨灭掉我对知识的渴求、对未来美丽的憧憬，反而化作了前行的动力。3 年间我不仅系统学习了财政、会计、税务等相关知识，更是养成了持续学习的习惯。

1981 年毕业分配至承钢集团公司工作，我又开始了学习的新征程：1985 ~ 1988 年，取得河北财经学院会计专业大专学历；在“资金平衡表”向“两则两制”过渡阶段，参加财政部科研所（现中国财政科学研究院）研究生部和厦门大学在职硕士研究生的学习，有幸聆听了杨纪琬、葛家澍、余绪缨等名家的课程，使我的会计理论水平有了很大的提升；1995 年通过中国政法大学法律专业自学考试；2001～2003 年，在职攻读天津大学企业管理专业硕士；2007～2008 年，获得香港中文大学专业会计学硕士学位；2018 年，参加了中国社会科学院研究生院“新金融战略与企业上市并购精读计划”。

学习改变命运，奋斗成就未来。我职业生涯的三次重要转折都与学习有关：1992 年，我参加河北省冶金系统会计知识竞赛，取得第一名的好成绩，回来后被任命为技改财务处处长助理；1994 年，一次性通过注册会计师考试，晋升为技改财务处副处长（主持工作），是承钢集团公司当时最年轻的处级干部；2004 年，河北省国资委面向京津冀地区公开选拔石钢公司总会计师，我以第一名的成绩被任命为公司总会计师。

知行合一，探求不止。在承担繁重工作任务的同时，我还兼任河北师范大学、石家庄铁道大学、河北地质大学 3 所高校会计学硕士生导师，我愿意与学生们分享我的人生阅历、前沿理论和感知社会的变化，在研究方向、论文选题、案例分析、数据支撑等方面给予他们悉心指导，助力他们掌握会计知识为社会服务；坚持理论联系实际的学风，1981 年至今，参编著作 1 部，在《财务与会计》等报刊发表论文 50 余篇，《钢铁集团优化资产负债结构的融资管理》《大型钢铁集团促进产融协同的产业链金融服务管理》分别获得国家级管理创新成果一、二等奖。

“新思路”响应“新丝路”

在围棋博弈中，谋势是一种比谋子、谋地更高的境界。作为世界 500 强企业的总会计师，谋势就是时刻关注国家财经政策变化，在经营管理活动中不仅要进行价值管理，还得积极通过资本运营和资源配置等方式参与价值创造。

自 2013 年国家提出“一带一路”倡议以来，河钢集团先后完成了南非最大的铜冶炼企业——PMC 公司收购、全球最大钢铁营销服务网络——瑞士德高公司的控股收购、塞尔维亚唯一国有大型支柱性钢铁企业——斯梅代雷沃钢厂的收购，形成了“四钢两矿一平台”（四钢：河钢塞尔维亚公司、马其顿公司、开普敦公司、克拉赫公司；两矿：南非矿业公司、澳大利亚威拉拉铁矿；一平台：德高公司）的全产业链海外发展格局。

2014 年 4 月起，我担任河钢集团总会计师，分管财务、审计和资本运营。在“世界的河钢”的布局中，摆在我面前的问题是，海外南非 PMC 铜二期项目面临建设资金不足，而国内上市公司河北宣工（河钢集团实际控制）的盈利水平持续低迷，面临退市危险，如何破局？“把海外的优质资产装入国内上市公司”——这个思路一直在我脑海里萦绕。但是，宣工资产重组标的公司实质性资产为南非 PMC，标的公司四名股东的注册地均是香港。由于“双外”问题可能导致对外投资的返程投资问题，因此监管部门一直对此持谨慎态度，且从证监会审核的历史案例来看，从来没有带“双外”问题通过证监会审核的案例。为解决“双外”这一块难啃的“硬骨头”，我们通过论证最终确定了解决的方式，即标的公司四家股东分别以无偿划转或协议转让的方式将其所持标的公司股权转给境内关联公司。2017 年 4 月 17 日，证监会发审委通过宣工重组方案。同年 8 月，南非 PMC 公司资产成功回装 A 股河北宣工。宣工资产重组成功产生了一系列积极效果：河钢集团对南非 PMC 投资增值 2 ~ 3 倍；通过募集配套资金 26 亿元，解决了 PMC 公司铜二期项目建设资金问题。

善笃行　创造新价值

2014 年，河钢集团进入转型发展的阵痛期，资金管理方面的不足也暴露出来。一方面集团与各子公司的内部交易通过真实货币结算，造成了资金空转且相互拖欠难以根治；另一方面集团内部各经营主体独立核算，导致资金归集与调度效率不高，统筹运作能力不足，内部资金使用周期、余缺条件等方面不同步。面对严峻形势，我提出了“保安全、调结构、降成本”的工作思路，由内而外，全面提升财务管控能力。

借助于“互联网 +”的新思维，我主持开发了集团内部网络银行系统，不仅实现了内部各子公司之间交易用“虚拟货币”结算，还可以实现承兑汇票按日折息计提、资金主动归集、预算控制及财务费用随货结算抵扣增值税等功能。自 2015 年 6 月内部网络银行系统运行以来，节省结算资金占用、自动归集闲置资金，创建了集团大“资金池”；构建“票据池”，以不足 6 个月的承兑汇票质押形成额度，办理短期融资或开具足月承兑汇票对外支付等，内部网络银行年创效 6. 67 亿元。

在传统融资渠道外，我还积极推进在银行间市场、证券市场的直接融资，发行各类型债券。特别是 2017 年 2 月 14 日集团成功获批银行间交易商协会 DFI 发行资质，成为全国国有钢铁企业第一家、河北省内第一家取得该发行资质的企业。2017 年河钢集团累计发行债券 528 亿元，通过债券、保险及其他渠道，当年置换短期融资 707 亿元，实现了整体负债结构优化，长期融资占比提升 7. 5 个百分点，节约财务费用 1. 84 亿元。2018 年上半年，面对债券市场违约频繁，投资者投资信心动摇等不利因素，集团累计发行债券 287 亿元，实现增量 140. 5 亿元。融资能力的提升，为河钢集团发展金融产业奠定了良好的基础。

新作为　投身新时代

近年来，国内产融结合步伐加快，主要央企加大了金融产业的投资，旗下的金融公司种类也日趋齐全。依托河钢集团的规模优势和品牌效应，我积极推进产融结合，引导资源向金融产业集聚，在已有财达证券、财务公司的基础上，利用天津自贸区优惠政策，先后设立河钢融资租赁公司、河钢商业保理公司，利用碳、电市场的开放，相继成立河钢碳资产、河钢售电公司。通过内外协同将一部分“体外循环”的资金变成“体内循环”，将外部金融机构获得的利润转移至产业集团内部，2017 年金融产业创效占集团整体创效额的 1/3，有效拓展了企业的价值空间。

随着信息技术快速发展，利用互联网、大数据等技术手段，我们在深度挖掘产业链价值、实现业财融合方面也进行了一些探索：在物资采购端，启动供应链采购平台建设工作，实现以“合同”为主线的签约、收货、开票、付款全部在线运行；创设“河钢铁信”线上金融产品，上线后实现了额度的可拆分、期限可延展，提升了集团整体信誉度，联采招标实现较大幅度降价。

2018 年 6 月 28 日，河钢集团财智云科技有限公司正式揭牌成立。目前，借鉴国内大型企业财务共享中心的建设经验，按照报表管理、费用报销、资金管控、采购结算和销售结算等五条线，正在积极稳妥、循序渐进地推进系统平台搭建工作。河钢财务板块正由传统财务向数字财务加速转型，河钢金融创新的强力支撑正在进一步加强。

一程山水，几度春秋。将 40 年来会计生涯、心路历程粗浅勾勒，是回顾，更是总结，必将凝聚奋勇前行的强大力量。“苔花如米小，也学牡丹开。”每个人在历史的长河中都是渺小的、卑微的，我和我的团队在会计报国道路上唯有不懈的拼搏进取，一路前行，方能如牡丹般绽放，香远益清，芳华自成。

（原载《财务与会计》2018 年第 19 期）

何召滨

何召滨，国家电力投资集团有限公司时任财务与资产管理部总经理，现任计划财务部主任。会计学博士，首批全国会计领军人才，全国会计领军人才特殊支持计划学员，注册会计师，证券期货资格注册会计师。

砥志研思　知行并进

雨后天晴，驻足颐和园的荷花池畔，满塘荷花还带着刚刚经历过暴雨洗礼后的倔强。在日光温柔的注视下，清远出尘又透着熠熠光芒。沉浸于满目碧色中，享受着洗净凡尘后久违的宁静。

回顾过往，我走过了20余载从政府机关到会计师事务所再到中央企业的成长之路。砥志研思、恪尽职守的会计精神已经扎根于我的思想，融入我的血液；知行并进、学以致用的习惯已成为我人生前行的助力和最大的收获。

学习成为一种习惯

20世纪90年代初我大学毕业进入基层税务局工作。尽管工作中有前辈的经验和指点，但经常知其然而不知其所以然。我总想问个为什么，但往往得不到令人满意的答案。在解答“何为称职，如何称职”问题的过程中，我开始自学会计、税务、资产评估、金融证券等方面的专业知识。“立志宜思真品格，读书须尽苦功夫”。随着专业知识的积累和实践中的历练，我实务处理能力大幅提升。在很短的时间内，我就由新人变成了老师傅。在读书的过程中，我被会计的魅力深深吸引，读专业书籍已经不仅仅是为了工作，也成为生活中最大的爱好。每周至少读一本专业书籍，当时不算丰厚的工资大半用来买书。

知识改变命运。1996 年、1999 年，我先后通过了注册会计师考试和证券期货资格注册会计师考试。当时国内具备证券期货资格的注册会计师人才十分匮乏，这也无意中促成了我职业生涯中的转折。2000 年我从县城来到北京，加入一家国内知名的大型会计师事务所，负责多家央企、上市公司的年报审计、IPO 审计、任期责任审计以及财务咨询等业务。一直以来积累的专业知识得到了充分的运用。同时，审计中遇到的各类问题也更为具体、复杂。我像一个旋转的陀螺，不断地在学习中成长、在成长中学习。由于业绩突出，我很快从一名普通审计员成长为授薪合伙人，也被所里的同事笑称为“何大拿”。

2006 年我有幸进入 53 家国有重点骨干央企之一的中电投集团工作，并先后任职下属两家二级企业财务负责人。为拓宽财务管理视野，2006 年通过层层选拔，我入选首批全国会计领军（后备）人才，系统性地接受了财务管理、宏观经济学、会计实务与领导能力、英语读写等方面的训练。2009 年我考取了财政部财政科学研究所（现为中国财政科学研究院）的会计学博士。同年，赴澳洲学习三个月并考取了澳洲注册会计师资格。2017 年我成为全国会计领军人才特殊支持计划学员。

“纸上得来终觉浅，绝知此事要躬行”。任职二级央企财务负责人期间，我根据所在企业的产业特点与财务基础，带领团队先后打造了集中式财务管理模式和集约化资金管控体系，解决了区域子公司财务基础薄弱的难题，大幅提升了资金运营效率，改善了企业盈利能力和财务管理水平。

岁无虚日，勤笔不辍。近几年我在《财务与会计》等期刊上发表 20 余篇论文；2010 年独自编撰的《注册会计师案例研究课题》通过中国注册会计师协会鉴定；2011 年作为副主编参加了《企业内部控制配套指引讲解与案例精析》著作编写工作；2012 年人民出版社出版我的个人专著《国有企业财务治理》；2013 年作为编委参加了《最新管理会计学》著作编写工作；2017 年作为课题主要负责人与国资委产权局合作完成《股权管理在公司治理中的重要作用有关问题研究》；2017 年作为课题主要负责人完成《国家电投 2016 年度综合经营能力评价报告》和《国家电投 2016 年度财务管理能力评价分析报告》。

如果说一开始的学习是为了知道为什么，后来的学习是为了能做得更好，那么现在的学习已经变成了一种难以割舍的习惯。在学习中，我修身养性、怡情舒怀；在学习中，我建立信心、不断成长。

会计精神是一份责任与担当

随着全球经济一体化的快速发展，国有企业对懂管理、会经营、有创新能力的专业人才求贤若渴。我很幸运，得到了集团公司领导的认可和信任。2015年原中电投集团与原国家核电集团重组，我就职于重组后的国家电投集团，任财务资产部主要负责人。

随着国有企业从“管资产”到“管资本”的改革不断深入以及国家电投集团国有资本投资公司的发展战略不断推进，我深感财务管理对于企业价值创造与价值维护应发挥更加重要的作用。由此，我构筑了“以财务规划为指导、以全面预算管理为龙头、以资金管理为核心、以内部会计控制为重点、以团队建设和人才素质培养为根本、以会计核算为基础、以财务评价和资产经营业绩考核为动力、以财务管理制度体系为平台、以财务管理信息系统为工具、以资产营运管理为对象，财务资源有效整合，区域资产充分利用，产权关系与管理关系合理理顺，能够驾驭集团公司经济活动全过程的价值型财务管理体系”，紧抓反映价值、创造价值、保护价值的链条，根据财务创造价值属性，将财务管理内容分为共享财务、业务财务、资本财务和保障财务四大板块，在集团系统内树立了资本结构合理、资产质量优良、经营业绩优秀、持续经营能力稳健的财务战略，引领了各所属单位财务工作的前进方向。

2017年在国有企业“降杠杆、减负债”的大背景下，我带领团队开创性地设计了“国家电投市场化债转股模式”，解决了“偏债属性资金如何在会计权益中确认”这一长期制约市场化债转股规模化发展的难题，并得到金融机构、会计师事务所、律师的一致认可。面对集团公司海外资产发展的需要，我参与开展集团公司国际评级，获三大国际评级机构国内同行业可比企业最高评级，为境外融资奠定坚实的信用基础。其中，某海外水电项目并购全部融资仅用45天，成本和速度开创市场之最，实现最经济美元贷款与最优惠掉期产品组合以及掉期无担保两大市场突破，合理安排融资币种配比，实现外汇风险自然对冲，使交割价相对国际投行建议节约折合人民币达上亿元，成为业内境外市场融资典范。

在会计信息质量方面，我结合集团公司产业结构多元化、区域化分布的特点，组织构建了“1个集中式数据中心、N个区域型财务共享”的“1+N”财务信息化建设思路，最终力争实现集团公司“一本账”的总体目标。我参与建设的所属二级企业的财务共享平台荣获中电联“2017年度中国电力创新奖”二等奖。另外，我充分发挥对会计准则的理解和驾驭能力，提前筹划集团公司各类经济事项，在保证高质量会计信息的基础上，有效发挥会计、税务筹划能力，集团重组以来创造经济效益近百亿元。集团公司财务决算连续7年获得财政部表彰，会计专业技能稳居行业领先水平。

我还担任了中国财政科学研究院会计学专业硕士研究生导师和中央财经大学、中国人民大学客座研究生导师，坚持定期授课和指导学生硕士论文撰写。另外，我积极鼓励和组织财务人员参加领军人才和澳洲注会考试。截至目前，集团公司共有15名全国会计领军人才，12名中央国家机关和地方领军人才，20多人考取澳大利亚注册会计师证书。

“技可进乎道，艺可通乎神”。会计人的工匠精神是责任与担当、敬业与奉献、传道与解惑，是追求极致的信念，也是我20余载人生追寻的目标。

简单生活与远大梦想

在大多数人眼里，我是一个简单、朴素的人，对生活品质要求不高。最喜欢的放松方式是与街边的老大爷下象棋，最喜欢的运动方式是在颐和园健步，也时常打打篮球和网球。为人处世，不求闻达于世，但求无愧于心。身为会计人，我们有着最简单的生活与最远大的梦想。有梦想，所有奋斗都有价值；有坚持，所有梦想都会绽放。这是一个充满希望的年代，更是一个需要奋斗的年代。非常感谢《财务与会计》期刊对我作为“会计先生”的信任与邀约，但要满足“享有社会认同、行业肯定、备受推崇的良好声誉的会计领军人才”的要求还要付出艰苦的努力。

随着时代变迁，会计人已经站在了一个更高的起点上。作为企业价值的守护者和创造者，我以身为会计人骄傲，也将秉持会计人的精神和情怀，肩负起时代赋予的责任与使命，永葆创新变革的激情，迈向更远大的梦想。

（原载《财务与会计》2018年第19期）

我的会计人生

方世力

方世力，时任中国空间技术研究院总会计师，现任中国航天科技集团有限公司财务金融部部长。研究员级高级经济师，财政部企业内部控制标准委员会咨询专家，拥有注册律师、注册会计师、税务师等执业资格，享受国务院政府特殊津贴。

20世纪70年代，我出生在皖西南的一个山村，父亲是生产队的会计，当时我并没有想到，日后我会子承父业，成为一名航天财会人。

与优秀的人相处，努力做更优秀的自己

1990年我考入北京大学社会学系，1995年毕业分配到中国运载火箭技术研究院工作。上班第一天，我从学校出发，花了三个半小时，倒了四趟公交车，才赶到南郊的火箭院。一路下来，越走越荒凉，我的情绪也越来越低落。第二天入院培训，一位航天的老领导做报告，讲钱学森老院长、讲“两弹一星”、讲18个月研制成功的“长二捆”火箭，我听后激情澎湃，一扫昨日的“阴霾”。当天傍晚，我与一位同时入职的同事坐在航天博物馆前的台阶上，看着面前熙熙攘攘下班的人流，暗下决心，我也要追慕老一辈航天专家，为航天事业贡献自己的价值。

我的第一个岗位是内部审计，但我本科学的是社会学，第二专业是法律，对财会、审计是不折不扣的“门外汉”。为了尽快熟悉专业，我利用业余时间补习财会相关知识，1996年通过律师资格考试，1997年一次通过了注册会计师全科考试，1998年又通过了经济师的职称考试。热爱学习的我在火箭院渐渐崭露头角，开始受到领导关注。不过，当时航天是“被冷落”的行业，研制任务不多，待遇也很低，火箭院的

骨干大量流失，摩托罗拉公司甚至还曾经把班车开到了航天大院的门口。其间，我也有几次变换工作的机会，每次犹豫、心动的时候，都是那个傍晚的那份决心坚定了我的选择。

我一直很庆幸自己的坚守。火箭院不仅给我提供了广阔的事业舞台，还让我得以有幸接触众多的大师名家。火箭院人才荟萃，有31位院士曾在此工作过，其中包括钱学森、王永志两任院长，任新民、屠守锷等老一辈航天专家，当时在院工作的还有十几名院士、几十名国家级专家，领导我们的是一批被誉为“航天少帅”的青年才俊。这么多的杰出人才，给我树立了做人做事的榜样，有的更是对我耳提面命、言传身教，使我终身受益。对此，我慢慢悟出了一个道理，除了向书本学习、“多闻前古圣贤之言与行”外，更好的学习办法是多与身边优秀的人打交道，虚心学习他们的长处、弥补自己的短处。航天大院里多良师益友，这是我庆幸自己坚守的更重要的原因。

财务工作要紧跟、伴随、支撑航天事业的成长

2000年，做了5年内部审计工作后，我竞聘到火箭院财务部任综合财务处处长。当时航天科技集团公司刚刚成立，火箭院作为事业单位也开启了企业化转型之路。记得国务院第一任稽查特派员到院检查工作时，对我们编制的“汇总”报表提出了质疑，于是2001年我带领团队编出了第一份火箭院的合并会计报表，较好地解决了其中涉及的军工科研事业单位报表科目的转换、模拟抵销等问题，相关的解决方法后来大部分被集团公司以及国资委采纳。2002年，火箭院提出要加强“以财务管理为核心的综合管理”，建立全级次、全要素的预算管理体系。我作为核心成员承担了这个任务，由刚刚从计划部门分立出来的财务部牵头做全面预算管理，困难可想而知。航天单位的传统是以计划管理为龙头，项目的计划管理就是经费管理、预算管理。记得2003年春节刚过，当时分管计划的院领导要求听预算工作汇报，第一次听完不满意，要求第二天重听。当天晚上我带领团队通宵奋战，第二天上午抱着刚刚装订回来、还散发着浓浓油墨香味的预算草案向他汇报后，这位领导从此转变态度，全力支持我们的全面预算管理工作。院长听完合并了100余家成员单位的全面预算后，评价说：“我现在才真正是全院的院长，而不仅仅是院机关的楼长。”

在火箭院开始企业化管理后，我们的决算、预算工作及时紧跟、伴随着单位的转型。但仅此还不够，航天财会人作为“航天理财专家”，更要为航天事业创造自己的价值，支撑航天事业的发展。2007年我主持财务部工作时，火箭院有两名中层管理人员因经济犯罪被判刑，为此我又承担了健全内部会计控制体系、防止重复问题发生的“归零”任务。每当遇到重大困难，航天人永远是直面痛点寻找解决方法——向“失

败”学习，把成功作为信仰，在解决问题中提升能力，提炼、总结了质量问题“双五条”归零标准。我们的团队依托火箭院扎实的系统工程理论、深入骨髓的问题“归零”文化，在充分借鉴国内外先进经验的基础上，结合单位实际，系统设计了一整套内部会计控制标准和认证标准，2007～2009年在火箭院全级次贯标，并用“持之以恒、持续改进”的工作理念建立起了一整套具有军工行业特色的会计控制体系以及“四位一体”的运行模式。这种做法后来被不少兄弟单位借鉴，并得到了国防科工局、国资委等上级机关的充分肯定，被评为国防科学技术进步奖二等奖。

2016年，我在火箭院总会计师的岗位上已经工作了六年。除了抓内部会计控制体系、推进精益成本工程，还组织建设了EASI财务信息化系统，发布了“诚信、严谨、融合、创新”的财务文化。在这期间，航天人经历了无数次的“圆满成功”，有“长征”升空，有“东风”出鞘，有“神舟”飞天，有“嫦娥”奔月。航天事业收获了一个又一个的胜利，火箭院在经济上也保持了健康、可持续的增长，到2016年年底，资产总额突破了1000亿元，收入规模接近500亿元，年均增长速度接近同期国家GDP增长速度的两倍。我与全院700余人的财会队伍一起，用自己的努力贡献了自己的价值，在我们分工把守的领域，支撑着航天事业的发展。

连接到更大的团队当中，在“航天梦”中定义航天财会工作

2017年年初，我交流到中国空间技术研究院任总会计师，从北京的南五环到了北五环，从火箭院到了卫星院。火箭院负责抓总研制各类航天运输工具，卫星院负责抓总研制各类航天器，“兄弟俩”是我国两个最重要的航天总体单位，同属航天科技集团公司，首任院长都是钱学森。两院紧密协作，共同完成了发射人造地球卫星、载人航天、“嫦娥”探月等中国航天发展史上的三大里程碑。卫星院与火箭院规模相当，也是群英荟萃，走出了孙家栋等5位“两弹一星”元勋，目前有8位院士、30余名国家级专家在院工作，全院有200余位型号“两总”，近2000名博士，1/5的从业人员拥有高级职称。我为自己加入这么优秀的集体而庆幸，一年多来，我把自己连接到更大的团队当中，继续向周边优秀的同事学习，寻找更多的良师益友。

卫星院与火箭院的文化有同有异，卫星研制与火箭研制更是小同大异。财务工作如何紧跟、伴随、支撑卫星院的事业发展？肯定不能原封不动地照搬照抄原有做法，否则可能南橘北枳，“画虎不成反类犬”。为此，我用了大半年的时间走访院属20多个单位，与200余名财务一线人员面对面座谈，鼓励他们总结成绩，寻找亮点，通过“表扬与自我表扬”，共找出了200多个工作亮点。找亮点，不仅仅是为了提高财务人员普遍缺失的成就感，还是为了将“隐性知识显性化、显性知识制度化”。只有将个人

的好做法提炼上升为单位的制度、标准、流程、文化，才不会因为人事变动而出现某项工作质量的“断崖式”下跌。系列座谈后，我又组织对这些“亮点”进行多维度深入分析，发现成员单位之间差别大，长板很长，短板很短。为了实现全院80余家成员单位的“雁行式”发展，我们正在组织从中梳理出院级最佳管理实践，形成全院的标准体系，推动“短板”向“长板”看齐。目前，我们已经制定了6项作业级指南，计划2018年完成近30项院级标准，用3年时间，面向基层、面向基础，借鉴航天产品保证体系建设的成功经验，建设完成卫星院的“财会基础工作质量保证体系”。

基础工作很重要，但光抓基础工作还不够。在深入推动供给侧结构性改革、军民融合深度发展的进程中，航天事业也面临高质量发展的挑战。我们不仅要“保成功、保交付、保发展”，还要高质量的保成功、高效率的保交付、高效益的保发展。于国于单位，每一个个体都只是一分子，但每一分子都应在更大的框架内定义自己，做好自身的工作。唯有这样，我们才能共筑“探索浩瀚宇宙，发展航天事业，建设航天强国”的“航天梦”。作为航天财会人，我们的工作也与每一颗卫星、每一发火箭联系在一起。

会计人生，多姿多彩；航天强国，梦之彼岸。承蒙《财务与会计》编辑中心的邀请，我将自己20余年航天财会生涯里的体会与感悟得以整理，分享给同仁，求证于方家。

（原载《财务与会计》2018年第19期）

沈树忠

沈树忠，中诚信托有限责任公司财务总监。财政部企业内部控制委员会咨询专家、财政部管理会计咨询专家、首批全国会计领军人才、全国会计领军人才特殊支持计划学员。

偶然遇见　一生守望

我与会计有着深厚的缘份。回顾职业生涯，曾经"三进三出"会计之门，但恰恰就是会计职业成就了自己。

三进会计之门

清晰地记得，父亲从农村中学民办教师转行直至退休的大约20年时间里，他的身份定格为基层供销社的财务负责人。年幼时去他办公室，桌子上放一把算盘，柜子里装满了纸质会计凭证。当时对会计的印象真是一般，觉得既繁琐又难登大雅之堂，所以打小就没有做过当会计的梦。

父亲希望我能够接过他的"衣钵"，因此高考时建议我报会计专业，但是一位有经验的大学老师也是父亲的朋友自信地认为未来学金融肯定会比会计更好，于是我第一次与会计擦肩而过。大学毕业时，中国糖业酒类集团公司分管财务的领导去学校挑人，会计系的学生很多都去外地实习了，学生处就推荐我参加面试，推荐理由是综合能力强的学生干什么都没有问题。而一直怀抱进京工作梦想的我的态度是，能进北京干什么工作都可以。就这样，1991年的夏天，我蹚过淮河流域的洪水，来到向往已久的北京城，开始了迄今为止长达27年的会计职业生涯。大学同班同学36人，后来成就了近30位行长，尽管我错过了金融行业大发展的最佳时期，但从20多年的会计实践和职业收获而言，没有丝毫遗憾，相反我为自己从事会计职业而庆幸和自豪。

在财务部工作 5 年后，1998 年因工作原因离开财务部做了物流管理工作，这是第二次暂别会计岗位。当时觉得终于可以脱离会计工作了，真是如释重负。由此可见，当时对会计的理解仍然没有深入，更是难谈热爱会计专业。2000 年单位安排我担任公司财务部经理，使我又正式回归财务会计工作。那个时候我已经通过系统的学习，对会计的理解比以前相对综合和全面了。从 2011 年开始我担任集团公司财务总监，全面主管公司的财务会计工作。

2017 年我担任中国糖业酒类集团公司的法定代表人、常务副总经理，大约有一年时间没有直接从事财务和会计工作，这是我第三次脱离会计职业。这次转变使我能够更加全面地思考和观察财务会计，更好地理解财务会计与业务、战略、运营、风险、资金、预算、考核等企业管理的所有重要方面之间的关联，并进一步提高了决策的准确性、科学性。2018 年上半年我从原单位调入中诚信托担任财务总监。会计成就我的职业生涯，命中注定我与会计有缘。

回想“三进三出”会计职业，每一次离开仿佛是为进一步提高自己的专业能力做准备，是为了更好地回归；每一次离开再回归都能更加全面、深入、综合地理解和感悟会计职业；每一次离开再回归都会更加感动、更加富有责任感、更有信心在会计这条路上坚定地走下去。

三次职业提升

第一次职业提升始于职称和注册会计师考试。因为要参加中、高级会计师职称考试和注册会计师考试，我先后对经济法、税法、成本管理、预算管理、市场营销、企业战略、审计等财务会计相关内容进行了系统的学习。因此，可以说是通过考试全面带动并提升了自己。

第二次职业提升始于参加全国会计领军人才项目的学习和培训。通过 6 年的系统培训，我不仅通过学习战略、营销、信息化、会计准则、预算、考核、资金、内控、管理会计等课程提高了专业理论水平，还通过学习外交、军事、博弈论、国学、戏剧等课程拓展了会计专业的相关性、全面性、综合性，更有机会现场聆听国内外经济界、管理界、会计界专家甚至是诺贝尔获奖者的教诲，大大拓展了眼界，与此同时，按照当时财政部领导“碰撞、裂变、提升”和“视野的宽度决定事业的高度”的要求，进一步拓展了职场人脉，提升了主动沟通和积极思考的能力。在此过程中，我有幸先后参与了两项部级课题的研究、参与会计准则的讨论和模拟测试、被选聘为企业内部控制专家咨询委员会委员、担任管理会计专家咨询委员会委员、参与修订《会计法》的讨论等。蓦然回首，自己亲身见证了中国会计改革取得历史性成就的这 10 余年，专业能力和视野在此期间也发生了很大变化和明显提升。

第三次职业提升是用理论联系实际、学习指导实践。我运用领军人才项目的理论培训，指导中糖公司的工作实践，通过资产清查、夯实基础、轻装上阵，为业绩稳定增长铺平道路、控风险止住出血点、利用多种融资手段降低资金成本、较早提出“核心流动资产管理”的理念等；2015 年年初企业并入中粮集团以后，利用中粮集团整体管理的优势，进一步促进企业管理理论与实践的结合，提倡“财务用数据说话”“财务是业务的合作伙伴”等理念，大力推动管理会计工具如 6S 管理、标杆管理、产业链成本管理、PDCA 项目管理等在企业的实际运用，并取得了良好的实践效果，同时加大企业降杠杆和资产清理力度，扭亏增盈、提质增效；2017 年年初至 2018 年 6 月，参与央企全面风险管理系列课题研究，具体包括降杠杆、高质量发展体系、PPP 风险、资金风险、投资风险等内容，提出了一些有价值的建议，其中部分建议被采纳并体现在政策制订中，对于央企控风险、降杠杆、促发展起到了建设性的作用。

学习的最终落脚点是更好地为实践服务。我深深地感到正是前两次职业提升为第三次职业提升打下了坚实的基础。进步是循环往复的，我渴望通过所学所悟为企业、为行业、为社会做出更大的贡献。

会计与责任

记得 2006 年 8 月，公司决定要收购上市企业酒鬼酒股份公司，我带领一个 20 余人的尽职调查团队前往湘西。因为要亲身了解该公司的核心资产——储存在湘西山洞里的洞藏酒，酒厂工作人员启开了封存 10 年的封洞石。山洞里潮湿又泥泞，我带头踏进 10 多公分深的淤泥。工作完成后才感觉到后怕，非常庆幸自己没有被蛇咬伤。但也就是那一刻，我忽然明白会计这个职业并不拘泥于会记账算账，有时充满了风险和挑战，需要从业人员有勇气、讲奉献、能担当，有时还要肩扛更多的企业和社会责任，作为回报，会计职业也承载着个人的会计理想和成功的喜悦。正是在山洞里的那一刻，我真正悟透了什么是会计精神、会计理想和会计价值。

为了进一步提升自己的能力，实现终生学习的目标，2017 年年底我报名参加了全国会计领军人才培养工程特殊支持计划的选拔，并顺利通过审核及面试。未来我将克服困难、坚持不懈、砥砺前行，当然也会乐在其中。

未来与设想

2018 年，我任中诚信托财务总监，这对我来说既是机会又是挑战，因为有 20 多年财务会计工作经验，我相信能够把会计与金融很好地结合。经推荐我还加入了中国信托业协会财税小组，提出相关具体建议。为了快速进入新的工作角色，我把会计领军人才特殊支持计划的研究课题确定为《信托行业管理会计问题研究——战略转型、量化风险、精细管理》。在管理会计工具应用方面，建议信托企业在战略环节使用战略地图、平衡计分卡、PDCA 项目管理法、预算资源倾斜、考核激励等，以保证业务转型和战略落地；风险管理需要建立数据模型，量化风险指标，为科学决策做好支撑；精细化管理方面，推动标杆管理和预算管理，提高运营管理效率和盈利能力。标杆管理强调“用流程打开业务，用对标促进改善，用人才确保执行，用项目实现落地”的原则。

我希望通过学习和研究，努力成为同时具有金融行业和央企背景的、复合型的会计专家，从实践层面维护国家金融安全和国有企业经济发展的积极推动者，带动信托行业会计发展和培养会计人才队伍建设的排头兵。

从预算管理的角度来说，跳起来够得着的目标才是合理的。人生当敢于逐梦，结合自身实际情况，设立挑战性目标，并全力以赴去争取实现。20 多年的职业生涯，一路走来，我通过在职硕士学习、中高级职称和注册会计师考试、领军人才培训等，不断地学习、持续地努力。俗话说“笨鸟先飞”，我坚信心怀光明、积极自信、认真刻苦，定会展翅翱翔。

（原载《财务与会计》2018 年第 19 期）

刘天猛

刘天猛，时任中国国旅集团有限公司党委委员、董事、财务总监，现任中国旅游集团有限公司财务共享中心主任。注册会计师、注册税务师、企业法律顾问、高级工程师，国家科技进步奖二等奖和省部级科技进步奖一、二等奖获得者。

不忘初心　逐梦前行

不懈追求终圆梦

我是一个 60 后，出生于贵州西部一个偏僻贫穷的小山村。在我童年的记忆里，我最向往的职业是生产队会计，因为那时每人一天挣多少工分、一年下来每家分多少粮食，都是生产队的会计说了算，印象中没有哪个社员提出过疑义。后来，从乡下到县城读中学，看见城里人去银行存取钱，取出来的好像比存进去的多，奇怪银行能让钱生钱，于是我又羡慕上了银行职业，决定高考志愿填报财经学院。

1981 年高考，彻底放弃英语成绩（当时 26 个英文字母都认不全）的我凭借数理化成为当年全县高考理科状元。但由于当年是考前填报志愿，加之没有经验也没有人指导，虽然我的前几个志愿都是财经类院校，却被最后一个志愿地质学院录取了（后来才知道地质类院校提前录取）。为了弥补高考志愿填报的失误，我一进入大学就准备着报考研究生，曾经计划跨院校报考财经类研究生并自学了一些财务会计专业知识，最终因担心难度大还是报考了本校的研究生。

1988 年研究生毕业，在导师的劝说下报考博士并拿到了录取通知书，由于家境困难，加之实在不喜欢所学专业，于是带着博士入学通知书走向工作岗位（答应工作一年后再回校读博，但最终放弃），从事应用地球物理研究工作。因为从心底里还是喜欢财务工作，所以工作之余我参加了全国高等教育自学考试并取得财务会计专业的本科毕业证书和经济学学士学位证书，1997 年一次性通过中级会计职称和注册会计师全部科目的考试。以此为由我向单位提出调到财务处工作的申请，但遭到单位领导的断然拒绝："你学了 7 年的专业，从事了近 10 年的科研工作，被破格提前评为高级工程师，还荣获过国家科技进步二等奖和省部级科技进步一、二等奖，怎么能转行搞财务呢?"

无奈之下，我只好放弃事业单位的"铁饭碗"和一间北京老城区的筒子楼住房，到招聘会上投放简历，随后进入一家会计师事务所，成为当时颇为时髦的"下海"弄潮儿。虽然我提出希望从事财务审计工作，所长根据我的简历还是把我安排在评估部从事无形资产评估工作（当年会计师事务所可以同时开展审计和评估业务），但我经常去审计部咨询财务审计工作的一些基本知识，记得还被审计部王经理嘲笑为"菜鸟"，心情郁闷不已。从事评估工作半年时间，几次申请转做审计工作未果后，我更换门庭到另一家会计师事务所从事与财务相关的审计工作，从助理做到项目经理、高级项目经理，其间考取了注册税务师和企业法律顾问执业资格。由于没有资质在上市公司审计报告上签字，于是 2000 年我又考取了"注册会计师执行证券、期货相关业务许可证"（现在已经取消）。随后两年，数家会计师事务所（包括我之前从事评估工作的那家事务所）和大型企业向我抛出了橄榄枝，我毫不犹豫选择了一家从事旅游行业的央企，终于干上了我向往已久的财务管理工作。

进入这家央企的初衷是参与其旅游业务重组上市工作，经过半年多的准备工作，已经万事俱备，可惜等来的不是"东风"，而是那场令人难以忘怀的"非典"病毒的肆虐，是年国内旅游业务一落千丈，我们的上市工作也因此中断（因为不再符合最近三年连续盈利的基本条件）。不得已我只好参加集团总部财务部总监的竞聘并幸运地如愿了，之后经历了 N 次的合并重组，岗位变动几次，所幸一直都得以从事财务管理工作。

如今我已年过半百，虽然以往经历有很多遗憾，但能够从事我梦寐以求的财务管理工作是对我最大的慰藉。

默默耕耘履好职

1997 年改行从事财务工作以来，各种证书考了一抽屉，但在业内一直默默无闻，没有受到过业内任何关注，当年改行时对家人做出的"一定要成为业内知名人士"的承诺被彻底打脸。

2002 年从会计师事务所转入企业从事财务管理工作，盘点 16 年的时间，我一直在做一些很平常的日常财务管理工作，能留下些许印象的工作感悟和履职亮点着实不多。

对于工作感悟，我有五点体会最深。一是要做好沟通工作。要想抓好财务管控工作，光靠财务系统（包括总部和下属公司财务部门）是做不好的，需要其他部门（包括总部和下属公司的非财务部门）的大力支持，要做到这点，没有公司一把手的真正重视和真心支持是不可能的，因此财务主管的沟通能力很重要，尤其是跟公司一把手和上级领导（部门）的沟通。二是要抓好制度建设。财务管控制度要尽量细化、量化、标准化，易于操作；要充分利用信息技术，尽量将制度固化到信息系统中，强化财务控制的刚性原则；要特别关注制度的实用性和可操作性，切记制度过于理想化和理论化，现实工作中暂时做不到的不要强行要求；不断完善制度，做到与时俱进。三是要高度重视信息技术对财务管控的重要作用。记得 20 世纪 80 年代还是效率极低的算盘、手工账，90 年代逐步普及的计算机、电算化极大提升了财务管控的效率和质量。21 世纪互联网的流行，尤其是近些年大数据、云计算、人工智能的应用，财务共享中心的建设，业财一体化、信息即时化、管控智能化的实现，极大提升了财务管控的时效性和针对性、精准度和精细度，因此要不断创新财务管控手段和方法。四是要发挥好财务监督职能。作为一名财务主管，既要做到自律，在廉洁从业、遵纪守规方面做好带头示范作用，又要敢于监督别人，敢于对腐败现象、违纪违规现象说“不”。五是要积极适应当前的严格监管环境。既要小心翼翼做事，严格履行程序留痕迹，绝不触碰红线，不破坏规则，不要被追责，又要大胆探索，勇于创新，担当尽责，锐意进取，不怕被追责。六是要充分利用中介机构开展相关工作。为减少企业和个人的风险，对外投资时要委托中介机构开展尽职调查，资产处置时要委托中介机构进行评估并在交易所公开挂牌转让，重大税务筹划、不良资产追索以及某些必须要做的公关工作要委托中介机构开展，以规避国有企业及其管理者不能承担的一些风险。

对于履职亮点，我自认为不多也不亮，更谈不上“高大上”，其中我印象深刻的工作有 5 项。一是精细财务管理工作。从空间（对象）、内容（科目）和时间（期间）3 个维度，将预算编制单元、会计核算单元、经营管理单元和业绩考核单元划到最小，同时把划小预算编制单元工作、划小会计核算单元工作、划小经营管理单元工作、划小业绩考核单元工作有机结合起来并贯穿到全面预算的所有环节，形成闭环管理，将预算编制工作、预算指标和考核指标分解工作、预算执行分析工作、业绩考核兑现工作都精细到最小单元，将经营责任和经营压力层层传递到每一个最小经营管理单位。二是加强费用预算控制工作。从部门、科目和期间三个维度，将公司可控费用明细化，年初将按月分解的可控费用明细预算录入系统，将费用报销审批管理制度固化到系统中，费用报销通过费用预算控制系统按照累计预算金额进行预算控制，增强费用预算的刚性原则。三是推动资金集中管理工作。对所属全资公司采取行政手段强制、考核手段诱导，对所属控股公司甚至参股公司采取贷款与存款挂钩、上浮存款利率、下浮贷款利率等市场手段，引导所属企业将资金集中到集团财务公司进行集中管理。四是推行负面清单管理工作。为提高下属企业的经营决策效率，提高企业的市场竞争力，针对不同下属企业，首先详细规定哪些事项不能做，哪些事项必须报集团审批，哪些事项必须报集团备案，除了清单上的事项，其他事项由该下属企业自行决定；其次要求下属企业建立健全相关管理制度（如招标管理办法），报集团备案同意后严格执行；同时加大对下属企业负面清单执行情况和相关管理制度执行情况的检查力度。五是充分利用国有企业的优势做好税务筹划。利用有关部委组织开展清产核资工作的机会将下属中外合作企业的中方累计巨额盈余转入集团，对集团总部拥有权证但因历史原因被下属企业占用的土地收取租赁费，对于集团内部业务整合需要转移的房地产采取无偿划转的方式进行处理，等等。财务工作不是简单的算好账，我们应该更多地考虑怎么为公司创造更多的价值。

（原载《财务与会计》2018 年第 19 期）

做永葆初心的会计人

季书战

季书战，上海隧道工程有限公司时任总经济师兼公司财务部经理、财务中心主任，现任副总经理。注册会计师，高级会计师，国际注册内部审计师，资产评估师，会计硕士。

合抱之木，生于毫末；九层之台，起于垒土；千里之行，始于足下。会计是我职业生涯的起点，也是我在事业上发挥才能、施展抱负的基础。从业以来，我始终将自己的奋斗目标定位于做一名优秀的一线财务工作者，不断精进会计专业技能，深入业务提升工作能力，注重积累实践经验；同时，我觉得要怀有高远的志向才会赋予职业生涯更高的追求，这个“志向”和“追求”不是在于职务有多高，而在于作为一名会计人能够给所服务的企业带来多少价值创造。在多年的财务工作中，我始终勉励自己要脚踏实地、行稳致远、仰望星空、追求卓越，这也将继续成为我从业之路的信条，继续带给我工作上无尽的动力。

潜心理论学习

我从事会计工作近 30 年，经历了从 1993 年“两则两制”的实施到现在与国际会计准则趋同的整个过程，随着具体会计准则的陆续发布，会计理论的更新及实务工作的变化伴随着自己这些年的职业生涯。

从 1992 年通过助理会计师考试，到之后取得中级会计师、高级会计师职称，注册会计师、注册资产评估师、国际注册内部审计师资格，以及获得上海财经大学会计硕士学位，边工作边学习是我会计人生的主线。有挑灯夜读的辛苦，更有自身能力提升的喜悦。

几年的会计师事务所工作经历，使我有机会接触更多不同行业的会计核算和财务管理特点，用心去学习所遇到企业的每一个独到之处，同时检验和提升自己的会计能力。他山之石，可以攻玉。在之后的民营上市公司及大型国有企业担任财务负责人期间，从会计核算到财务管理，自己具有了更多的能力储备和施展平台，如针对建筑行业的特点，根据不同条件和管理模式的工程项目，制定了相应的资金管理办法；对施工企业成本控制这一难题，推行目标成本管理，并运用信息化手段，实现了动态控制、过程管理；对施工企业跨地区经营的个人所得税代征、企业所得税预交、分配等一系列特殊税收情况，带领有关人员合法合规地处理了相关事宜；利用高新技术企业税收优惠、成本加计扣除、出口退税等一系列政策为提升公司的经济效益做出了积极的贡献。

在多年的会计工作中，“踏石有印，抓铁留痕”是我默默坚持、深深实践的工作作风。不生搬硬套，不形而上学，根据不同的业务形态和外部环境采用合适的财务管理方法。建设财务中心、推行财务业务一体化、创建学习型财务组织等一系列曾经实施的举措，让自己的会计人生越发充实。

精心推进财务业务一体化

我目前所工作的企业主要从事大型工程建设，包括越江隧道、轨道交通等大型市政工程，单个项目造价少则几亿元，多则几十亿元，加之工程项目在户外、成本构成复杂且都是非标准的产品，成本的核算与管理难度可想而知。而工程项目成本的过程控制和动态管理，对于大型施工企业的发展而言，至关重要。为解决这一难题，从2011年起，我着手负责推进公司财务业务一体化建设，建立公司成本管理信息化系统。

企业成本管理的信息化建设一定要结合自身的业务特点和管理流程而进行，为此，我在着手开展系统建设的初始就提出，做好这一系统的关键，一定是结合公司的特点，从公司的实际需要出发，做出个性化的设计。因此，在进行成本管理信息化软件的选择时，我们并没有采取“拿来即用”，而是将施工企业的项目特点、公司的管理流程、财务核算要点、成本管理重点等实际因素充分考虑在其中，厘清成本管理信息化的建设思路，再请软件公司开发配置个性化的成本管理及相关模块，以建立真正适合公司需求的成本管理信息化系统。

业财一体化工作的开展不单纯是一个管理手段运用，我们更是希望借助该系统的实施，逐步建设一支更加优秀的懂项目经营、善成本管理的人才队伍。为此，在系统上线后，我先后多次组织多层次、多方式有针对性的培训、指导工作。在起初的培训过程中，由软件公司的实施人员讲授，但基层操作人员普遍反映，老师讲的时候都能听懂，但当自己去操作时，却无从下手。于是，我带领团队的相关人员进行总结和思考，摸索出了一套行之有效的培训方法：先从公司成本管理工作小组中抽取骨干人员进行软件系统学习，然后由骨干人员使用项目操作人员更熟悉的业务语言进行培训；为了及时解答基层操作人员使用系统过程遇到的问题，我们建立了 QQ 讨论群，7 天 24 小时提供在线答疑；为了提高基层人员学习使用系统的积极性，我还牵头组织了系统应用比赛，逐渐形成了学赶超的氛围，大大促进了系统操作人员能力的提升。

系统的熟悉和操作只是基础，之后数据的分析、利用以及管理功能的发挥也面临着诸多挑战。我又组织相关人员深入各基层单位针对具体项目进行研讨，指导财务和业务人员提升利用系统进行分析和管理的能力。经过多形式的反复学习和实务运用，大家对系统的使用已由最初的“被动”逐渐变成了“离不开”。

通过我和团队共同努力，目前公司的财务业务一体化系统已运行 6 年，对公司在建项目实现了全覆盖，积累的各项成本数据已达数十万条，分析报表的类型达 40 余个，探索出了一条业务和财务结合的工程项目成本管理体系，对在建工程项目成本的过程控制、动态管理的能力大大增强，极大地提高了公司工程项目经济管理的水平，成为提升公司成本管理水平至关重要的平台。现在回想起当时为了推进财务业务一体化系统建设所做的大量工作，我仍感到十分充实。

悉心谋划公司改革转型

作为公司分管财务工作的领导，我组织和实施了公司改革转型中的资产划转方案，促进了公司改革转型。2014 年，根据上海市新一轮国资国企改革的要求，为进一步增强企业的发展活力，作为上市公司的隧道股份要将所管控的工程总承包及相关配套业务、人员、资产全部转入新设立的法人子公司。施工行业的特殊性决定了资产划转过程中许多事项的复杂性。划转的资产中涉及大量的在建和完工未决算项目，这些项目又涉及大量的债权、债务，涉及许多未履行结束的合同，另外，涉及的税收、财务处理等都非常复杂。

如何在合法、合规的前提下，使资产划转方案实现成本最小化、企业综合利益最大化？面对这一新的难题，我细致研究了大量关于企业改制、资产重组、净资产出资等方面的法律法规、财税政策及相关资料，同时，还积极与相关领域的权威专业人士交流、请教，以取得更多的参考意见，再通过与工商、税务等政府部门、会计师事务所等中介机构的多次沟通，确定了最终方案。

在方案的具体实施上，更有大量的工作要落实。涉及的资产总额过百亿元，包括几百个工程项目、股权、房产、设备等大量有形和无形资产，未履行完合同的核对，大量的债权、债务的确认，几十家分、子公司账务处理、相关股权、实物资产产证的变更，等等，每一个细节都要求我和我的团队下足功夫，一丝不苟。由于这类事项是非常规业务，在实施过程中，许多时候，落实到某一个具体表格的设计甚至一个文件的定稿，我都会亲自把关。

通过一年多辛苦和努力，我们最终协同建筑资质平移、业绩承接等圆满完成了本次资产转移事项，为公司今后的改革与发展打下了坚实基础。这次资产转移是一项极具难度和挑战的工作，从方案设计到落实推进，我为此倾注了大量的时间和精力，这其中的付出和实现之后所收获的成就感也成为我难以忘怀的人生体验。

我来自基层一线，从业的30年也从未离开基层一线。重视每一项任务，充满乐观地迎接困难和挑战，从基层的实践和需求出发，一点一滴地做好工作，将基层一线的实战经验运用于企业的财务管理和改革发展中，这是我一直以来的职业信条。我相信，通过一步一个脚印地踏实前行，有志者必会实现他所期许的人生。我将一如继往地继续深入基层一线，以实践者的初心，踏实工作，勤勉不懈，不断迎接新时代的挑战。

（原载《财务与会计》2018年第19期）

朱保成

朱保成，时任北京能源集团有限责任公司财务总监。中国人民大学商学院会计学博士，高级会计师，中国注册会计师，中国注册资产评估师，中央财经大学、北京工商大学、首都经贸大学客座导师。

风雨无阻　与你前行

“业精于勤，荒于嬉；行成于思，毁于随。”从事会计行业，需要勤勉务实，兢兢业业，这与自己“踏实做事，认真做人”的行为准则竟然如此契合。是的，既然选择了远方，便只顾风雨兼程！

拥抱时代　奋发图强

1992年邓小平同志南方谈话在神州大地掀起深化改革春潮之际，我也步入了难忘的大学生活。自此，与“会计”这样一个遥远而陌生的身影共同开启了相依相伴的人生旅程。从懵懂相遇到相知相守，一路走来，蓦然发现，能够有机会从事会计这一看似枯燥无味实则丰富生动的行业是多么幸福的一件事啊！

回首过往，自己的人生时空中始终有两条线交错前行。一条是孜孜以求、充实提高的会计求学之路，从第一次捧起会计学教科书到完成会计学博士论文，聆听诸位导师的谆谆教诲，感受同窗朋友的无私关爱，沐浴会计知识的阳光雨露，心中永远涌动着感谢与感恩；一条是求真务实、昂扬奋进的会计实践之路，投身于财务、审计、咨询、投资等财经领域，分辨剖析纷繁庞杂的会计信息，辛勤耕耘价值创造的劳动成果，始终铭记时代的馈赠与鼓励。

康德曾语：世界上唯有两样东西能让我们的内心受到深深的震撼，一是我们头顶浩瀚灿烂的星空，一是我们心中崇高的道德法则。从事会计行业，要学会孤独、习惯安静思考，但心中应永远坚持公正与真实。前行的路或许有风雨，但坚守内心的崇高依然会使自己无比坚强与快乐。

至今难忘，为通过 CPA 考试没有专门时间准备而只能在晚上 10 点加班结束后埋头苦读的深夜灯光，为企业准备 IPO 申报材料而连续半个月每天只睡两个小时的青春记忆，为客户最后一次修改财务咨询报告而电脑资料全失的至暗过往，为并购重组优质标的而筹谋博弈唇枪舌剑的分分秒秒……所有这一切，既是为了他人贡献自己的努力与智慧，也是为了自己心中的淡然与安宁。

青春岁月　自强不息

人的一生中，总有一些为了追寻梦想而难以忘却的片段，深埋于心底，却又像是刚刚发生在昨天。

1996 年大学毕业时，恰逢中国资本市场蓬勃发展，国内众多企业改制上市，谋求通过发行流通股募集资金实现长远发展。带着初生牛犊不怕虎的劲头，怀揣着还没捂热的注册会计师证书，在前辈的指引和鼓励下，与一帮同样心怀梦想的年轻同事奋然投身于上市审计咨询的大潮之中。星移斗转，暑往秋来，在火花四溅的钢铁生产车间，在堆积如山的化肥成品仓库，在荒野作业的施工建设现场，在宛如迷宫的煤矿地下巷道，都留下了自己紧张而忙碌的身影，为一份份真实准确的鉴证报告提供着有力的支持证据。当看到一家又一家企业成功挂牌上市，开启持续健康发展的新征程，内心有着无比的欣慰和自豪。

中国经济经过 20 世纪 90 年代的快速发展，特别是中国入世以来，通过产业经营与资本运营双轮驱动实现做强做大又成为很多企业新的发展方向，故而并购重组等更加市场化、专业化的成长路径日益蓬勃兴旺。2000 年以后，从小桥流水的姑苏古城到碧波荡漾的武汉东湖，从三国蜀都的天府之国到丝路起点的西安古都，一次次资产尽调，一份份重组报告，兼顾并购双方的利益诉求，平衡短期长期的战略规划，规划干部员工的职业发展。每一次重组牵手成功，都像经历了一场持久战，疲惫而欣喜，同时期盼规模效应、协同效应早日显现，助力企业行稳致远。

紧张而忙碌的日常工作虽使自己倍感充实且大有收获，但随着越来越深地了解中国经济，更加深刻认识到学无止境。为进一步拓宽知识视野、提升理论素养，2004 年我又开始了在中国人民大学三年的博士求学生涯。“实事求是”的校训不仅镌刻在人大东门的汉白玉石上，更让自己始终铭记于心，不曾忘怀。带着在工作实践中的思考，我满怀激动再次开始了往返于教室和宿舍之间的学生生活。老师们博大精深的专业讲座，同学们火花碰撞的专题研讨，图书馆里古今中外的文献查阅，自习室中废寝忘食的论文准备，自己不仅逐步提高了科学思辨的学习能力，更加提升了将来以学报国的人文情怀。

岁月荏苒，冬去春来，人大校园一千多个难忘的日日夜夜，使自己对会计学有了更加全面的认识，对如何利用会计信息创造更大价值有了更加深刻的体会，也更加坚定了以所学所悟致力于中国经济发展的信心。

行稳致远　砥砺前行

为了更好地践行学以致用，我2007年博士毕业后即投身于实体产业，加入京能集团。作为北京市能源投融资平台，京能集团不仅承担着保障首都能源安全的重要使命，同时还肩负着身为国有企业实现经济效益的发展职责。“能源为主、适度多元、产融结合、协同发展”是京能集团多年来聚焦主业、稳健经营的战略定位。能源行业不仅是技术密集型行业，更是资金密集型行业，故而产融结合对京能集团的长远发展显得尤为重要。经过多年的产业布局与深耕，京能集团的能源主业已具备了一定规模，急需借助资本市场实现产业经营与资本运营的双轮驱动，推动国有资产保值增值。

凭借之前的工作积累与理论提升，身为总会计师的我首先组织推进了集团所属A股上市公司京能热电的定向增发。而伴随着全球低碳经济的到来以及北京“十二五”能源规划的开启，让北京的天更蓝水更清已成为京能集团作为首都国企责无旁贷的历史重任，而要大规模进行煤改气输送清洁能源无疑需要大量资本投入。京能集团经过认真研究和整体考虑，重组旗下清洁能源资产通过资本市场募集资金成为发展共识。作为全新的开始，我又被任命为集团所属京能清洁能源公司的总会计师，全身心投入到公司海外上市进程之中。

企业上市不仅是一项协同发力的系统工程，更要经历一个艰难而漫长的奋斗过程。2009年年底完成清洁能源在集团内部的资产重组，2010年引进战略投资者并完成股份制改造，2011年上半年分别获得中国证监会核准与香港联交所的聆讯通过，并于年中开启了全球路演的征程。当时正值欧债危机在全球肆虐，欧洲多个国家深陷债务泥潭，全球金融市场风声鹤唳。路演归来，公司依据市场情况及时总结经验并做出优化调整，最终凭借市场对首都概念的高度认可和公司良好的清洁能源亮点完成了全球股份发售，于2011年12月22日在香港联交所成功上市。上市锣声敲响的那一瞬间，自己禁不住热泪盈眶，无数个日日夜夜的付出与煎熬此刻看来都是值得的。清洁能源公司首次上市以及后续历次增发股份、发行债券所募集的大量资金为改善首都碧水蓝天、提高环境治理做出了积极的贡献，以实际行动践行了首都国企的社会责任。

无论顺境还是逆境，人生总是在与各种各样的困难作斗争。但若真心热爱所从事的事业，又何尝不是乐在其中？自2013年年初任职京能集团财务总监以来，我除了不断夯实财务基础管理、持续提升财务管理水平、大力推进资本运作能力等日常工作之外，更为重要的是深化产融结合战略，强化金融业态助力产业发展的实力。

早已成功组建的京能集团财务公司和融资租赁公司为优化配置集团内部沉淀资金、盘活存量资产拓展融资渠道发挥了积极的作用，成为集团重要的内源融资平台。经过艰苦不懈的努力以及卓有成效的沟通，京能集团在巩固加强国内AAA信用等级的基础上，又获得国际评级机构的A级投资级信用评级。2014年以来，我带领集团财务团队在国内银行间、交易所等多个市场拓展低成本融资渠道的同时，及时捕捉市场时机在海外市场成功发行了美元债及欧元债，通过境内、境外两个市场，利用直接、间接融资工具，优化债务、股权资本结构，形成了产融结合、价值创造的生动实践。2018年京能产业基金的发起设立，又为扩大能源主业投资规模、培育未来新的利润增长点延展了发展空间。我和会计同事们正在为企业更长远的发展深耕产融结合，搭建金融平台，助力企业腾飞。

“逝者如斯夫，不舍昼夜。”不忘过往，不惧未来，行稳致远，砥砺前行！

（原载《财务与会计》2018年第19期）

漆颖斌

漆颖斌，时任江苏大生集团有限公司副董事长兼总会计师，现任江苏大生集团有限公司党委书记、董事长。正高级会计师、高级审计师，全国高端会计人才、江苏省会计领军人才（优秀学员），江苏省333高层次人才培养对象，江苏省产业教授，江苏省研究生教育指导委员会委员，南通市会计学会副会长。

勇于坐在会计人生的前排

曾经看到这样一个故事：一位大学教授要求学生毫无顺序地进入一个宽敞的大礼堂，并独自找座位坐下。反复几次后，教授发现有的学生总爱坐前排，有的则盲目随意、四处都坐，还有一些学生特别钟情于后面的位置，教授分别记下他们的名字。10年后，教授发现，坐前排的学生取得的成就要远远多于其他两类学生。这个故事一直激励我，成功的人生需要积极向上、永争先进、不畏艰苦、不言让步的执着信念，会计人应当勇于坐在人生的前排。

责任，体现会计的使命和价值

岁月无痕，履足财经，风雨求索。不知不觉，步入中年的我已从事会计工作23个年头。回首往事，历历在目，无怨无悔。人生路上面临的每一次选择，责任是源动力。

1996年从江西财经大学毕业，我来到江西省宜丰县财政局工作，这是会计人生起步的10年。我从最基层做起，从事预算外资金核算会计、预算会计、预算管理、国库管理、信息化管理、财务分析和财政总决算报表等多项业务。10年间，每个新年的钟声都是在单位听到，冬天最寒冷的时候，也是财政工作最忙碌的时候，还记得那时烧着木炭火，我和同事们生着冻疮的手指贴着冰凉的办公桌玻璃板上一遍一遍地敲打着算盘。我们一起完成了预算外资金核算、国库资金核算、财政预算管理等方面的信息化工作，连续4年在全市10个县区的财政总决算工作评比中获得一等奖。会计工作是一项需要不断创新的工作，也是一项挑战和机遇并存的工作，从参加工作起我就享受这个过程，虽然辛苦，但苦中有乐、苦中有得。

2006年，我已是县财政局国库科科长，并被列入后备干部培养对象。然而，为了给自己设立更多的挑战，突破旧环境的天花板，这一年，我作出了一个改变人生和事业发展轨迹的重要决定，报考江苏省公务员、来到江苏省南通市审计局工作。审计，是国家经济社会运行的“免疫系统”，也是会计工作、会计人员的镜子。6年审计工作期间，我参加审计项目36个，担任审计组长并主审项目12个，其中大中型审计项目10个，获得省级评比优秀奖2个、市级评比优秀奖2个，向纪委、检察院移送案件线索5条。面对每一个项目，虽置身于如山的账册资料、如海的数据之中，我都坚持以法律法规为准绳，测量着资料的真实性、合法性和效益性。在审计现场，账页翻动的声音和着敲击键盘的声音，弹奏出审计成果的喜悦旋律。

2011年年底，我参加了南通市国有企业领导干部竞争性选拔，12个选择岗位中唯有会计工作令我心仪。次年初，我如愿以偿跨进了会计事业上升平台，在大型国有企业江苏大生集团有限公司（简称大生集团）担任总会计师。大生集团的前身为大生纱厂，由清末状元、中国近代实业家张謇先生于1895年创办，百年国企血液中流淌着包融汇通、创新争优的精神。我深感责任重大，如履薄冰。任职期间，我一直相信“有为才有位”，坚守“忠诚、担当、勇于奉献”，坚持集约化管理模式，推动集团公司财务管理转型升级，参与完善企业发展战略，参与重大生产经营决策，强化集团化财务控制，推动管理会计运用，健全内部控制管理体系。2013年作为项目办主任，我参与了国家级智能制造示范项目——数字化纺纱车间建设，并开展了管理会计在智能制造企业中的运用研究。2014年兼职下属江苏大生文化产业发展有限公司董事长，利用闲置旧厂房开发文化创意产业，打造大生众创街区并获得省级广告产业园区、省级众创街区、南通市文化产业示范园等称号。

有责任的人生，会为自己的信仰调动一切力量，集中到既定的目标上，其知识、能力、内心世界都会得到充实和提高，从而推动事业的发展。迭代纷呈的新经济、新技术、新理念以及日益迫切的管理变革，对会计事业提出新的需求，我的责任越来越重。

格局，坚持不懈的学习和提升

大生集团创办者张謇说过，“一个人办一县事，要有一省之眼光；办一省事，要有一国之眼光；办一国事，要有世界之眼光”，人的格局决定了事业之大小。面对着每年、每月、每天的重复性工作，我会感叹人生苦短，唯有只争朝夕，紧跟时代的步伐，虚心学习，不断更新知识，完善知识结构，才能使自己的格局不断提升。

大学之后，我在学习上又有两次提升。第一次是在职研究生学习。工作 10 年后，我回到母校——江西财经大学，将专业知识重新回炉，用 3 年时间完成了工商管理专业学习。期间，我经历了工作调动，每次集中授课、期末考试都要从江苏南通“翻山越岭”到江西南昌。有一次期末考试正好与审计署计算机技术中级考试冲突，我在北京完成最后一门考试后，马不停蹄地赶上去往南昌的列车，在火车过道里临阵磨枪了一个晚上，第二天又火急火燎地赶往八点半开始的期末考试教室。幸运的是这两场考试都顺利通过。每一分耕耘总会有收获，工商管理研究生阶段的学习，让我实现了从会计向企业管理者的提升。

第二次是江苏省会计领军人才培养学习。会计领军人才培养综合了各方面资源，多类别、多形式的学习为我架设起通往新知的桥梁、结识中国最优秀会计人才的平台，是我的会计人生中一段最重要的美好经历。3 年时间，难以忘记的是在南京大学选拔考试中过关斩将的激烈竞争，入围名单公示后那个夜晚的激动失眠，第一次集中培训的迫不及待，以及在南京、上海、厦门、北京、伦敦等城市多个大学里留下的求知足迹。同学们一直在努力实践，在交流、碰撞、体验、思索中不断地感知、感恩、感悟。领军不仅仅是一份荣誉，更是一种使命、一项责任、一份担当。我非常荣幸先后参加了全国管理会计高层论坛、南京理工大学紫金讲坛、南京财经大学学术论坛、宿迁市会计专业人才高级研修班，并做了相应学术报告。我还作为江苏省高端会计人才培养基地专业负责人，完成了全国及各省会计领军人才多批次的现场教学和交流。2016 年，我成为江苏省 333 高层次人才培养对象和江苏省产业教授，并担任了南通市会计学会副会长，兼职担任多所大学硕士研究生导师。

心态，保持自我的慎独和平淡

改革开放后，中国经济高速发展，给会计人提供了更加广阔的发展舞台，让会计人有了更大的用武之地。当然，这也是一个充满竞争和挑战的时代。会计工作如何适应剧烈的产业变革、复杂多变的资本市场，助力企业转型，都是当前会计人面临的挑战。人生是一段充满风险的旅程，每一个人和组织都如同在惊涛骇浪的大海中航行的船只，逃避风险永远无法看到最美丽的风景，面对风险，唯有保持自我的慎独和平淡。

“莫见乎隐，莫显乎微，故君子慎其独也”。对于会计人来说，“慎独”犹如空谷幽兰，吐露可人的芬芳。我经常审视自己，给自己做人生的“资产负债表”，做灵魂的“审计报告”，要求自己按照规范行动，凭着高度自觉，不做任何有违道德信念、做人原则之事。

“没有优秀的 CFO，只有时代的 CFO!”这是时代对我们这一代会计人提出的新命题。要解好这道题，既要有与时俱进的精神、专业理论的功底，也要有解题突围的勇气、坚强恒定的毅力以及健康充沛的体力。在现实工作和生活中，几乎每天都会遭遇大小困难，我经常提醒自己要不断提高承受挫折的能力，学会在逆境中前行；要心境开朗，学会与人交流、沟通，创造良好的人际关系和家庭环境。会计人生如水，有激越，就有舒缓；有高亢，必有低沉；有辉煌，但更多的是平平淡淡的柔美。

没有必要总是回首自己的会计人生，我只想把美好的青春时光毫不保留地献给会计事业，用睿智和坚持迈上会计事业一个又一个台阶，从而实现自己的人生价值和社会价值，坐在会计人生的前排。

（原载《财务与会计》2018 年第 19 期）

第六篇

2018年（下）

编者的话

会计，是《周礼》之“月终则会其稍食，岁终则会其行事”，亦是孔子曰“会计当而已矣”；先生，学士年长者、师者谓先生，“为人明识强记，博览图籍，子孙受学”者亦谓之先生。2018 年第 20 期的 8 位“会计先生”讲述着他们的成长之路，蜕变之路，追梦之路。

先生们的故事中，有对工作数十年如一日的热情与专注，有为梦想激流勇进的勇气与决心，也有新环境下从零开始的信心与魄力。每篇故事都折射出对理想的坚持与追求，诠释着会计人“公、信、廉、密、勤、敏”的职业精神，穷且益坚，不坠青云之志。愿先生们点点滴滴的人生故事汇聚成赋有希望、勇气、力量的泉源，淌过每一位逆风前行的奋斗者与追梦人的心田，送去清凉的慰藉。

郑永钢，“挑战”与“关注”是贯穿他职业生涯的关键词，构建海外财务共享管理模式、海外油气行业财务管理体系、全球税务管理和筹划体系……“专注”如一把钥匙助力他解锁一项项挑战，倾其所能、乐此不疲。李丹，投身注册会计师行业 25 年，通过各项人才培养计划以及主持数十家企业改制等审计项目积累了丰富的经验，在机遇与挑战中成长，始终秉承“解决重要问题，营造社会诚信”的企业使命，为行业发展贡献力量。赵学源，用切实的行动书写着 10 年会计管理之路的故事，推行村级会计委托代理服务、建立云南省会计人才培养机制、构建会计对外服务中心……这10年，是积极投身会计行业改革与发展的10年，是不断学习、探索、创新的10年。王保平，凭借会计人的四大金刚——治学、静听、凝思、实干，在职业道路上翻山越岭、勇毅前行，从政府机关到农业企业到金融控股公司，他与会计相伴的38年，如“高山流水觅知音”般美好。任云龙，一个“美丽的误会”让会计成为他的终身职业，近20年的从业生涯中经历了多种角色、各类业务的考验，持续创新、责任担当、服务全局、风险意识四种思维帮助他当好企业中的“组织型后卫”。蒋建林，从国家公务员到民营企业再到从零开始新的创业，职业生涯的三次“归零”，他凭借挑战自我的勇气与乐观的心态完成了每一次转变，从价值管理到价值投资，他实现了自己的梦想，也开辟了一个会计人的新天地。毕思强，从会计、审计到风险管理的转型之路并非一帆风顺，10年基层财会之路奠定坚实专业基础，10年艰难创业之路从蹒跚起步到茁壮成长，10年风险管理之路与时俱进领悟管理真谛，一路走来，一路成长。李曙亮，学习、实践、思考帮助他在职业道路上不断突破、硕果累累，无论是践行内审理念、撰写专业著作，还是创新运营模式、建立管理会计体系，都凝聚了他的心智与汗水，记录着他的辛酸与喜悦。

回顾2018年度16位“会计先生”逐梦前行的故事，他们从不同的起点启程，身处不同的环境，跨越不同的障碍，却有着为梦想勇毅笃行、矢志不渝的相同情怀。先生们的故事里有每一位财会人拼搏奋斗的影子，正是这样千千万万的追梦者，为我国财会事业的改革与发展贡献绵绵不绝之力。致敬每一位将心中理想与国家发展紧密联系的奋斗者，每一位过尽千帆依然初心不变的前行者，每一位勇于突破藩篱“会当凌绝顶”的攀登者！

郑永钢

郑永钢，中海油田服务股份有限公司首席财务官。澳大利亚新南威尔士大学会计学硕士，中国注册会计师，澳大利亚注册会计师。

国际舞台上勇敢的“闯关者”

有人说，人可以找到一个兴趣点并为之不断挑战自我，是一件幸运的事。我想，我是幸运的。1996 年大学毕业即加入德勤会计师事务所的我大概不会想到，自己与中国企业“走出去”、国际化之间存在着怎样千丝万缕的联系，但似乎很多工作和学习上的积累都在为日后于国际谈判桌、全球角力场上的“闯关”做着必要的准备。

我于 2000 年赴澳留学、工作后回国，自 2005 年起先后供职于中国海洋石油有限公司（简称中海油）财务部、中海油伊拉克公司（简称伊拉克公司）和中海油国际公司（简称海油国际）。回首自己的职业生涯，挑战是我喜欢提及的一个关键词，与之相对应却很少提及的还有一个词——专注。

国际谈判桌上崭露锋芒

专注意味着投入，意味着乐此不疲地全情投入。

以对外合作起家的中海油，是改革开放的“海上特区”和“工业特行”，是中国企业“走出去”的先行者。从“四大”到海外求学再到跨国公司，直到加入中海油，我在这里找到了职业与兴趣的衔接点与融合点，拥有了让我兴奋和热爱的事业。

作为公司并购团队核心的财税负责人，我参与了中海油迈向国际舞台初期的大部分并购项目。特别是在 2008 年，与优秀的团队连续 6 个月没日没夜地参加全球视频会议，飞机上、汽车里……随时进入工作状态。尽管如此，身体上的疲惫没有打倒精神上的兴奋与满足。暂且不论并购的结果，单就那段在云谲波诡的国际“战场”中与公司、并购团队并肩成长的经历，在今天看来仍值得我反复沉淀、体味和汲取营养。

海外投资和并购是中海油落实国家“走出去”战略、实现跨越式发展、提升综合竞争实力的重要举措，但是快速、准确地掌握一家乃至多家国际公司的财务状况与运作模式绝非易事，国际谈判桌上的毫厘之争有可能就是日后公司以千万元、亿元计量的效益。在主导成功完成多个并购项目的基础上，我更关注通过优化并购过程中的财税方案为公司带来更长远的收益。2009 年 5 月，中海油成功收购加拿大 Talisman 公司某区块工作权益。为使交易和运营两个阶段税负最小化、同时优化控股架构层级，我与中海油财务团队设计了更合理的区块权益交易结构，从 2009 年到 2015 年为公司节省运营成本贡献了价值。

海外发展中逐步成长

专注意味着忘我，意味着倾己所能朝着目标迈进。

随着中海油海外业务的蓬勃发展，海外公司无论是从分支机构数量上还是从管理层级上都更趋于多样化、复杂化。在千差万别的国际环境中，各分支机构财务体系独立运作，对中海油财务管理的整体效能提出了更高的挑战。如何创新财务管理思路，建立一套新型的海外公司财务管理体系，成为了横亘在中海油海外优质发展道路上的一道难关。经过长时间思考，我们将打开这道难关的秘诀放在了“共享”这把钥匙上。

我们的财务团队首先分析了中海油建立符合自身特点的共享中心的可能性，得出了中海油适合建立以共享服务为理念的海外公司财务集中管理体系这一判断。前进的方向指明了，我们又马不停蹄地开始“搭架子”：以现有财务资源为基础，建立了对海外公司财务进行集中管理和服务的海外共享服务中心；建立了统一的海外财务管理制度，编写了《中国海洋石油有限公司海外财务管理制度手册》；建立了标准化的工作流程，而且随着共享中心的逐渐成熟，我们还将标准化的基础工作逐步外包，由供应商在规定时间内按协议提供标准化的服务，极大地提高了工作效率，降低了经营风险；梳理海外公司现有资源配置情况，根据海外公司自身处理问题能力划分出 A、B、C 三类公司类型，并以此确定海外共享中心对其支持的力度。随着后期不断磨合，整套海外财务集中管理体系通过共享中心的形式逐渐走向成熟。可以说，中海油能够短时间内在海外领域不断开辟新的业务，与其实施“集中管理、共享服务”的财务支撑作用是分不开的。

此外，在加速布局海外业务的过程中，探索适应国际化发展战略的海外税务管理体系迫在眉睫且意义深远。我们应对挑战、化解难题的思路是合理优化公司控股架构、管控税务风险、降低海外所得税成本。但是，通盘管控就需要全局判断和全球视野。也是这个时候，我切身感受到“厚积薄发”四个字的魅力。此前在德勤为制造业、金融业、能源业等不同领域企业提供审计和税务咨询服务的专业经验、职业敏感度以及全球性的广阔视野等积累集中释放，于无形中对我当时全情投入的海外税务管理形成了强有力的支持。

经过积极探索，以所得税管理为核心的全球税务管理模式成功地促进了中海油税务管理职能从传统的单一纳税申报演变为“税收政策研究与税收筹划”“纳税申报与重大税务纠纷的处理”“与财务报告相关的税务会计核算与涉税信息披露”与“税务风险管理与控制”四大核心职能，促进了公司建立全球税务管理体系的目标实现。

“荒芜之地”起“高楼”

专注意味着无畏，意味着敢于从无到有地勇敢且坚定的探索。

2011 年，我踏上了至今仍令很多人生畏的一片土地——伊拉克。我将面临什么？去之前没想太多。对于一名共产党员来说，服从组织安排、迎接艰苦任务，到业务、安全、环境乃至一切都处于未知的地方去闯出中国人的能源市场，是让我痴迷的挑战。

伊拉克公司开发的米桑油田所在地是 30 多年前两伊战争的主战场，起初油田范围内随处可见地雷和未爆炸的炮弹。身处这样的环境，说不害怕是不可能的，尤其是头几个月，连睡觉都是一种奢求。但我们知道这片“滩涂”闯过去就是“坦途”。米桑油田群项目是中海油首次作为主合同方管理的海外整装油田，也是公司首次从无到有，全方位、全流程构建海外项目财务体系的一个绝佳时机。我们选择在这片“荒芜之地”暂时忘却恐惧，只为建起一套海外项目的财务管理体系，能够推广适用于公司今后的海外项目。

伊拉克公司的财务核算体系建立工作从公司成立时就面临着一系列困难和挑战，既是海油系统内第一次接触 TSC 合同模式，也是海油第一个当作业者的陆地石油区块，在海油系统内没有经验可借鉴，同时又面临项目马上运作、财务核算体系必须马上搭建和使用、实施时间少以及实施资源不足等问题。面对上述困难和挑战，我当时将突破的重点放在了两个方面：一是组织完成会计核算制度的建立，二是组织和完成 SAP 的实施。很快，伊拉克公司步入正轨，运营走向深入。2012 年项目进入成本费用回收阶段，我有了一项艰巨的新任务——对接伊拉克政府相关职责部门，为项目顺利提油和投资回收做好准备。当时，伊拉克首都巴格达、石油重镇巴士拉经常以“爆炸”“袭击”等字眼出现在国际媒体报道中，这些城市是我要一年多次穿梭的地方。我选择留在这里，和我一起奋战的同事一起做好风险预案、保证项目顺利完成。

与此同时，另一个危机时刻接踵而来。2014 年年底油价断崖式下跌后持续走低，从项目经济性考虑，当务之急是如何做到减少资金暴露量、实现优快上产。我随即提出“以产定投”的应对策略，有效化解了低油价时期的现金流矛盾，保证了项目的经济性。

国际舞台上塑中国形象

从事海外的工作久了，难免会被问：是不是更喜欢在国外工作？

其实，真正让我愿意保持长期专注状态的，是作为中国企业的一个代表能在国际舞台上发出声音，看到中国企业在世界经济的汪洋大海中不断提升综合实力。但“强起来”并非一朝一夕的事情，需要每一个“走出去”的中国人、每一家中国企业久久为功，共同努力。担起这份责任对我而言是责无旁贷的，我见证了中国改革开放从始至今的全部历程，获得了前所未有的时代机遇；见证了中海油海外业务从有到优、从大到强的过程，赢得了广阔的成长空间。多年来，中国海油海外业务的发展不仅为国家经济社会发展贡献着巨大价值，更以专业、优秀、负责任的形象传递和展示着更好的中国形象。

站在新的历史方位，高质量发展成为新的时代命题，如何在中海油海外业务开拓中将之贯彻落实又成为了对我新的考验。作为开拓中海油海外业务中的一员，我是幸福的，找到了自己的兴趣点，也是责任点，并愿意为之不断挑战自我、奋斗一生。

（原载《财务与会计》2018 年第 20 期）

秉持专业精神　为行业发展贡献价值

李　丹

李丹，普华永道中天会计师事务所（特殊普通合伙）首席合伙人。财政部会计标准战略委员会委员，中国注册会计师协会及上海注册会计师协会副会长等。全国先进会计工作者。

2018 年，是我从事注册会计师职业生涯的第 25 年。1993 年，我自上海财经大学会计系毕业后便加入了普华永道中天会计师事务所，是普华永道在中国设立会计师事务所后招聘的首批国内大学毕业生之一，这也是我会计师职业生涯的开端。回首过去，在中国经济大发展的背景下，我国注册会计师行业面对众多挑战，实现了全面飞速发展。我很幸运，在众多行业前辈的指导、帮助与支持下，与大批优秀的同行一起，为这个行业的发展壮大贡献我的智慧与力量，与之共同成长进步。

得益于中国经济的高速发展以及普华永道给予我的机会与磨砺，我 33 岁那年，升任为普华永道合伙人；6 年后晋升为事务所主任会计师，同时兼任事务所中区审计主管合伙人；2015 年，成为事务所的首席合伙人并兼任中国审计主管合伙人。一路走来，我的职业历程中既有挑战，又有成长；既有机遇，又有收获。

在机遇与挑战中遇与挑逐步成长

我一直很庆幸自己当初选择普华永道作为我职业发展的平台。普华永道非常注重人才培养并有健全有效的培养方案。其中有一项“全球人才流动计划”，即人才双向交流机制。这一机制就是将普华永道本土员工选派到海外网络事务所工作交流，同时引进海外网络事务所的专业人士到中国进行交流学习。我有幸成为这一计划的受益者。

1997 年，当时还是高级审计员的我作为普华永道首批加入全球人才流动计划的中国员工，前往普华永道美国圣路易斯市事务所工作两年，参与了数个大型跨国企业及美国本土企业的审计工作。这次借调对我而言意义重大，在美国的工作生活使我充分认识到并且尊重中美之间文化的差异，学习先进的审计实务经验，开拓国际化视野。

2005 年，作为一个新升合伙人，我在逐步适应新角色、开始负责繁重复杂的审计项目的同时，还主动兼任了事务所审计方法技术合伙人的职务。当时这份兼职对我来说也是个巨大挑战，我需要投入大量的时间去学习、教授与审计技术相关的各项培训课程，而备课的过程往往比上课本身更耗费时间与精力。所谓天道酬勤，所有的付出迟早都会有回报。这份兼职不仅让我有机会更全面系统地学习、巩固审计理论及实务操作，更重要的是拓展了自己的项目管理能力，提升了我的潜力、信心及可塑性。

2010 年，我被任命负责总部在北京的某一大型国有能源企业的审计工作。由于该客户的类型、规模及复杂性等方面和之前在上海服务的客户都不相同，刚开始我难免有些紧张不安，但面对新挑战，我全心投入，做好十足准备，直到第一次客户董事会上汇报的审计工作得到客户的积极评价，我才着实舒了口气。时至今日，我仍然感激当时公司对我的信任与鼓励，不仅拓展了我的执业经验与范围，更重要的是激励我勇于走出舒适区，不断直面新的挑战。

累积经验经验　收获认可

在 25 年的注册会计师职业生涯中，我先后主持了数十家中国企业改制、赴海内外资本市场上市融资的审计项目，并协助国内企业建立现代企业制度，提升管理运营水平，参与海外市场并购投资。同时，我也为不少全球 500 强公司在华投资企业提供审计、内部控制及投资并购等专业服务。让我倍感荣幸的是，2015 年我被财政部评为全国先进会计工作者，成为财政部从 2007 年确定常态化地评选表彰全国先进会计工作者以来，第一位获得这一殊荣的“四大”人，这是政府和社会给我的巨大荣誉，对我的极大信任。

从业以来也曾经有过许多其他行业的岗位机会，但我一直舍不得离开注册会计师行业。作为服务性行业的成员，注册会计师不仅仅为企业发展服务，更是为国家经济建设服务，还是各国经济交流的桥梁。随着中国经济的稳步发展，尤其在如今科技进步所引领产生的新经济形态下，注册会计师的专业舞台将大幅扩展，服务范围也更加广泛。注册会计师已经开始从事传统审计之外的管理咨询以及其他鉴证相关业务，同时新科技也逐渐应用到注册会计师的日常工作和生活中。

全球视野与本土化

2013 年我有幸加入普华永道全球战略领导小组计划，和来自普华永道美国、英国、德国等事务所的骨干一起研究未来 10 年全球发展的主要趋势及注册会计师行业发展的相关挑战及机遇，参与制定普华永道全球网络未来的发展战略。这是一次受益匪浅的经历，普华永道全球网络当时的中青年领袖集聚一堂进行脑力风暴。作为来自中国的代表，我在交流中有机会介绍中国经济的发展特点，使大家对中国市场有了进一步的认识。作为会议成果，我们发布了全球《五大趋势及其影响》报告，从全球人口变迁、经济实力转变、城市化进程、气候及资源、科技突破及创新等五个方面分享了我们的观察和建议。

普华永道全球网络的发展进程表明，本土化是各国业务发展的必然趋势。在中国，普华永道一直贯彻执行本土化战略，致力于培养本土人才。2012 年，财政部推动“四大”本土化转制时，尽管我所在的事务所中外合作尚未到期，但坚信本土化是行业发展的必然规律，对事务所发展有积极作用，因此快速响应政府号召提前转制。事实表明，本土化转制工作加快了高端专业人才的培养进程，建立了一支日益成熟壮大的本土合伙人领导团队。2015 年，我被推选为事务所的首席合伙人，成为事务所首位中国籍的首席合伙人，与此同时，事务所的合伙人管理委员会中具有中国注册会计师资格的合伙人已经占 80%。我们将继续推动普华永道在中国的扎根建设和本土化发展。

谈到本土化，另外一个令我印象深刻的例子是事务所党委建设工作。虽然我是一个党外人士，但作为事务所的业务领导，我始终坚信党委建设对事务所业务发展的重要性。我提出党委也要领导事务所业务的建议并得到响应及推动。之后数名资深业务合伙人担任了党组织主要职务。事实证明，这个举措提高了员工参与党组织活动的积极性，促进了事务所内党组织建设的活力。在全国范围内普华永道有多名党员和分所党组织受到当地行业党委的表彰。

人才与科技成为新时代事务所的创新引擎

我认为注册会计师行业作为知识密集型的服务行业，应深知人才培养对于服务质量、行业发展乃至社会经济贡献的重要性，所以积极参与并推动普华永道的各项人才培养工作。例如，为各级员工提供特定的专业及职业培训课程，培训内容覆盖专业技术、新技能、职业道德、领导能力等多方面，从普通员工到合伙人量体裁衣，富有针对性。“职业导师制度”“卓越人才培养计划”等一系列实现人才梯队建设的举措卓有成效。此外，结合新时代新经济的发展需求，我们在人才培养的方式方法上也力争推陈出新，如2016年与青岛市政府签订关于普华永道大学项目的战略框架协议等。

我本人也是个科技迷，一直很关注新科技对注册会计师行业及事务所发展的影响。我在参与普华永道全球战略领导小组的时候，就在思考科技突破及创新将如何改变企业的商业模式、影响企业运营方式以及颠覆我们的服务模式。近年来，业界对会计行业是否会被科技进步颠覆、会计职业在未来是否会被机器取代展开了热烈讨论。我认为，与其他行业一样，一方面，运用智能科技、自动化手段取代基础会计流程、簿记工作已是必然趋势，这会使得财务人员从繁重的日常工作中解放出来，在提高企业财务信息精准度及管理运营效率方面有积极影响；另一方面，科技进步也对财务人员自身的技能及素质提出更高要求，尤其需要财务人员与时俱进，提高财务分析及业财一体化的知识及技能，从“做财务”转变为“用财务”，为企业防范经营风险、发现并提升核心价值做出更大贡献。

积极承担社会责任　交流分享共发展

2018年6月，我荣幸地被推选为中国注册会计师协会副会长。同时，我还担任财政部会计标准战略委员会委员、上交所复核委员会委员、宁波市金融专家咨询委员会委员等社会职务。这让我有更多机会与同行及经济界人士进行交流。未来，我希望秉承普华永道“解决重要问题，营造社会诚信”的企业使命，不仅能带领普华永道继续为客户提供高质量的专业服务，更能带动一批同仁共同推动注册会计师行业的质量及诚信建设、新科技运用和人才培养，为国家经济建设添砖加瓦，履行专业服务人员的社会责任。

（原载《财务与会计》2018年第20期）

赵学源

赵学源，时任云南省财政厅会计处处长。全国先进会计工作者，云南省杰出会计工作者。多次被评为云南省财政厅“优秀公务员”“优秀党员”“优秀党务工作者”。

十年的会计管理之路

在人生的道路上，每个人都在用自己的足迹书写着自己的历史。自2007年11月担任云南省财政厅会计处处长以来，我主动深入思考和探索社会主义市场经济历史大背景下会计行业管理的新思路和新模式，积极投身于会计行业改革与发展的实践当中。一路走来，收获颇多。

推行村级会计委托代理服务

2007年起，我多次深入玉溪、红河、曲靖、德宏、保山、怒江、楚雄等地乡村调研，了解农村财会管理情况，发现村委会、村民小组财会管理非常混乱，会计核算体系不健全，“包包账”“纸壳账”大量存在，因财务问题不公开引发的上访频频发生。针对这些问题，我大胆提出在农村开展会计委托代理服务的建议。

我和会计管理团队在多次调查研究、论证的基础上，选取了部分州、市会计管理机构负责人、中介机构、村干部、村民代表，召开了云南省财政厅首次听证会，广泛听取意见建议。2008年，经云南省财政厅、云南省农业厅共同研究并拟定实施方案，由云南省人民政府办公厅出台《关于全面推行村级会计委托代理服务工作的通知》，在全省推行“一项委托，二级审核，三层监督，四权不变，五个统一”的农村集体会计委托代理服务管理模式。2009年，省财政厅、省农业厅，制定发布了《云南省村集体经济组织财务管理暂行办法》《云南省村级会计委托代理服务机构及人员管理暂行办法》《云南省村集体经济组织报账员管理暂行办法》《云南省村级会计委托代理服务机构会计电算化管理暂行办法》等四个配套办法；全省启用了统一的农村集体经济专用收款收据，规范了农村集体经济票据的使用和管理。

村级会计委托代理服务的全面实施对强化全省农村财务管理、规范农村会计核算、健全农村财务监管体系、加强农村党风廉政建设工作起到了较好的推进作用。

建立云南省会计人才培养机制

云南省地处西南边陲，经济社会发展滞后、人才匮乏，特别是会计队伍学历层次低、具有专业技术资格人员少，服务能力弱，适应不了全省经济社会发展的需要。针对这一问题，我率队赴广西、浙江、上海、湖北、内蒙古等省（区）学习考察，在此基础上，对云南省高端会计人才的培养问题进行研究。

自2008年以来，我在整合各方优势资源的基础上，组织开展了全方位、多层次、多渠道的会计人才培养，启动了“2311”高级会计人才培养工程，在云南财经大学、云南大学、云南民族大学建立了3个“云南省高级会计人才培养基地”，在全省范围内开展企业类、行政事业类、涉外类、在职会计硕士四大类别的高级会计人才培养工作。研究制定了《云南省正高级会计师职称资格评价办法（暂行）》，启动了正高级会计师评审机制，建立了初级、中级、副高级和正高级层次清晰、相互衔接、体系完整、逐级递进的会计专业技术资格体系。

建立会计管理评价机制

云南省在贯彻实施国家会计制度的过程中，部分企业、行政事业单位执行会计制度不到位，会计基础工作非常薄弱，有章不循的情况时有发生。针对这一情况，我率领会计管理团队，以创新为突破口，在全省建立会计管理评价机制。

一是对省级企业集团开展内部控制评价制度，推动企业内部控制建设。云南省财政厅与云南省国资委联合，从2015年开始对省级企业集团开展内部控制建设评价工作，并将评价结果作为国资委考核企业的重要内容之一。

二是启动行政事业单位内部控制建设编报和实地评价，推动单位内部控制建设工作。根据财政部总体要求，认真研究和制定了云南省行政事业单位内部控制建设编报工作方案，按照“统一部署、分级负责、逐级汇总、单向报送”的思路，连续两年在全省范围内开展各级各类行政事业单位内部控制规范报告编制工作。同时针对编报情况，在省级30家单位开展内部控制建设实地评价工作，督促单位建立健全内部控制制度，有效推动了全省各级各类行政事业单位内部控制的建立和实施。

三是建立会计基础工作管理评价机制。全省共有1.69万家单位开展会计基础管理自评工作，报送了自评报告和自评分汇总表，对20家省级单位开展“会计机构和会计人员、会计核算、会计监督、内部控制”等80多项指标的实地评价，对4家基本合格单位下达整改通知，进一步夯实了会计基础管理。

加强云南会计文化建设

为进一步宣传贯彻执行会计法律法规和新企业会计准则、企业内部控制制度，在全社会营造执行会计法律法规的良好环境，推进社会各行业学法、懂法和执法，维护社会主义市场经济秩序，做好会计服务、促进经济社会又好又快发展，我率会计管理团队从2010年起进一步着手推进会计文化建设。

一是举办会计宣传周，宣扬会计人的职业风采。采取发放会计知识宣传资料、组织开展会计征文、会计论坛、会计知识竞赛、设置宣传展板、种植“会计林”、会计知识下乡等多种多样形式，大力宣传会计法律法规；以“使命”为题，组织会计文艺晚会，宣传会计人员先进事迹，展现会计人员风采；首次成功举办了云南省少数民族财会陈列展。

二是创办云南少数民族财会博物馆。云南省财政厅与云南财经大学联合建立了云南少数民族财会博物馆，兼具会计收藏、展示、普及、研究、教学、交流等基本功能，为国内第一家省级少数民族财会博物馆，吸引了更多的海内外学者到云南省开展对少数民族财会的系统研究，为云南会计教学和研究作出了积极的贡献。

三是加强会计管理宣传与交流。近几年来，为交流与宣传全省会计工作，与中国财政杂志社、中国会计报、云南电视台等新闻媒体联合，推出《使命》《奋进中的云南会计》《合力共谱云南会计新篇章》《云南锻造涉外会计人才　服务“一带一路”战略》等报道，广泛宣传和交流全省会计工作。

构建会计对外服务中心，主动服务和融入国家“一带一路”建设

云南是一个多民族聚居的边疆省份，与南亚、东南亚接壤，边境线长达4060公里，是通往南亚、东南亚的重要通道，是改革开放的最前沿。为了更好地开展会计对外服务，我率会计管理团队做了以下工作：

一是建立会计对外服务中心。由云南省财政厅、德宏州财政局和瑞丽市人民政府联合共建“云南省瑞丽市会计对外服务中心”，积极探索会计对外服务工作。

二是引进会计师事务所，在会计对外服务中心开展业务。引进云南永盛等三家中介机构为企业及会计人员提供审计、委托代理记账、财务咨询、培训、税务代理等服务。

三是在会计对外服务中心开展会计人员培训。引进云南省爱尔信教育科技股份有限公司，建立财税信息化综合服务平台，组织开展会计人员继续教育、考前培训、实务操作训练以及小语种财会培训。

四是开展独具特色的“涉外类”高级会计人才培养。依托云南民族大学小语种的优势，开展涉外类高级会计人才培养，为云南省培养了一批既能精通财会业务又能熟悉东南亚、南亚国家社会经济发展状况、财务会计准则、财税法律制度，具有跨文化交流能力的综合型、复合型、应用型高层次会计人才，为“请进来、走出去”发展战略奠定了会计基础。

我从事会计管理工作10多年来，对会计工作有深厚的感情。我认为，作为会计管理工作者，对工作要有统筹谋划，要树立全心全意为人民服务的思想，要学习和掌握国家法律法规和制度，依法履职、依法行事、依法监督，才能实现会计管理职能，有效推进会计事业的发展。当前，我正围绕财政部的统一部署，按照“放管服”改革的要求，进一步深化会计监管，推进全省财政行政审批改革，推进政府会计改革，推进会计工作转型升级，更好地服务云南经济社会发展。

（原载《财务与会计》2018年第20期）

王保平

王保平，浙江东方金融控股集团股份有限公司副总裁、党委委员、财务负责人。正高级会计师，管理学博士、应用经济学博士后。曾从事行业财会管理、国资监管、金融管控等工作。

治学　静听　凝思　实干：会计人的四大金刚

当会计，管财务，虽然不是肩挑背扛的体力活，但其对数据的精准要求、对多维关系的公允平衡、对各种经济事项的永续担责也让你感觉这个活并不轻松，时不时会有“走钢丝”的感觉。经济越发展，会计越重要。围绕事关企业盈亏的交易与事项，多学点、静听下、凝思些、实干着，你就可以在财会职业边界线的框架内观赏到翻山越岭后的多彩风景。这便是我这样一个38年前从秦巴农村走入会计天地的人“高山流水觅知音”的美好体验。

治学——成就理想之路

“会计越老越吃香”的传统观念早已过时，会计从业所要求的知识不再一劳永逸，获取会计新知、保持持续的治学状态已经成为许多会计同仁的人生交响曲。

治，就是咬定“书”山不放松。会计核算要从多种多样的经济活动中找出规律来严管细算，凭证、账本与报表，每一项都细微深处见真情；会计自身也深处变革时代，增收、节支和管控，无时不与财务改革紧紧联动；实体经济起伏、虚拟经济梦幻，总是在引领着理财观念的变化；互联网与国际化也同样让核算技术与管控制度持续变革。诸如此类，都把财务会计置于矛盾焦点和关注热点的镁光灯下。会计行业40年的发展历程经历过从分行业会计制度到"两则两制"、从与国际趋同的"1+38"个准则到分批完善的企业会计准则的变化，始终充满错综复杂的条款、持续不断的嬗变和应接不暇的变革。身为一个不愿意"混日子"的会计，我的会计治学是一场漫长的修行，工作与学习互动共进。学习不仅是拿个文凭或资格证等"敲门砖"，更是持续提升的"修炼术"。从早期的中专、在职的本硕到40岁之后的脱产读博，我的学习践行了三步"梯子"的质变：起步有"望尽天涯路"的志存高远，耐得住清冷和寂寞，静下心来通读苦读；坚守要依仗勤奋努力，要下真功夫、苦功夫、细功夫；最终是在知识海洋中"众里寻他千百度"，梦想总有成功时，领悟真谛取真经。

学，感悟学海无涯苦作舟。我的学习不局限于日新月异的专业会计、财务、投资等知识，还包括IT、法律、哲学等。勤学者不会抱怨工作太多，分身乏术。我在某省投资集团工作期间，与几位青年同事长年聚谈，学投资、论财务、谈体验，各持已见，多年坚持下来对拓宽投资视野启示颇丰。因为我知道，要想成为会计领域的专业高手，没有长久的专业积攒是不行的。勤能补拙是良训，他人尚未启动时，你已经"笨鸟先飞"了；他人停歇时，你依然"春种夏播"着；他人失望放弃时，你仍然"痛并快乐着"。这种专注和持久的能力势必会在坚持、忍耐、重复之后，帮你赢得成功的潜力。我工作20余年之后，在与众多应届生和青年人竞争考博连续3年失利之后，终于在第4年成功成为一名全日制博士生，正说明了这一点。

静听——积极勤勉尽力

静听是一种顿悟、一种境界。三人行，必有我师。在静听中培养积极向上的习惯，产生持续发展的力量。

静，低调低头不低配。会计职业务必低调不张扬，还要啃硬骨头，精益求精地做好。在勤奋的同时适当低头是一种巧妙的智慧、沉稳的成熟。20世纪90年代，我有幸与一位电器厂经理结为工作伙伴，经常向他请教，有空即静学，半年功夫被他称为半个厂长，对制造业的财务机理有了深刻的理解。低头是适时的选择，是成熟的标志，而不是无原则的妥协。不过，我一直坚持低调低头不低配，"不低配"就是对工作不能低要求、低准则、低目标，满足于"踩着点上班，卡着点下班"。几十年来，我没有满足于"账面数据平了，报表好交差了"；长期伏案打电脑把脖子折磨着疼痛难忍，贴片膏药缓一缓再来……我深知当一个人对现状心满意足、不再花时间提升自己时，低配的生活将永远伴随着你。痛并快乐着，静默中孕育希望，职位提升了，论文发表了，博士考上了，正高评上了。

听，明辨话内话外音。听清生产经营与决策形成过程中的声音，可以取得“春江水暖鸭先知”的效果，可以让会计人员对交易和事项理解得更加透彻。财务管理之道就是要在决策的制定、执行和修正过程中，把经济业务和交易事项分析透、处理准。因此，会计人员应向业务人员多学一点、多问一句，办法就多一些，离难题的解决就更近一步。针对会计界普遍担忧的农业企业存货盘点问题，我在农场负责财务时曾寒冬时节主动赤膊下水摸清鱼塘存货、闷热天光着膀子清点混放的食品原料。找准难点、缓解痛点，始终不能满足于常规手段，而应再深入一层、多疑问几句、细听几个说法。“听”要有宽阔的胸襟，“宁听骂声、不听哭声”，对不同看法、批评之音，都应该洗耳恭听，听出话外之音，听出预警和反思，听出方向和动力，听出风险和警戒。

凝思——谨慎精心执业

静听之后当凝思，把听来的东西分门别类、去粗取精，通过“思”来明断曲直、辨伪存真，聚合智慧和能量，碰出心灵的火花，并日积月累地在财务管理工作中发挥作用。

凝，凝神定气不迷茫。当各种工作琐事纷繁而来时，需要及时走出迷茫，找到人生方向。这时候，必须厘清核心问题，抓住主要矛盾。“善弈者谋势，不善弈者谋子”。现实世界纷繁复杂，社会转型期利益主体多元、利益诉求多样，财务与会计常常涉及经济利益的矛盾处理，如交易双方的价格确定、公司收入分配或上下考核制度的确定等问题，处理好了是协同，处理不好是激化。如何求得“最大公约数”，最大限度地凝聚共识？我提倡换位思考，冷静思量，把切入点、着眼点、立足点集中到相关利益方最关心、最直接、最突出的问题上。不能在噪声齐鸣中偏离立场、丢失原则，而应在听中凝思，掌握准则的灵魂，细心、耐心地凝心聚力。

思，思量之后出火花。思是一门艺术，也是财务管理者的一项基本功。“凝”与“静”是一种境界，“思”与“听”是一种姿态。不论是20世纪80年代在某省级机关管理财务，还是10年前任职国企监事会专员，我总是努力将财务与经营、业务和管理融为一体，形成一种强大合力、一种良性互动、一种心心相印，进而“把财务的正确主张变成经营、业务和管理的自觉行动”，从而作出更加正确、长远的决定。

实干——放飞事业成功

实干强调心无旁骛，聚精会神，埋头干事，持之以恒。

实，要有坚强毅力和敬业精神。成就一番事业，不会一帆风顺，都会遇到挫折，承受精神压力，关键就是看有没有“坚刚不可夺其志”的精神，有没有“咬定青山不放松，任尔东西南北风”的执着。回首过去几十年，时代在变，热点会换，但“接地气”的会计活总在：20 世纪 80 年代刚走上工作岗位做行业财务管理，时逢基层乡镇超生费这一难题，分析征收管理与使用环节的规律与乱象，我们及早从清理整顿制度着手，制定了这一独立会计主体核算的规范，并与财政审计等部门联合制定了清理整顿的系列制度，并在核算管理上开始进入规范的视野，赢得了全国同行的肯定；90 年代我国初步实施合并报表制度的岁月里，我在一家集团财务部担任副经理并负责对外提保、合并报表等工作，反复强调增强对担保的风险意识，并创建了专门的担保会计账套；15 年前，我通过公开选聘有幸成为省属国企专业监管人员之一，转换视角，融合出资人意图与监管人使命，最先主动分析研发出一套专业监管工作体系，并出版《国有资产监管的理论与实践》一书，初步探索了这个独特岗位的多彩风光。回顾从业经历，无论是在政府机关、出口公司、农业企业、国资监管公司还是金融控股公司，实干的精神伴随我从花样年华到几近不惑之年，从会计学徒成长为一名财务专家。我始终相信知识是学出来的，事业是干出来的。

干，担当有为建新功，也需要耐得住寂寞，干净利索。过往的工作中，我既时不时成为被审计方，也经常充当监管审计角色，这磨砺了我谨慎从业的品格，在严管理、强监督的同时又要做好热情周到讲服务，查处问题时不失解释、加强监督时不忘提醒、热情服务时不失原则。

会计似歌，弹奏着一篇又一篇的乐章；财务如坡，或平坦或险峻延绵不断。有理想的会计人都是在持续爬坡，成功翻山越岭后，终可观赏山水风光。而带领我们领略山野那边无限风光的四大金刚就是治学、静听、凝思、实干。

（原载《财务与会计》2018 年第 20 期）

任云龙

强化四种思维　做企业发展的引导者

任云龙，中车株洲时代新材料科技股份有限公司常务副总经理。高级会计师，湖南工业大学等多所大学客座教授。在国内外并购及并购后整合、IPO上市、集团财务管控等方面拥有丰富经验。

对于大学学企业管理和市场营销专业的我而言，从事会计工作纯属一个“美丽的误会”：刚参加工作还在车间实习期间，因为财务部人员紧缺，我被调去顶岗，谁知道一顶就顶了近20年，会计顶成了我的终身职业。从业近20年，我经历了从普通会计到国企总会计师、从集团总部财务部长到上市公司财务总监、再到全面管理一家上市公司的经营工作等多角色的岗位历练；经历了国有企业公司化改制、公司IPO、国内并购拆分转让、国外并购整合、全球化财务管控等各类业务考验，对于财务、会计工作也有了一些自己的理解和定位：作为对一家企业经营信息掌握最完整、最及时，承担企业资源分配和风险防控职责的财务总监来说，要具备持续创新、责任担当、服务全局和风险意识等四种思维，主动成为公司战略方向的引导者、资源整合再分配的主导者和公司经营风险的掌控者。

持续创新　实现价值

持续创新能力是财务人员实现自我价值的必需技能。2013年，我作为公司并购德国采埃孚旗下BOGE产业的主要负责人之一，负责制定并购融资方案。这是一个标的比并购方大的“蛇吞象”项目，株洲时代新材料科技股份有限公司（下称时代新材）央企下属 A 股上市公司的身份决定其融资过程有很多审批程序和限制，时代新材和并购标的未来现金流的偿还能力、不同融资渠道导致的项目可融资比例差异、不同币种错配导致的汇率风险及承受能力、卖方提出的诸多限制条件、可用于并购交易的币种（欧元、美元）选择、不同地点、币种融资成本等因素直接影响融资方案的设计。在综合考虑、平衡上述因素的基础上，我带领团队结合项目需求设计了多套方案，又随着项目尽调信息的逐渐完整、商务谈判的进展、国家外汇政策变化和外部汇率市场变化而逐一地否决了。到 2014 年年初，终于确定了以时代新材为融资主体在国内融资、向政策性银行融资人民币 + 美元的融资方案，也通过了公司董事会和上级部门的批准。然而，到 2014 年一季度的时候，由于国际经济形势的变化和国家外汇政策的调整，美元兑换人民币汇率持续攀升、融资成本也大幅度增加，同时人民币规模也在收紧，原融资方案的融资成本将会远超预期。

幸运的是，在和外资银行的持续交流中，一次偶然的机会我获悉国家为了鼓励中资企业海外并购，对于央企有少量的外债额度通过审批后可以让境内企业直接在境外融资所需币种，项目可融资比例也很高，但是所需时间会较长。我敏锐地意识到这是一个非常好的适合我们项目的机会，立即召集团队调整方案，按照项目进度倒排融资时间进度表，重新分工；迅速弄清楚使用外债的审批流程后向上级领导做了汇报并获得支持后，重新制定使用外债境外融资欧元的新融资方案；为了赶上时间进度，将外债审批、和多家境外银行商务谈判、和卖方沟通融资方案变化、和境内各审批机构沟通、更改融资方案等工作并行起来。最终我们的项目融资方案如期完成，这也成为了中国中车、湖南省第一家境内企业使用外债境外融资的案例。新的融资方案不仅融资成本低（年利率仅 100bp）、期限灵活，还持续获取了大额的汇兑收益，帮助我们度过了项目并购后最困难的整合时期。该项目也获得了中国中车首届管理创新项目一等奖。

责任担当　赢得信任

责任担当是财务人员获得信任、赢得地位的必要前提。财务人员只有担当起自己的责任，有力地支持企业发展，体现出其存在的价值和必要性，才能够在企业中赢得信任。什么责任都不敢担，什么风险都不愿意冒，什么骨头都不愿意啃，所有业务都按照既定模式、流程来四平八稳处理的财务管理者谁都会做，看起来很稳健但是对于企业没有实际价值。

在 2014 年的 BOGE 海外项目并购中，尽调完成后面临的最大困难就是项目的估值。境内外对项目的估值方式是有差异的：国外惯例更多是对企业价值估值，而国内更多是对股权价值估值，而由于会计准则的差异，这两者之间要做到一一对应的差异对照是不可能的。并且国内审批部门只认可国内有资质机构出具的资产评估报告，而国外卖方参照的是投行等机构所作的估值报告，由于估值立场、基础、依据等差异，买卖双方自说自话，卖方的估值报告买方不认可，买方的评估报告卖方看不懂。这种情形下，对于财务人员来说有两种选择：第一，规避自身责任和风险，完全选择接受国内评估机构的资产评估结果，而不管项目能否成功。第二，本着实事求是、成事原则，搞清楚这两种估值方式的差异，判断出自己所认可的估值，而这就是项目的交易价格。这种情况下，财务人员需要承担自己的估值判断可能和国内审批机构认可的资产评估报告估值之间存在差异而带来的“买贵了”的责任追究风险；或者是自己的估值与卖方机构估值差异带来的项目失败的风险。

在当年的 BOGE 项目并购中，我选择了后者，幸运之神再次站到了我这一边，BOGE 项目并购后运营得非常顺利，并购后几年的经营业绩也超出了卖方提供估值的商业计划。

服务全局　支持业务

服务业务的全局思维是财务实现价值的基础。财务管理者一定要能够纵览全局，利用所掌握的信息对业务进行前瞻性预测，再通过配置资源来支持业务。

我在 2016 年通过建立财务共享中心来推动财务变革转型升级，就是为了让财务的分工更加清晰，更有利于支持业务、帮助业务增值。我对业务财务部人员的要求就是要改变会计总是以合规性作为业务判断标准的习惯，要把自己当做业务人员和业务部门同呼吸、共命运，不仅要精通专业，更要精通业务，要把对专业的理解融会贯通到业务活动中，实现为业务部门守护与创造价值的目标。要深入业务一线，和营销人员、设计人员、采购人员打成一片。我告诉他们：“如果有一天你和业务人员都忘记你是财务人员了，那你就是优秀的业务财务人员了。”

风险意识　化解危机

敏锐的风险意识思维是财务人员的 DNA 和职业操守。我前面所要求的，并不是要财务人员罔顾风险，毫无原则、毫无底线地去迎合领导，去附和业务，甚至违法违规操作，而是希望财务人员能够及时、完整地获取、运用企业经营信息，具备“阅读”企业的能力。我们要时刻紧绷风险防范这根神经，根据外部形势和内部经营情况变化，对于出现的或者可能出现的风险及时予以预警并提供防范方案，将风险控制在可承受、可接受的范围内。

2016 年，我们一家外地子公司的总经理向我汇报几个重要项目的进展情况，并提出项目后续的资金支持需求。快结束时，我问了其中两个项目的进展以及与合作方合作情况。当他告诉我这两个项目双方合作得非常顺利，除了有两笔回款滞后了但是对方给了利息补偿，并以比这两个项目更好的条件邀请我们一起投资第三个他们已经开工在建的项目……我本能意识这里面有问题，立即要求他们暂缓第三个合作项目，在延迟的货款回来之前停止对已在合作项目的投资，专职调查合作方的经营情况。果然，合作方资金链已经断裂，把项目款挪作他用了。

财务管理者在企业中的角色类似于一支足球队中6号位的组织型后腰：能够“阅读”比赛，通过分配球权来组织进攻破门得分，通过组织防守队形来防范失球风险。一个企业的财务管理者一样是在准确“阅读”企业的基础上，通过配置资源来调控经营、落地企业战略。缺乏创新意识的财务管理者把自己变成了只会满场乱跑地抢球、断球，干脏活、累活的工兵；缺乏责任担当意识和全局意识的财务管理者限于免责的本位主义，追求安稳，连半场都不敢过，所有传球都是选择往回传或横传，不敢冒风险创造机会、抓住机会去支持进攻，看起来传球数量、准确率等数据很亮眼，可是对于球队的进攻、防守没有任何的价值。只有同时拥有四种思维的财务管理者才能够在收益和风险之中找到平衡，充分发挥专业技能和信息获取优势，引导公司的经营稳健地按照战略目标迈进。

（原载《财务与会计》2018年第20期）

蒋建林

蒋建林，上海博将投资管理有限公司合伙人。正高级会计师，曾任会计师事务所负责人，大型民企集团董事、副总裁、首席财务官，上市公司独立董事、董事、财务总监等。

与价值为伍的会计人生精彩多姿

在我的职业生涯中至少经历过三次归零心态转换的考验，第一次是1997年从国家公务员转换成中介组织（会计师事务所）从业者，开始了自主经营、自食其力的身份转换；第二次是1999年从体制内身份的中介机构再次“下沉”到体制外，进入民营企业，成为一个没有退路的打工仔（我一共到过3家企业任职，均担任公司主管财务的副总裁兼财务总监，期间也在其中一家集团所属的上市公司兼任过独立董事，后来正式任职这家上市公司的董事、财务总监）；最后是2017年从企业集团高管进入到一线金融从业者，从零开始新的创业（成为私募股权投资管理公司——上海博将资本的合伙人）。每经历角色转换，都会面临家人和朋友的疑惑和不解。这其中的酸甜苦辣我自己是最清楚不过的，每次的角色转换确实都面临心理和心态的再次适应和调整，从过去不求人、不看人脸色，还能经常受人眷顾的岗位，到时时处处需要求人，接受被拒绝的委屈，需要面对前所未有的压力。不过每次我都挺过来了，并都能很快适应，对每次转换的结果我都感到满意，最终也都得到了家人和朋友们的理解和支持。这就需要有一个好的归零心态，要有挑战自我的勇气，人生充满激情才能融化一切困惑。做人是要有梦想的，要适应这个时代发展的节奏，保持乐观主义，相信未来一定会更加美好。

在转型金融之前，我也有过纠结和彷徨，做私募股权投资是不是跨界？是不是到了一个全新的领域？是对自己耕耘过36年的会计事业离经叛道吗？后来我想明白了，金融看起来有些高大上，但还是大财务的一部分。如果说两者有什么不同，那就是金融可以面向更多的社会主体，对我来说也许是更好的归宿。只要与价值为伍，财务活动就无处不在，会计人生必定精彩多姿！

让学习成为习惯　用心智开拓未来

坚持学习是我始终不渝的习惯。最初，我是个两次名落孙山的高考落榜生，在经历了几个月的集中培训学习后，一到工作岗位我就抱着满腔的热情和积极向上的状态，主动去适应最艰苦的工作环境。第二年我就被分配到浙江省东阳市最偏僻的一个边远乡镇，负责该乡的财税征管工作。这个乡不算大，税收征管点加上一个临时的税务助征员总共只有3个人。1983年我到这个乡，当年的工商税收征收任务是8万元，到我调离的1985年已超额完成了14万元的年度任务，每年都保持了很好的增长速度，而且给几家骨干乡村集体企业还减免了不少税收，促进了当地企业的快速发展。这期间，我考取了杭州电子科技大学的财政专业函授大专，被评为优秀学员，被调到了城区工作，又被推选为财税所的副所长，是我们所在的市财税系统当时最年轻的中层骨干。后来，我又在市内几个基层所调动任职，边干边学，还多次被市局调派到每年举行的“全国税收财务物价大检查”检查组工作并担任负责人。通过刻苦的学习，我1995年一次性通过了注册会计师的全科考试，那段时间我还连续通过了经济师和会计师职称考试。1997年，我被调任市财政局属下的会计师事务所担任负责人，期间我又先后考取了注册资产评估师、注册税务师的执业资格。

获得杭州电子科技大学的财政学专科文凭后，我又连续参加了浙江大学的法律本科自学考试、中南财经政法大学的EMBA工商管理硕士研究生学位班、中国人民大学的工商管理DBA博士课程班，通过学习不断丰富提升了自己的知识领域。在注重提高文化素养的同时，我也不断提高自己的职业素养和专业技能，先后取得国有大中型企业财务总监任职资格、上交所独立董事资格、证券从业资格、基金业从业资格，拿到了从事这些职业的敲门砖。同时，在我的工作和学习中，力求做到学以致用、知行合一，把自己有效的工作实践总结提炼成学术成果，提升自己的专业学术素养，先后在国家级、省级专业类报刊杂志发表各类学术论文20多篇。2011年，我还顺利通过了浙江省正高级会计师的任职资格评审。

多年的学习成长经历，使我认识到一个人应始终保持好奇心和强烈的求知欲，培养自己良好的职业素养和不断接受新事物的开放心态，这样才能为自己的后续职业发展开辟广阔的空间、汲取丰富的营养和提供不竭的动力源泉。

学会统筹规划　把事情看得更全面更长远一点

我们在工作中设定和达成一个目标都要先有一个好方案，必须全面兼顾所有者、融资方、合作方、监管部门、经营者、内部员工、社会公众等多方面的关切。要在合法合规的前提下，洞察国家长期的政策走向，统筹各方面利益关系，确定自己工作的目标路径，制订系统周密的方案。这在我的财务工作实践中，也有着深刻的体会。

1999 年，我刚离开财税部门来到的第一家民营企业，公司就面临着一场不小的税务纠纷，被税务部门通知要求补税加滞纳金 1600 多万元，并等候处罚决定。与税务部门争议的焦点是公司刚涉足的第一个房地产代理服务项目，被税务部门认定为是房地产的开发销售行为，为此公司可能面临要多交至少 10 倍以上的税款。更为严重的是这个纠纷案件还可能会被认定为是涉税犯罪案件。当时公司专门成立了协调小组，由我负责协调有关部门处理。通过收集整理大量的佐证资料，与税务征收机关多次沟通，反映实际情况并举证，先后经历了 2 年多的时间，最终才获得了税务部门的谅解。

这起纠纷之后，我在处理房地产公司的许多财务税务事项中，对树立全局观、系统观、历史观，全面把握问题的重要性有了更深刻的认识。例如：对如何最大化提高公司融资能力的筹划；如何把握好国家所得税政策的大趋势，对房地产项目的经营周期、利润释放周期做好合理规划；如何对开发商在同城开发的房地产项目尾盘采取整合统一管理的筹划；如何运用税收和财务政策，在土地增值税清算中争取合理税负的筹划等。

在 18 年的民营企业高管任上，我担负的主要职责是 CFO，所经历的具体工作大体上包括：为集团公司及下属企业梳理管理流程，建立董事会、监事会制度，落实经营者股权激励以及考核分配机制，负责公司法务谈判，制定集团和下属公司的财务战略、财务总监委派制度、财务分析评价制度，进行税务筹划、并购筹划，收购兼并及合作谈判，建立内部控制制度，进行公司上市筹划、公司股改、精细化成本管控等。公司这些重大管理和经营决策我都站在第一线，并提供关键意见。通过以上措施加强管理、完善制度，对促进公司增收节支是非常明显的，取得的成绩也得到了相关公司董事长和其他高管的认可和积极评价。

价值管理与价值投资殊途同归　有价值的人生最精彩

会计人与投资人都是围绕价值做事。会计人以价值管理为侧重，投资人以挖掘和提升价值为目标。

回顾自己为何会选择私募股权基金这个行业，说来也是有渊源的。大概在 1998 年，我读了赵炳贤先生的《资本运营论》一书，开始对资本运营有了浓厚的兴趣，作者引入了西方把投资银行家比喻成金融工程师的概念，描绘了投资银行通过资本运作、兼并重组优化社会资本配置，发现和创造新的价值的场景案例。对于我国当时资本运作没有很多理论和实践的参照，而盘活大量国有资产却有着巨大的潜在需求的情况下，投资银行家职业是非常有想象空间的。

自那开始，投资银行成为我特别敬慕的职业。虽然后来我也负责过不少投资和兼并重组项目的运作，但总觉得不是我心目中的投行业务。在项目可行性研究、行业分析、财务尽调、商业尽调、法律尽调、风控措施等多方面远没有真正做到投行的专业水准，让项目运作留下了很多遗憾，甚至也有惨痛的教训。因此，有机会加入一家私募投资基金管理公司，也算是圆了我的一个梦。我想凭借自己的意志力，孜孜不倦的求知欲和奋发向上的处事态度，在这个领域成就自己的一片新天地——也是成就一个会计人的新天地！

与价值为伍，会计人生一定很精彩！

（原载《财务与会计》2018 年第 20 期）

从会计、审计到风险管理的转型之路

毕思强

毕思强，信永中和会计师事务所管理咨询合伙人。注册会计师、注册资产评估师、注册税务师、特许证券会计师、注册高级企业风险管理师、美国特许风险管理师。

回顾自己的工作历程，大致分为三个阶段：第一阶段从事会计工作，深刻体会到会计作为国际通用的商业语言，是政府监管、企业管理、投资合作和公平交易的基础；第二阶段从事审计工作，凭借专业力量从财务审计、管理审计和风险审计等方面为国家经济建设贡献了应有的力量；第三阶段从事风险管理咨询工作，助力企业创造价值和守护价值，推进企业持续稳定发展。

十年会计见证乡镇企业“异军突起”

1987 年，19 岁的我从中等师范学校毕业，未能去当小学老师，而是被分配到济南市历城区乡镇企业管理局从事从未学习过的财务会计工作。从 1987 年 1 月 1 日起，全国乡镇企业系统开始施行财政部和农牧渔业部联合下发的《乡镇企业财务制度》。虽说乡镇企业的快速发展是农村改革中始料未及的收获，被邓小平赞誉为“异军突起”，但乡镇企业财务会计人才稀缺、管理基础薄弱仍是普遍存在的现象。为使财务会计工作适应乡镇企业大干快上的好形势，山东省乡镇企业系统先后开展了会计基础工作验收、会计达标升级验收、会计职称培训考试、会计函授等系列工作。至今都过去 30 余年了，还清晰地记得当时热火朝天、马不停蹄的工作场景，身体力行参与组织各种活动也使自己快速掌握了财务会计知识。特别是1992年财政部加大会计改革力度，发布“两则两制”，财务会计工作与国家建立社会主义市场经济体制的要求相适应，为当时的年轻人提供了前所未有的发展机遇。记得那时走访过的乡镇企业超过百家，组织培训财务会计人员达5000人次以上。正是因为有了这样的锻炼和积累，之后我参加注册会计师、注册资产评估师、注册税务师考试等都是一次通过。10年乡镇企业财务会计工作经验的积累，也为我创办会计师事务所奠定了坚实的专业基础。

十年审计走过艰难创业路

1996年济南市地方税务局成立济南汇诚会计师事务所，请求乡镇企业局支持专业人才，因我具备注册会计师资格，顺理成章被调入会计师事务所。没有想到的是，仅仅过了一年多的时间，上级有关部门就要求会计师事务所在1999年年底以前全部完成脱钩改制，由注册会计师个人出资组建，实行自负盈亏。三十而立，又面临一次选择，是参加老所的脱钩改制还是与几个志同道合的朋友创办一个新所？经过一年多的探讨、碰撞和磨合，终于确定了要走新建会计师事务所之路。很清楚地记得，1999年9月9日这天，山东省财政厅批准我们成立了“山东中立信有限责任会计师事务所”。当时山东省最大的会计师事务所年业务收入超过千万元，我也给刚成立的会计师事务所确立了一个宏伟目标，争取用5年时间成为千万元业务收入的会计师事务所。目标有了，但路怎么走却是个难题。当时我们成立的会计师事务所只有十来个人，没有什么积累，也没有现成的客户。几番讨论之后，决定邀请清华大学经济管理学院的两个教授来济南举办经济论坛。凭着我们“初生牛犊不怕虎”的精神，居然邀请到了省内20多家大企业参加，省政府还派了一名副省长全程参加了此次论坛。当时的省委书记还给论坛发来贺信，称“中立信会计师事务所的年轻人，办了一件好事，在政府、企业和专家之间架起了一道桥梁”。经济论坛的成功举办，也让我悟透了一个道理，只要走正路、做正事，就会得到社会的支持。

建所之初，我们人员虽少，但在专业方面却很有底气，2000年的全国注册会计师证券期货资格考试，我们所一次通过5人。之后在昆明会计师事务所黄俊等老前辈的帮助下，我们成为天一会计师事务所山东分所，顺利解决了会计师事务所从事证券期货相关业务的资格问题。世纪之初的全国证券审计市场，因受银广夏和东方电子等重大事件的影响，市场竞争格局处于不断调整之中。2003年国务院国资委和地方国资委相继成立，打破了原来会计市场条块分割的局面，这对我们来讲是很好的发展机遇。有了证券期货审计和国企审计这两个大的服务市场，往后的路我们就走得比较顺了，

"面多了加水，水多了加面"，业务和人员的规模就慢慢做起来了。2009 年，在事务所创业十周年之际，整体加入信永中和会计师事务所，事业得到了进一步的发展。最近一个财年，我们事务所的业务收入超过了 1 亿元，成为山东规模最大、效益最好的会计师事务所。所有这些成就的取得，都是我和团队努力的结果。

十年风险管理咨询领悟到管理的真谛

2001 年美国安然事件后，美国国会迅速通过了《萨班斯·奥克斯利法案》，要求在美国上市的公司建立内部控制体系，并聘请注册会计师进行审计。2004 年中航油集团新加坡分公司发生重大风险事件，国务院国资委于 2006 年 6 月发布《中央企业全面风险管理指引》，要求中央企业建立全面风险管理体系。财政部也经国务院批准，牵头国资委、证监会等六部门成立了企业内部控制标准委员会，着手制定中国的企业内部控制标准。在此背景下，我隐隐感觉到，注册会计师行业一个新的发展机会到来了。适逢美国哈佛大学 CA 认证中心在广州举办美国特许风险管理师的培训和考试、国家劳动和社会保障部批准引进亚洲风险与危机管理协会的"注册高级企业风险管理师"项目，这两个项目考试我都顺利通过了，借此契机，我从审计工作转型为风险管理咨询。

如果把企业内部控制作为风险管理体系的组成部分来算，自己所带领的团队已为上百家企业提供了风险管理咨询工作。印象比较深的项目包括：2008 年和 2009 年连续两年担任专家组组长，帮助山东省国资委完成了 8 户省管企业风险管理体系试点建设的评价验收工作；2009 年与国务院国资委研究中心、清华大学合作，完成《国有大型企业集团财务风险管理框架研究》课题；2012 年作为风险管理咨询专家，协助国务院国资委监事会工作局完成了对 117 户中央企业的内部控制专项检查工作等。

近年来，中国特色社会主义进入了新时代，我们面临的矛盾、风险、博弈也前所未有，从风险管理咨询角度出发，唯有与时俱进树立风险治理的新思维、新理念和新思想，才能有效防范与应对多种复杂风险，才能更好地为经济建设服务。

迈向新高度，助力具有中国特色的企业风险管理体系的形成

作为世界著名的物理学家，我国"两弹一星"事业的领导者和组织者，1987 年 3 月 22 日钱学森在伦敦为中国留学生作了题为《建国百年之际，中国必然强盛》的报告，指出："中国 300 多年的历史证明，不可能走其他的道路。只有一条道路——这就是马克思列宁主义的科学社会主义道路。"与大国崛起的世界地位相匹配，我们在中国企业管理的制度和文化建设方面也应树立这样的自信。百年前德国著名的社会学家马克斯·韦伯所著《新教伦理与资本主义精神》一书，对一个处在转折和彷徨中的文明

进行了一次彻底的追问，来反观人生、价值、伦理、生活方式、职业等问题，他采取的路径连带着家国、文明、宗教和历史的深度。对于时下的中国企业管理界也迫切需要这样彻底地追问与反思。

2018 年，是我国改革开放 40 周年，伴随着改革开放的脚步，各行各业都得到发展壮大，风险管理咨询行业也不例外。学习和借鉴国内外先进的风险管理理论，总结中国企业改革开放 40 年的经验，结合行业自身发展的经验教训，构建具有中国特色的企业风险管理体系的时代已来临。基于此，作为风险咨询机构中的一员，我又给自己定下了新目标：迈向新高度，拥有大格局，紧紧抓住科技创新和风险管控的时代主题，带领团队构建风险治理和管理的监督监察体系，助力具有中国特色的企业风险管理体系的形成，更好地为企业保驾护航。

一路走来，一路成长蜕变，不变的是始终用自己的专业服务社会、服务经济建设。未来，民族的复兴、大国的崛起，还需要我们尽绵薄之力，继续贡献一份专业的力量。

（原载《财务与会计》2018 年第 20 期）

李曙亮

李曙亮，东方今典集团总会计师。高级会计师，注册会计师、注册税务师、注册资产评估师、国际注册内部审计师（CIA）。

一路成长　一路收获

我从事会计工作至今已20年了，一路走来，有失败的辛酸，也有成功的喜悦。

会计考证岁月　奠定专业基础

大学毕业前夕，同学们在畅谈未来，我则选择了报考注册会计师。但天有不测风云，毕业后才得知父亲病重住院，家人担心影响我学习没有告诉我，得知我毕业后还要参加考试，家人很不理解，认为有些人初中毕业会计就干得很好，我已经大学毕业了没有必要再参加考试，但父亲很支持我。我一边工作，一边照顾父亲，一边坚持学习备考。那年9月我如期参加了考试。因准备不够充分，第一次参加考试以失败告终。第二年，我再次报考，考试前父亲病重，我克服重重困难到省会郑州参加考试，到达郑州后就接到父亲去世的噩耗，怀着极其悲痛的心情回家办完丧事就匆匆赶到考场，那一年通过了两门。

失父之痛，考场再次失利，把我推向人生的最低谷。因工作单位效益不好被破产兼并，经朋友介绍，我来到郑州一家会计师事务所工作，并陆续报考了注册税务师等相关资格考试。记得那时，白天在单位工作，晚上下班后赶到附近的学校学习，直到教室关灯。通过努力，我相继获得了注册会计师、注册税务师、注册资产评估师、国际注册内部审计师（CIA）资格。

践行内审理念　适应客户需求

由于受国际注册内部审计师考试的影响，我认为内部审计能够发现企业运营管理中的不足，并能够充分发挥“创造企业价值、改善企业运营”的作用，于是有了做内部审计的想法。

机缘巧合，2002 年年初在对一家公司进行年报审计时，公司领导有意将我留下做财务，但我表明更愿意从事内部审计工作，公司领导满足了我的要求。初出茅庐，踌躇满志，一心要在内部审计岗位上大展“身手”，但因涉及当事人的利益，我出师不利、处处碰壁。我反复思考之后调整了工作思路，并为公司管理层提出了合理化建议，被公司采纳，也得到了领导和同事的认可。

但事后发现领导“认可”的是我的工作能力，而不是内部审计工作。我对内部审计的定位是管理审计，而领导对内部审计的定位是舞弊审计。

2006 年公司组建集团，我到集团旗下的核心公司负责财务工作。我虽从事财务工作，但仍在苦苦思索内部审计定位的问题。工作之余，我购买了大量的有关内部审计的书籍学习，还经常上网与内审同行交流。

2008 年集团组织架构改革，加大了审计力量，将原房地产集团预算合约部并入审计部，由原来的 4 人增加到 8 人，我又被任命为集团审计负责人，内部审计工作到底该怎么干？是一如既往地开展管理审计还是以舞弊审计为主？我想起了一位视野网友的话，内部审计就是“想老板之所想，急老板之所急，干老板想干而不能干的事”，不能满足客户需求，就必然被淘汰，只有满足客户需求，才能走得更远。基于此，在机构调整到位后，我就开始投入到紧张的工作当中，经过近一个月不分昼夜的苦战，发现一笔金额数十万元的支出重复支付了 3 次的舞弊行为，提交集团进行了严肃处理。同时，牵头建立了舞弊举报机制。通过举报线索，查实一些舞弊事件，并移送司法机关，受到法律的惩处。记得还有一次接到举报说某管理人员有严重舞弊行为，我们通过审计证实，证明该管理人员是清白的，并出具专项审计报告。经过自己的努力，我们在公司树立了内部审计的威信，赢得了员工的信任。

研究问题本质　实施会计创新

有一年春节前，公司安排付款，财务部门提供的外欠款金额仅工程欠款一项就比工程部门统计的少 1.6 亿元。经调查发现，工程部门是依据合同、工程进度和已付款信息统计的，而财务部门是依据发票或付款凭证记账的，如果业务已经发生，财务部门没有收到发票或相关凭据就不进行账务处理，这部分欠款信息就无法进入账务系统。

为什么会计专业人员提供的数据反而没有工程人员统计的数据准确呢？我认为是由于会计人员片面追求形式上的要求而忽略了问题本质造成的。我调查其他企业后发现普遍存在此类问题。那么，如何解决呢？我查阅了很多会计书籍，也没有找到解决的方法，于是就有了写一本关于房地产开发企业会计和税务操作实务书的想法。

想法很好，但真正写起来却很难。首先是结构问题。我参考了很多房地产开发企业会计的书籍，采用的都是货币资金、存货等按会计要素为线索的结构，考虑到书的实用性，我摒弃了以会计要素为线索的行业会计模式，采用以设立公司、购买土地、开发建设、销售或持有物业等业务流程为线索的模式。其次是内容问题。最初考虑是书的前半部分写会计，后半部分写税务，写的时候才发现，前面写会计时需要介绍业务，后面写税务时还要介绍，而且前后是“两张皮”，不能融为一体。于是我就决定把会计与税务放在一起来写，先介绍业务，再写会计方面的内容，最后写税务方面的内容。写完一章发现，税务处理介绍完以后，还要进行会计处理，于是又做了调整，类似问题反反复复调整过无数次，可谓数易其稿，耗费了我大量精力。写书期间整天加班加点至深夜，周末从来没有休息过，初稿出来后，又向朋友征求修改意见。经过连续 3 个月的努力，《房地产开发企业会计与纳税实务》一书终于在 2010 年 1 月出版，深受读者欢迎，不到 3 个月，第一次印刷的 3000 册销售一空，至今已连续印刷 26 次，销售量约为 12 万册，我的心血没有白费。

探索培养模式　培养会计人才

2012 年集团公司将财务中心、融资中心、审计中心合并为财务中心，由我担任总会计师负责合并后的财务中心工作。

多年的工作经验和思考使我认识到人的重要性，“要想做事，先要有人”。随着集团的发展壮大，必须要有大量的人才储备。因此，我自担任总会计师后第一件事就是招聘会计人员，积极探索人才培养模式。自 2012 年开始，集团财务系统从高校引进上百名本科毕业生和硕士研究生，并制定明确的人才培养目标和计划，确定以培养懂财务、懂业务、懂运营、懂管理的复合型管理人才为目标，采用“用中学、学中用”理论结合实践的培养理念。每逢周末，我就给大家上专业课、批改作业、组织讨论交流。通过精心培养，两年后，集团决定将房地产板块各公司在任的财务经理全部免职，重新进行公开竞聘。通过笔试和答辩，新进大学生中有 3 人被聘为财务经理，其中有一位大学生毕业仅 8 个月。这种人才培养模式被集团在各中心各部门推广，至今已有 16 人被聘为财务经理，9 人进入人才储备库，目前这些人员在集团财务系统发挥着重要的作用，而我也被集团授予“金牌导师”的称号。

实践业财融合　创新运营模式

基于工作实践，我认为根据“万物皆数”的理念，所有的经营业务最终都会反映到财务结果上，反过来如果提前进行财务规划，就能够改善经营管理。于是，我与总裁、运营总监共同研究，创新了集团房地产开发经营业务的运营模式，进而建立了一套项目投资前的预测、保证价值实现的激励与约束机制、过程中的管理与控制、事后分析与评价等一套完整的管理会计体系。新运营模式实行后，销售规模和投入资金收益率均有大幅提高，其中有两个房地产项目公司连续 4 年获得当地（地级市）销售冠军。

2016 年一个偶然的机会，我了解到有关部门每年举办“管理会计创新实践奖”，我决定将我们研究的运营模式申报此奖项。整理案例的时间，白天杂务繁忙，只好利用晚上挑灯夜战。资料申报后，功夫没有白费，经评选，我们最终荣获“管理会计创新实践奖（2016)”。这个奖项凝聚了我的心智和汗水，我感到非常自豪。

一路走来，工作着、思考着、总结着、改变着，在实践中学习，在实践中摸索，一路成长，一路收获。

（原载《财务与会计》2018 年第 20 期）

第七篇

2019年

编者的话

人的一生，总是面临着很多选择，古往今来皆是如此。面对生活，陶渊明偏爱“采菊东篱下，悠然见南山”的闲适，范仲淹则坚守“先天下之忧而忧，后天下之乐而乐”的责任；面对生命，革命家奥斯特洛夫斯基认为，“人最宝贵的东西是生命，生命对于每个人只有一次”，但在裴多菲这位诗人眼中，“生命诚可贵，爱情价更高，若为自由故，两者皆可抛”。不同的选择成就不同的人生，难怪路遥感叹“生活啊，生活！有时候它把现实变成了梦想，有时候它又把梦想变成了现实”。

2019 年的金秋十月注定是不平凡的。庆祝新中国成立七十周年大会盛大阅兵仪式上雄浑的军乐声犹在耳畔久久不息，当我们为祖国的繁荣和富强而喝彩、而自豪的同时，也对当年选择为共产主义理想牺牲生命的革命先烈们肃然起敬。一代人有一代人的奋斗，一个时代有一个时代的担当。本期 10 位“会计先生”，作为新时代会计行业的见证者、开创者、建设者，面对生活给予的种种挑战和机遇，交出了自己的答卷。

赵寿森，从油田基建会计到集团总会计师，30 多年间不断迎接挑战、不断思考、不断探索，对于这段厚积薄发、学以致用的人生，他无怨无悔。陈震晗，伴随着中国中车从“跟跑”到“并跑”，进而“领跑”的跨越式发展，他的职业人生也经历了身份与职位的多次转变，在这条令他始终不渝的审计会计人生路上，他走得稳健而畅快。吴平，在新时代为他提供的职业发展舞台上，始终秉持专业而严谨的职业态度一路走来、一路成长，相信未来也将一如既往，尽职尽责，积极投身实现“中国梦”的伟大实践。刘秋东，始终相信要想获得成果，既要善于仰望星空，又要能够脚踏实地，于他而言，在短暂的人生里选择喜欢的事情并当作事业去做，不忘初心、乐于坚守，便是成功。郭永昊，将自己与会计的关系归为“偶然中的必然”，机缘巧合闯入会计之门后便心无旁骛全情投入，多年的会计职业生涯早已让他认定自己是一名会计人。周仙，这位勇立潮头的新时代奋斗者从年少离家求学的经历中学会了独立和坚守，15 年间通过财务投资为企业实现盈利逾 30 亿元，无愧为一名合格的资金管理员。孙彦永，出身农家，从中专学校到正高级会计师、从技术员到总会计师，他“干一行，爱一行”，始终孜孜不倦地学习，并与实践紧密融合，一路走来、一路坚守。姚光华，怀着“经济越发展，就越需要理财算账”的朴素想法开启财会人生，30 余年间不断追求创新，深信着“越努力、越幸运，没有注定的结局，只有不够努力的过程”。杨发勇，自 1986 年考入武汉大学管理学院财务管理专业至今，近 30 年间他始终坚守在高校经济和财务管理工作岗位上，在对会计工作从陌生到熟悉到热爱的过程中，不断挑战，努力升华。操礼庆，勤奋敬业、努力让选择变得更正确，探索创新、努力让专业价值得以发挥，锐意进取、努力让自己成长为行业头雁，会计是他职业生涯的起点，也是他人生价值的依托。

10 位会计先生，10 段不同的会计人生，各有各的绚烂和精彩，相互交织，共同展现出新时代会计人勤勉、睿智、诚信、担当的精神风貌。与他们同处在新时代中的我们，也面临着诸多选择的机会，是满足一时的安逸一成不变，还是遵从自己的本心迎难而上；是追求一时的功利，还是保持固有的节奏，无不考验着我们的内心。海子说：“我们最终都要远行，最终都要与稚嫩的自己告别。”一次次选择和告别之后，勇气、智慧、忠诚这些美好的特质在身上不断积淀，为下一次的人生选择积蓄力量。面对人生的一次次挑战、一次次机遇，愿我们都能如这 10 位会计先生一样，“心中有阳光，脚下有力量”，做出令自己无怨无悔的选择。唯有如此，才能无愧于自己的人生，无愧于这伟大而美好的新时代。

赵寿森

赵寿森，中国煤炭科工集团有限公司党委常委、总会计师。正高级会计师，国务院特殊津贴专家，财政部内部控制标准委员会咨询专家，全国优秀会计工作者。

挑战未有穷期

“唯有读书改变命运。”对此，我坚信不疑。1981年，高考失利的我毅然决然选择了复读。这一次，我选择了山东经济学院的会计专业，就此开启了我的会计人生。

牛刀小试

4 年大学生涯结束后，我进入胜利油田财务处做了一名基建会计。初入职场，我这个会计新人就面临着较大的挑战。除了懂些会计原理，在实际工作中记账的规则、制度都很陌生，这意味着我要从零学起。我白天跟着师傅学，晚上就熬夜翻看以前的账务、报表、制度，一有空闲时间就往书店跑，买些与基建、管理、工程相关的书来读。我还利用每周的休息时间去一线看工人们是如何施工的，也交了不少基层的朋友，我的笔记本上记满了房屋建筑图纸的形成、施工过程中的注意事项。我知道了砖、水泥、沙子的配比，了解什么标号的水泥、多大颗粒的沙子配合多少量的水和三者的拌和比例，保证质量才能经受住气候与时间的考验。

1986 年，孤东油区万人会战，我又开始学习抽油机的工作原理、一口油井大抵有多深、打一口油井需要多少钱、工程费时多少个周期……该做表的时候我就回到单位，做完了账再跑去现场，就这样来来回回在会战现场待了一年。凭着不服输的学习劲头和出色的工作能力，我很快转战到工业会计领域并担任成本科副科长。

1989年，参加了中国西安石油学院的会计电算化培训后，我对国外信息化的先进与国内手工做账的落后深有感触，便下定决心为胜利油田编制一套提高会计工作效率的软件。一间单独的办公室、一台电脑、一台打印机、一个烧水的电炉子和几箱泡面……我两个月都没有回家，就在办公室里编程序，有灵感了就编，编累了就在椅子上休息，什么时候天黑什么时候天明全然不知。有时候打印着突然发现程序不对，再停下来重新琢磨程序，就这样反复研究反复尝试，最终编出了油田基本建设成本核算的第一套程序，从会计凭证，到账套、报表，再到印刷，全部实现了计算机化，原来需要两三个月的决算半个月时间就能做完，在保障了数据准确率的同时极大地降低了工作强度。

20世纪90年代我国建立社会主义市场经济体制以来，国家开始高度重视税务工作。我从国外考察后才知道增值税分为生产型和消费型两种。我认为石油在地下本就存在，只是通过一种方式开采继而加工，因此胜利油田应该实行的是消费型增值税。在研究清楚后，我起草了一份关于胜利油田实行消费型增值税的办法，并作为建议提交给了国家税务总局。相关部门不仅采纳了我的建议，并经修改后作为国家的税收政策正式出台实施。此外，我和同事们还参与了包括取消石油行业内部工程劳务、内部承包合同印花税等石油行业的税务制度完善过程，不仅为公司节约了税收成本，还助推了石油行业的健康发展。从那时候开始，我格外注重制度建设。我认为制度的效率是企业经营发展中最大的效率，制度对企业的发展是最大的促进，制度的成本是企业最应降低的成本。在一次次结合工作实际的研究思考中，我一路从成本科副科长、税务科科长走向了中国石化胜利油田有限公司董事、副总经理、总会计师岗位，并在2005年获得“全国优秀会计工作者”荣誉称号。

迎难而上

2005年，在国资委举办的面向全球招聘25名央企高管的活动中，我被选聘为中国航空油料集团公司（简称中国航油）的总会计师。作为“中航油新加坡事件”后中国航油的首任总会计师，我自竞聘成功以来就受到了社会各界的广泛关注。我暗下决心，一定不辜负国资委、中国航油和社会各界对我的厚望，努力在中国航油的财务工作中发挥积极的效用，以重塑中国航油乃至中国企业在世界范围内的良好形象。

中国航油工作伊始，我就开始了一系列认真的调研和学习，对中国航油财务管理进行“把脉”。在广泛调研和实际管理过程中，我发现了中国航油财务管理存在三个主要难题：一是资金管理松散，二是集团监控力度及有效性不足，三是信息不集成。在摸清了中国航油的财务管理特点和重难点的基础上，我结合行业和企业的特点和现状，按照“立足长远、分步实施、突出重点”的方针，坚持以企业经济效益为中心，大胆实施了一系列财务管理举措，取得较好成效。一是夯实财务管理基础。经反复考察和调整，中国航油的财务管理制度体系在2007年基本搭建完成。从2008年开始，我又重点加强了固定资产管理制度的制定工作，并于2009年4月为中国航油制定了一整套全面涵盖投资、科研、立项、建设等在内的资产管理制度和方法，为公司的科学管理奠定了良好基础。二是积极推进信息化建设。我带领团队用1年时间对原有的信息化工作进行了重新梳理，将四套系统合而为一，使员工真正体会到了信息化的好处，真正发挥出信息化的作用。公司还引进了SAP的管理模式，并在中国航油整体战略指引下，实现了管理信息系统与国际先进水平的接轨。三是强化推进资金的集中管理。首先，取消各单位多头开户，存贷款由集团公司统一面向银行进行，发挥融资信贷优势；其次，下达资金控制指标，存款、应收款、预付款等列入月度考核，实行年、月、周、日现金流计划等。这些措施缓解了资金紧张的矛盾，使资金的占用量全面下降，同时又有效解决了存、贷两头大的问题。四是推行全面预算管理，强化业绩考核工作。将预算管理、绩效考评、薪酬兑现三者相结合，做到严考核、硬兑现，提高了预算指标的严肃性，确保实现预算目标的同时，切实改变了生产经营与财务资产两张皮的现象。五是建立具有中国航油特色的风险管理体系，通过持续监控并改善风险管理，控制和规避了经营风险。六是建立健全财务监控机制，财务监督的作用和范围得到了进一步提高和扩大，财务管理的职能延伸到业务各个环节。七是着力培养人才，打造一流团队。坚持“以人为本、以能力建设为核心、以工作需求为导向、以财会后备干部队伍建设为重点”的理念，着力推行学习型财会队伍建设，根据不同层次、不同岗位和不同需要，有针对性地开展财会人员培训，实现了财务人员的知识结构由单一型向复合型、由资历型向能力型、由文凭型向水平型的转变。

再次出发

2018年，我离开了工作多年的中国航油，来到中国煤炭科工集团有限公司（简称中煤科工）担任总会计师。

中煤科工由中煤国际工程设计研究总院、煤炭科学研究总院两家中央企业合并组建，两家公司思维模式、管理模式相距甚远，总部整合难度大。两个财务部门组织统一问题解决后，初期财务管理双轨制的问题凸显，两个财务主体在会计政策、会计科目、会计报表等方面存在差异，存在多管理主体、多账套、多系统的复杂局面。面对如此复杂的局面，财务部门如果不能快速融合，那么最基本的财务管理都要失控，更谈不上支撑未来战略。我从“满足现实的运营”出发，考虑“立足于未来发展”，坚持财务整合走一体化管理之路，建立全新的财务一体化体系。通过不断的宣贯培训，从思想上消除了大家的疑虑，为财务大集中体制的建立打下了良好基础。

财务整合最重要的基础是“统一财务语言”，实现会计主体一体化、会计政策一体化、会计报表一体化。为此，我带领团队围绕集团战略进行财务供给侧改革，初步形成了高质量财务数据信息报告——“财务动态与专报”。报告的主要有内容和政策动态、基本面情况、经营效益、财务状况、资金情况、运行中需关注的问题和专项工作进展等。回顾过去“财务动态与专报”实施的一年，中煤科工集团改变了过去存在的数据多头管理、层层汇总、标准和口径不统一、财务数据和业务数据打架的问题，造就了素质过硬的财务队伍，有效防范了经营风险，提升了管理层的决策能力。

未来，中煤科工财务管理的重点将更多地转向四个方面：通过集中共享的财务组织变革提高财务效率；通过加强对过程活动的信息与成本管理，提高对集团运营成本的透明度和控制能力；通过财务职能演变，更多地执行预算、分析、决策、控制等管理增值活动；通过搭建“业务＋财务”的培训平台，建立起经营与财务、科技与财务、投资与财务、生产与财务、人力与财务、安全与财务等融合的沟通语言，使业务与财务有共同的语言，运用共同的准则与制度，发出一套标准的声音。

回望过去，我的会计人生是不断迎接挑战、不断思考、不断探索的人生，也是厚积薄发、学以致用的人生。对此，我无怨无悔。

（原载《财务与会计》2019 年第 20 期）

陈震晗

陈震晗，时任中国中车集团有限公司审计和风险部部长，现任中国中车集团有限公司审计风险与法务中心主任，中国中车股份有限公司监事。高级会计师，全国高端会计人才企业类学员。

始终不渝的审计会计人生路

改革开放40年来，中国人出行方式发生巨变，从时速60公里的绿皮火车到350公里的高铁，中国高铁跑出了让世界为之侧目的“中国速度”。全世界16个拥有高铁的国家中，中国高铁里程数高居第一。作为全球轨道交通装备最大的供应商，中国中车集团有限公司（简称中国中车）产品已遍布全球六大洲，从“跟跑”，到“并跑”，进而实现“领跑”，中国中车实现跨越式发展。作为17万员工的一员，我有幸亲历了这场变革，并伴随着企业的发展，不断提升自我，实现人生价值。

结缘会计审计　奠定人生基石

我出生在湘江边的一座工业城市——湖南株洲，那里有浓厚的湖湘文化底蕴，也有着新兴工业城市的气息。株洲被称为“火车带来的城市”，京广、湘赣、湘黔等多条铁路在这里交汇。铁路带来了人流、商品以及一座座拔地而起的工厂，城市就这样慢慢形成了。我的童年记忆里印象最深的，就是每天上学要跨越的几条铁路线，和那些一边喷着蒸汽，一边鸣着尖锐汽笛的火车。考大学填报志愿时，我向指导老师咨询，老师很认真地在候选专业中反复搜索以后，直言不讳地说：“你报考审计专业吧。这个专业是冷门，你录取的希望更大。”就这样，并不知道“审计”为何物的我，走到了湖南财经高等专科学校的审计专业课堂。当我进入了会计和审计的殿堂，才知道会计审计的世界如此奇妙和广阔。三年的系统学习，我深深感到：会计和审计学习带给我的不仅是知识，更将是我人生追求和职业生涯的起点。在学习审计专业知识之余，我还利用业余时间参加了会计自学考试，在工作的第二年，拿到了会计本科毕业证书。

未肯平原浅草飞 自有云霄万里高

也许是命运的安排，我毕业后工作的企业就是家乡人都引以为傲的电力机车制造基地。火车，铁路，再一次走进我的生活。作为企业的第一位审计专业大学生，审计处处长给予我极大的信任和支持。我参加的第一个审计项目就被任命为主审。虽然内心彷徨，但在领导和同事们的帮助下我顺利完成了任务。这给了我很大的信心，也从此为我打开通往审计职业的一扇美丽之窗。在此后的 8 年时间里，我就像一块海绵，不断学习各种理论和实践知识。成本会计、财务管理、财务审计、经济责任审计、管理审计、计算机编程……各种知识不断激荡着我，滋养着我，也不断给我前进的动力。在这期间，我完成了大量的审计项目，积极探索新的审计方法，撰写的论文获得全国及省市各级表彰，从零开始自学编程开发了多个审计小软件，开发了全集团应用的审计报表系统，成为工厂审计工作的业务骨干。

2004 年，我调任北京的中国南车集团总部后，参与了集团几乎所有的审计项目，积累了丰富的审计和会计工作实践经验，逐步从审计主管成长为副处长、处长、副部长、部长、子公司财务总监，不仅组织审计队伍独当一面地完成各项审计任务，还曾代表公司参加原铁道部、审计署等组织的多个大型审计项目。2008 年，公司上市后，董事会引入风险管理和内部控制理念。我意识到，现代大型企业必须立足于风险导向审计，加强内部控制与风险管理，有的放矢地做好内部审计，才能实现内部审计的转型，为企业发展服务。我提出审计工作“两个转变”，确立“管理 + 效益”和“控制 + 防范”的工作思路，并主持设计了“统一审计制度、统一审计计划、统一审计报告主体”三个“统一”模式，坚持以提高企业效益为中心，努力打造“增值型审计”。

2015 年，原中国南车和中国北车合并为中国中车。公司审计工作进入一个新的历史时期，同时也被赋予了更多的职责。新的中国中车审计工作确立了“围绕公司战略目标，提高经济效益，维护资产安全完整，促进提高企业管理和内部控制水平，为企业提供增值审计服务”的工作目标，重点开展了经济责任审计、管理审计、经济效益审计、内部控制审计、财务审计、工程预决算审计、投资项目审计、合同审计和各种专项审计调查等，审计工作取得了长足的进步，为企业健康发展发挥了重要作用。

“业精于勤，荒于嬉；行成于思，毁于随。”工作之余，我攻读了中国人民大学会计硕士学位，获国际注册内部审计师（CIA）和国际风险管理确认师（CRMA）任职资格，报考了英国特许公认会计师（ACCA），撰写的《企业内部审计信息化研究与应用》《基于 COSO－ERM 框架的企业风险导向审计模型初探》分别获全国内部审计论文评选一、二等奖，多次获得公司“优秀共产党员”称号，被评为“中国南车十大杰出青年”，入选财政部全国高端会计人才，连续三次当选为财政部内部控制标准委员会咨询专家，受聘为中国人民大学会计硕士企业导师、中国内部审计协会授课教师。时代给我们提供了尽情挥洒的舞台，我们也将不负时代！

知是行之始　行是知之成

学习知识不是学习本身的目的，多少本证书也不能证明实际工作的能力。当前企业环境和业务日趋复杂，我深深感到，唯有“知行合一”，将知识转化行动才能实现价值。

中国中车下辖近400家子公司，专职审计和风控人员400余人。中国中车审计和风险部是集团审计和风险管控工作的引领者，承担着确立审计和风控体制、研究制定审计风控计划、统筹管理调配集团审计风控资源的责任。要做好全集团的审计风控工作，离不开“定位、团队、制度、信息”四个关键点。

风险管理和内部控制是当前最为热门的前沿管理学科之一，也是管理会计的重要应用领域。在团队和我的共同努力下，中国中车审计部门对审计工作重新定位，已经实现了内部审计、风险管理和内部控制工作的融合。审计部门采用风险管理的手段来评估企业风险，运用内部控制的方法来查找内控与风险管控的薄弱环节，充分运用风险评估和内部控制的成果，抓好对风险预警及内控措施落实的审计，促使审计为企业经营服务的水平不断提升。

一流的审计工作离不开优秀的团队。我主持制定了集团审计区域中心方案、三年审计全覆盖规划、审计人员“六严禁”工作规定、一级子公司审计部长述职规定，提出构建集团审计风控人才培养考核和建立人才档案、审计专家库等设想，并定期组织各种类型的人才培训班和工作交流活动。通过各种机制措施，充分调动审计风控人员积极性，形成坚强有力的工作团队。

“无规矩不成方圆”。我运用创新思维，创造性地设计了一套符合中国内部审计准则体系、符合企业实际的内部审计制度，并将其紧密构造为一个包含“基本制度、具体制度和工作模板”三个层次和“业务、管理、方法”等六个单元的制度体系。基本制度指导具体制度，具体制度指导模板，层层递进关联，制度与模板之间相互贯通，模板与模板之间相互引用，85 个审计制度和模板形成一个有机整体。风控体系方面，我提出一套涵盖企业各种管理风险、业务风险、关键内控点的风险内控指引和指南体系，以及风险内控工作手册。审计和风控制度体系连续获得了集团管理创新成果奖，对于规范集团审计和风控工作起到至关重要的作用。

会计的核心是提供会计信息，审计的功能也是提供信息。审计风控工作的信息化一直是我工作中关注的一项重点。我组织实施了审计信息化实施方案，包括内部审计信息化平台建设、内部审计业务的信息化、内部审计管理的信息化三个方面。组织修订内部审计报表，开发内部审计报表软件、审计网站等，并积极倡导应用软件开展工程预决算、合同和财务收支审计。进入中国中车后，我提出“集团审计、风险管理、内部控制信息一体化”的概念，并在此基础上提出风控一体化信息系统设计方案，当前已圆满完成第一期的上线，正在稳步推进第二期建设。审计风控工作的信息化将极大地提高工作效率，运用大数据、云计算等新技术开展审计风控工作必然成为将来的发展趋势。

竹杖芒鞋轻胜马　一蓑烟雨任平生

作为“苏粉”的我，尤其喜欢苏轼的这首《定风波》。人生多起伏，世事难如意。但如能做到“听雨打叶”“吟啸徐行”的恬淡，再大的风雨也只不过是装点人生旅程的风景罢了。多年的审计风控乃至会计工作，让我学会了运用严谨、精准、规范的“骑术”做到一骑绝尘，同时也让我学会了有时可以穿上草鞋体会一下一蓑烟雨的畅快。繁忙工作之余，我会拿起毛笔，与晋魏名士、汉唐大家、宋明雅客来一场神游，笔墨间放逐心灵，回归本源。愿所有的同行们在未来的审计会计人生中，繁华似锦，更加精彩！

（原载《财务与会计》2019 第 20 期）

吴　平

开拓创新
持续推进“大财务”管理

吴平，中国诚通集团财务部总经理。正高级会计师，高级国际财务管理师。先后在大庆油田昆仑集团、中电科国际等企业担任总会计师等职务。

在多年的财务管理工作中，尤其是在特大型、综合型企业集团实践中，我始终坚持开拓创新，强化财务管理职能：树立“大财务”管理理念，立足企业战略规划，推动财务工作从核算、管理到战略协同，推进财务职能纵向延伸和横向扩展；构建“大财务”体系，将财务治理嵌入公司治理，实施分类赋能、分层管控，助推管理水平的提升；推行“大财务”管控，聚焦资源配置、价值创造，促进经营创效和运营优化，推动集团实现资源优化利用、稳健有效运行、整体利益最大的财务目标。

优化模式，构建与经营相适应的财务管理体系

一是针对多业务集团公司构建集权分权型集团化财务管理体系。2004 年担任大庆油田昆仑集团有限公司（简称昆仑集团）总会计师后，面对拥有 114 个法人、70 多种业务的大型综合性企业集团，我主导了业务重组整合与财务管理体系的构建：按经营业务将集团所属企业整合为 11 个专业子集团，开展授权经营与动态监测；统一集团分类会计政策，建立集团标准化方案，率先建成“一套账”会计集中核算和自动化生成报表模式；建成面向市场型的“五集中”（核算、资金、债务、税收、资产信息）财务管理体系。2007

年我担任大庆石油管理局财务资产部副经理后，对昆仑集团的财务管理体系进行了优化推广：集团总部侧重财务核算、资金、产权管理，子集团侧重经营运行、融资、资产管理，探索境外业务集中会计核算模式，建立起特大型多元企业集团“一个全面（预算管理）、三项集中（核算、资金、债务）”的双层财务管理体系。

二是针对资本运营平台推进“双层协同、分类赋能”的财务运行体系。2015 年我担任中国诚通集团财务管理部总经理后，结合国有资本市场化运作的专业平台定位和投融资、股权运作、资产经营、资本管理等职能，以资本运作财务和出资人财务为主导和主体，从资本计划、收益分配、市值与流动性、融资筹划、价值评估、财务服务等 6 个方面构建资本运营型财务运行体制；从整体预算、绩效评价、政策估计、融资与资金、财务与风险管控、经营促进等 6 个方面对所出资企业分别行使规划引领、目标引导、分析评价的职能，形成分类赋能型财务管控模式，与集团资本运营财务运行机制形成双层协同支撑，保障和促进集团“资本收益、资本流动、资本安全”等目标的实现。

突出重点，以新机制促进业务发展与资本增值

一是建立多维度的高效信息支持机制。在大庆油田，着力健全完善油气产业链业务环节作业成本核算和报告制度，推行有效经营考评；在中国电子科技集团国际贸易公司（简称中电科国际），狠抓境外销售机构间接成本分项管理、项目成本要素核算，有效促进经营创效；在中国诚通集团，从资本、资产的组合和结构角度，开展营利性、流动性、稳健性月度分析，推进权限范围内的信息共享，发挥过程管控、预警促进、信息支持和服务保障作用，为业务决策提供有力支撑。

二是聚焦核心重点建立持续有效的激励机制。在大庆石油管理局任职期间，开展技术服务、建设施工、机械制造、生产服务等多元业务对标“找短板、定目标”，从能力提升、市场拓展、降本控费、提升资源效率等入手，制定考评奖惩等办法，形成持续有效的激励机制；担任中电科国际总会计师后，立足于集团内国际销售公司的定位，根据目标市场容量、市场培育程度进行分解确定战略目标，在市场拓展、经营绩效、业务管理、其他协作指标考核的基础上，制定超额利润、新市场签约、重大项目签约、提高人均劳动生产率等专项激励机制，促进业务拓展与结构优化。

三是探索形成资本运营整体预算管理体系。立足于中国诚通集团资本运营与持股产业经营的定位，制定了“以 EVA 为核心、对标评价激励为保障”的预算管理办法，构建集团资本运作和出资人预算管理机制，并与所出资企业的全面预算相衔接，形成目标统一、重点明确、资源聚焦、措施支撑、动态监控的整体预算管理体系，推动资

源优化配置、产业经营创效与资本流动增值。

强化统筹，建立资金管理和筹融资新模式

一是优化配置，实现资金集中管理。在昆仑集团，通过制定适度优惠的资金政策，实行市场化自主资金集中，实施基于网络平台的“总分账户”资金管理，加强资金预算及进度计划管理，实现资金集中、实时查询、网上结算、核准支付、集团理财等目标，有效提高集团资金使用效率。

二是构建全渠道融资体系，实现低成本规模化融资。在昆仑集团，加强整体债务管控，以核心子企业作为担保，与交通银行大庆分行创新设立“融资额度池”，动态循环使用资金，缓解筹融资压力。在中国诚通集团，基于其资本运营与持股产业经营的模式，加强集团资本运营主体功能建设，建立跨市场、多工具的全渠道融资体系，同时采取长短结合、成本合理、组合化、序列化的融资策略，保障集团公司资金需求；推行子企业最大化独立授信和市场化增信，增强自律管控和发展创效能力；分层开展与银行业的合作，集团对接全国性银行并指导子企业对接区域性银行；契合资本运营“融”、基金“募”的需求，开展与非银行金融机构的资金合作，发挥资本运营公司服务实体经济的平台功能。

攻坚克难，助力企业持续稳健发展

一是以理念创新破解困难企业的清理问题。在昆仑集团，面对新型建材业务板块4家成员企业近20家法人资产规模大、债务负担重、运营已停止、职工分流难等问题，提请法院判决以资抵债，将生产性资产剥离出来，投入适量的流动资金，使剥离整合后的企业轻装上阵，重现生机。

二是以市场化机制寻求改革突破。在大庆公共汽车公司任总会计师工作期间，针对公益服务与经营服务合理划分的难题，推动市政府、油田及社会中介进行共同测算分析，明确票价制定原则和公交补贴机制，为推动公共事业改革以及政策落实、经营评价起到了示范作用；在任职江苏长江石油化工有限公司董事期间，组织研究建立了以EVA为载体，引入扣留适度激励作为风险金、模拟期权、社会化管理评估等方法的市场化经营机制。

三是探索国有资本运营新机制。围绕中国诚通集团国有资本运营试点，在进行实践探索的同时，推行资本收益理念，兼顾集团资本运营收益目标与所出资企业持续稳健发展的要求，由董事会提出分配方案，采取分步达标、分类施行等办法，建立资本收益新机制；从资金占用、资产交易、担保增信等方面，推行内部市场化运行机制，

促进所出资企业股权多元化、资产证券化，形成资本流动新机制；整体筹划并推进所属中商集团股权重组，重构形成公司制集团、主要业务实体直接管控的集团架构体系，打造规范清晰的新发展环境。

锻炼培养，促进队伍能力和工作水平双提升

一是持续加强团队建设，打造合格的高素质财会队伍。在多年工作中，我倡行“品德第一、业绩至上、注重潜力”的人才理念，持续加强“三个一”（工作：一支军队；学习：一所学校；生活：一个家庭）的财务队伍建设，采取“压担子”锻炼培养，建立专项工作小组对财会人员进行“传帮带”，营造学、比、赶、超的良好氛围，构建梯队财务人才结构；从加强基础工作出发，建立条线式、AB岗业务锻炼和工作保障机制，促进工作达标升级与队伍素质提升的有机结合，不断提升队伍能力和工作水平。

二是坚持学研结合、着力实践，为推动企业发展贡献力量。28年的工作经历，是“以用促学、学研结合、学以致用”的过程，我经历了生产一线、各层级经营管理岗位等，几乎涉及所有财务岗位，提升了专业知识水平和管理能力；发表和获奖论文10余篇，主持开展多项研究与实践活动，并荣获省级学术成果和管理现代化成果奖；在各层级的财务管理岗位上，通过践行“大财务”管理理念，有效促进了企业持续稳健发展，所在企业经济效益均同比有较大增长。

一路走来，一路成长，是新时代为我提供了职业发展的舞台。未来，我将一如既往，立足岗位，尽职尽责，积极投身实现“中国梦”的伟大实践。

（原载《财务与会计》2019年第20期）

刘秋东

刘秋东，中国海洋石油集团有限公司财务资产部报告分析处处长。中央国家机关会计领军人才，北京工商大学会计学硕士研究生导师。

脚踏实地
做有追求的会计人

日本思想家道元说过：“不成心专一事，绝不能达成一志。”今天，不管成功附着了多少客观因素，对个人来说，善于仰望星空，发现理想之星，脚踏实地，为实现目标而努力奋斗，都是必不可缺的条件。这是我的人生信念，也是我几十年践行的感悟。

执着梦想　追求自我提升

“书山有路勤为径，学海无涯苦作舟。”我从小在经商的父母身边长大，耳濡目染了商品交换的奥妙，经常帮助他们做一些账目计算和货物盘点的事情。高中毕业时，我没有丝毫的纠结，把做一名会拨算盘的会计——懂经营会管理，作为自己的职业理想，报考了本省的经济学院会计专业。1994 年大学毕业时，因成绩优秀、文字功底扎实，又是学生党员，我被当地财政局提前录用，在办公室从事政策分析研究。但机关按部就班不具挑战性的工作环境与我理想契合度不高，3 个月后，我不顾单位领导、父母和朋友的劝说，辞去了这个很多毕业生梦寐以求的“金饭碗”，来到山东省一家知名企业集团的财务部，开始了我理想中的工作。

我当时的公司是集生产销售、进出口贸易的大型集团公司，业务范围广、国际业务多。要想做到会计业务精通，不仅需要具备会计知识，更需要熟悉公司贸易业务。为了加速学习和了解这些国际业务，我利用业余时间自修了国际贸易专业全部课程。3 年多的学习完善了我的国际业务知识结构，也提高了我在会计专业和国际贸易业务方面的综合素质。1997 年，海外公司需要英文好、懂国际贸易的财务人员，我被派往澳大利亚的分公司，全面负责财务工作。海外的几年，在解决实际问题过程中，我在国际会计准则和国内准则因差异带来的碰撞中砥砺前行，在学习和工作中不断成长，从负责财务到负责该公司的全面业务。在认真总结和规划了自己的工作后，我发现想要成为具有国际视野和较高管理水平的财务管理人员，自己还有很大差距，于是在 2003 年，我毅然辞去了令人羡慕的工作，在澳大利亚全职学习会计学硕士和 MBA。与从学校到学校的一般留学生不同，我已经有了近 10 年的实践经验，我很清楚自己的专业知识结构中还需要什么，也能把书本知识和实践有机结合，融会贯通。我系统地学习了西方对会计学的阐述、理解和运用之后，重新审视之前十几年财务工作中遇到的困惑，顿感豁然开朗。这次学习充电让我的会计理论基础更加坚实，管理实践能力进一步的提升。

多年养成的学习习惯，让我回国后仍然没有停下脚步。2008 年，我又完成了澳大利亚注册会计师的所有考试，成为澳洲注册会计师（CPA）。2013 年，经过竞争激烈的考试和面试的层层筛选，成为首批中央国家机关会计领军人才，接受了为期 3 年的会计领军人才培养和学习。2015～2016 年间，我又获得英国特许注册会计师（ACCA）和国际注册会计师（AIA）。记得韩愈《师说》里说："闻道有先后，术业有专攻。"回首自己走过的路，每一步都倍感踏实。知识改变了我的命运，我坚信，无论何时，只要自己不满足，学习的路上永远都不会拥挤。

立足岗位　追求价值实现

"工欲善其事，必先利其器。"刚参加工作时，我就要求自己立足岗位做个有心人，多听多看多思。很快，从基础账目、凭证、成本核算、报表出具再到国际融资等业务驾轻就熟。在国外公司的几年，一方面利用信用证为国内的公司融取到低息资金，有效减轻国内公司的资金成本负担，另一方面扩大了国内公司的进出口业务，有力提升了澳大利亚公司的业绩。

2006 年，我进入了 A＋H 股上市企业——中海油田服务股份有限公司（中国海洋石油集团公司的子公司），负责资本市场信息披露工作。我和团队成员顶着对外披露语言文字的措辞和会计数据审核的压力，上下统筹协调，深化管理，快速形成了稳定的公司披露管理体系，高质量、零失误完成 2007 年 A 股 IPO 披露、2008 年 160 亿元人民币收购挪威钻井公司等披露，以及多年的公司新闻、季度、半年度和年度业绩信息披露，为企业赢得了良好社会声誉。我和团队编制的2008～2009年年报，连续两年在美国通讯联盟组织的30多个国家的年报评比中获得最高奖——白金奖；2010年获得上海交易所评选的信息披露十家最佳公司之一；2011年在香港上市公司年报评比中获得金奖。自己也多次被公司评为“年度先进工作者”“优秀共产党员”和“优秀领导干部”。

2012年我到中海油田服务股份有限公司财务部任经理，我狠抓基础工作、完善制度体系、构建集团一体化的会计报告体系、启动国际化高端财务人员的系统培训等一系列措施为公司国际化提供了有力的支持。针对公司事业部、分公司和国内外子公司独立核算而会计标准不一的现状，我带领团队构建公司统一的集团核算体系和架构，先后制定了集团统一的会计核算政策标准和细则，实现集团会计一本账；建立全员参与的预算管理体系，形成了预算、核算、绩效考核的一体化闭环考核体系；深化和统筹集团税收筹划，培养专业化的税收管理团队，建立集团统一的税收筹划体系，依法合规纳税，有效防范了海外财务和税务风险；夯实财务基础与合规并重，与税务部门、外汇监管部门、上海证券交易所、香港联合交易所、证监会等监管机构保持良好的沟通，与券商、投行、会计师事务所、律师事务所等中介机构保持良好的合作，在满足A+H上市公司的需求以及内部管理报告的基础上，形成高质量的会计报告体系，贡献了财务价值。公司的财务报告、管理分析报告多次在中国海油集团的评比中名列前茅。为支持公司的快速、健康发展，保障企业发展所需的现金流，我及时参与组织了公司2012年和2015年10亿美元发债，其中2012年10亿美元债券创亚洲（不含日本）20年来美元发债利率最低；2014年完成46亿元人民币H股增发，增发时点恰逢公司H股估值最高点，有力降低了股权融资成本；2016年又参与组织了100亿元人民币债券的发行。

2017年我又调到中国海洋石油集团有限公司财务资产部负责集团公司财务报告及分析工作。中国海油作为世界500强企业，有450家国内外下属公司，财务信息集成复杂，财务报告及财务分析对集团精细化管理又至关重要。我带领团队以提升集团公司财务报告体系为抓手，夯实基础工作，完善集团公司财务分析平台建设，形成财务报告核心集成指标1000多项，在9.5万张子公司会计报表基础上实现了国际准则和国内准则报告的一键式出具，既保证了会计报告的合规性，又保证了会计报告的集成性、自动性、准确性。此外，我和团队以财务价值贡献为目标、以国际一流公司对标为基础、以深挖风险点和利润增长点为突破点、以出具专题财务分析报告为实现手段，通过近两年的努力，不仅有力支持了集团公司的管理决策，而且有效指导了下属公司的会计工作，有效防范了海外会计风险。

“桃李不言，下自成蹊。”在几十年的工作中，我不断变换岗位，涉及的领域也越来越广。我不但能快速适应，并且能在原有基础上创造性地开展工作，使工作再上一个台阶。我的经验是：首先，打铁先要自身硬，管理一个专业化的团队，扎实的财务会计知识及实践能力是管理者的前提。其次，一定要有建设优秀团队的意识和标准。用自己的职业态度和业务能力去影响身边的人，用制度约束人，用能力说服人，用情感凝聚人。

心存感恩　追求和谐生活

作家林清玄说：用惭愧心看自己，用感恩心看世界。已入不惑之年的我，回首人生轨迹，总有一些人和事让我心存感恩！

心存感恩，我把身体健康看作一种家庭责任。作为上有老下有小的中年人，健康的身体十分重要，尽管工作繁忙，我还是经常抽时间跑步健身、游泳打球。闲暇时间，我还学习中医和饮食营养，洁身自好，养成了良好的生活习惯。

心存感恩，把善待他人当作处世基础。我注重修养心性，在工作中多换位思考，制度和情感管理并行，坚持原则又不失理解包容；生活中，对亲人的关爱时刻牢记于心。

心存感恩，服务社会。时间的车轮滚滚向前，年轻人总是社会前行的中坚力量。我喜欢与年轻人相交，因为从他们身上可以感受时代的新元素，增强不断学习的紧迫感，我更乐于和他们分享我的经验和教训。在工作之余，我还担任北京工商大学会计专业硕士生导师，利用周末和节假日指导学生进行毕业论文的选题及写作；作为客座教授为北京建筑大学在职 MBA 讲授财务管理学。这些都丰富了我的工作生活，也让我有时间回顾理论和实践的结合，更重要的是能用会计知识服务更多的人。

人生风雨 40 多载，我是幸运的。我不敢说我的人生多么成功，因为每个人对成功的定义不尽相同。我想，人生是短暂的，选择自己喜欢的事情并把它当作事业去做，不论何时都不忘初心，脚踏实地、乐于坚守、勇于追求，这个过程本身就是成功。

（原载《财务与会计》2019 年第 20 期）

郭永昊

郭永昊，北京首都旅游集团有限责任公司副总经理。正高级会计师，正高级经济师，注册会计师，财政部内部控制标准委员会咨询专家。

偶然中的必然
——我与会计的缘分

如果让我用一句话来说我与会计的关系，那么用“偶然中的必然”再恰当不过了。说偶然，是因为我从事会计工作纯粹是机缘巧合；说必然，是因为我从事了会计工作便心无旁骛全情投入。

初识会计

我于1994年考入中南财经大学财税系财政学专业学习。当时正是我国建立社会主义市场经济体制的初期，也是我国会计与国际接轨的改革年代。但对于一个大一新生来讲，根本不知道什么叫复式记账法，更不知道何谓两则两制。直到大二，我才开始了人生的第一次会计知识学习，那一年我们开设了《工业企业会计》，是由会计系的喻景中老师讲授的。他讲课很新颖，不照本宣科，理论联系实际，以案说法、以案明理，叙事又生动活泼。因此，他的课总是座无虚席，我也学得非常认真。应该说，这门课程为我奠定了较为扎实的会计学基础，也成为我与会计最初的缘分。由于专业是财政学，此后几年我的专业学习多与经济学、财政、税收相关，而较少涉及财务会计，我与会计似乎渐行渐远。

牵手会计

1998 年大学毕业后，各种机缘巧合，我来到北京一家中央部委机关从事财务工作，真正开始了我的会计人生之路。刚接触会计时，我是一脸懵懂。但我决不允许自己永远不会、不懂，因此下了班我也不着急回宿舍，而是继续呆在办公室，拿出会计书籍，对照书本和账簿，细细翻看，慢慢消化，逐步明白了会计专业名词的真正含义及其背后的勾稽关系。

由于我爱琢磨，好钻研，完成工作速度快、质量高，很快得到领导的赏识，慢慢地许多重要工作都交给我去做。那时候，我为单位起草了很多财务制度，建起了单位会计核算系统和预算报表系统，并承担起整个部委的部门预算和年终决算工作。单位整体会计工作水平不断提升，预决算工作也多次得到财政部的通报表扬，我也两次被评为部机关优秀公务员。

工作之余，我也不忘提升自己的职称。工作当年，我就以各科 90 多分的成绩拿到了自己的第一个会计职称——助理会计师。此后，我又分别获得注册会计师执业资格和会计师职称。

现在想起来，这段机关财务工作让我十分受益，因为它不仅让我积累了扎实的会计基础工作经验，而且让我对会计理论在管理实践中的应用也有了许多新的认识。感谢我的每一段人生经历。

转型企业

出于对企业财务工作的极大兴趣，我于 2005 年 9 月应聘到北京一家国有企业担任财务主管。企业财务与原来的行政机关财务工作有很大的不同，唯有勤学苦练才能适应新岗位的要求。我又拿出拼命三郎的狠劲，向书本学，向身边的领导和同事学，很快就熟悉了自己的工作。当然，学习不是照搬照抄，而是有继承更有创新。几个月后，结合企业实际和工作思考，我提出了“计划用款、实时拨款”这一新的资金管理方法，在得到领导认可后付诸实施。一年下来，公司节省财务费用近 2000 万元。此后，我又接管了几个项目公司的财务账目，全过程参与企业财务预算、会计核算和年度决算工作。尽管工作量不小，但那种不断学习、不断成长、不断收获的感觉着实让人感到兴奋。由于个人表现突出，我又被评为公司优秀员工、优秀共产党员。我越来越有信心，也越来越有干劲。

之后我又调到一家中央企业，在集团财务部负责集团会计政策和内部控制工作。这期间，正值《企业会计准则（2006 年）》实施，这是一套与国际会计准则接轨的新准则，很多理念和做法都与原核算办法有了质的变化。实施新准则非常重要的一项工作是编制一套与新准则接轨的集团会计核算办法，领导指派我牵头负责这项工作。考虑到这项工作的专业性及艰巨性，我提出了“以我为主、借助外脑”的工作思路。在得到集团领导认可后，我们通过招标选择了外部专业咨询机构，并从全集团所属企业挑选了20多位会计骨干人员与外部咨询师组建联合项目组。此后，我们确定项目蓝图、制订工作计划，深入基层调研、开展专题研讨、潜心撰写制度，历时1年终于编制完成了30多万字的集团会计核算办法。此后一年时间里，我又投入新会计核算办法的宣贯工作中，并与信息化部门共同做好财务核算系统的配套改造。也就是在这段时间里，我对新会计准则有了全新的理解，集团新会计准则实施工作也得以顺利完成并得到集团领导的高度认可。这项工作给我最大的启示就是，不懂并不可怕，只要思路对头、方法得当，就不怕干不好工作。虽然我本人当初对新准则并不是太懂，但我们集中内外部资源联合开展工作，合理安排工期，充分发挥团队作用，最终按时保质完成了一项并不容易的工作。

2009年，我年仅31岁就获得了高级会计师职称，成为当年北京市最年轻的高级会计师。一年后，我被集团任命为一家二级公司的财务部经理，开始了团队管理工作。我带领财务部与其他各部门和下属公司建立起相互信任、相互支持、相互协作的关系。凭借过硬的作风、专业的技能和扎实的工作，我主管的财务部得到了各级领导和同事的认可，部门年度绩效考核连续3年在公司排名第一。我也先后获评为集团优秀青年并荣立个人三等功。

至2012年年底，我从机关转型到企业，不知不觉已经工作了7年多的时间。这期间，我坚持向书本和实践学习，勤于思考，善于总结，在专注本岗位、本专业的同时，我还关注到其他岗位、其他专业的工作，不断拓展自己的视野，拓宽自己的思路，避免一叶障目、只知树木不知森林。每一项工作，我都不计个人回报、全情投入，并努力做到最好。我始终相信付出终有回报，尽管这种回报不一定是工资和职务的晋升，但一定会是专业技能和管理经验的增长，一定会是责任感和职业荣誉感的提升。

深化应用

2013年，我被有关部门选聘并委派到北京首都旅游集团有限责任公司（简称首旅集团）担任财务总监，开启了自己领导一个大型集团公司财务管理工作的职业生涯。来到一个完全陌生的环境里，如何快速打开工作局面？经过充分调研和分析，我决定从内控制度体系建设入手。其时，经过10多年的发展，首旅集团在旅游行业有着较强的市场影响力和品牌号召力，并处于业务快速拓展期。其管理理念和成功经验迫切需要沉淀和总结，以制度的形式固化下来，同时复制到新开办企业中，以规避快速发展中的“管理稀释”问题。我提出了“分体系、有层次”的内控制度体系建设思路，并带领项目团队深入基层，调研业务，找风险、明措施、画流程、写制度，历时近两年，一套吸取现代内控理论成果兼具首旅集团自身特点的内控制度体系得以建成并逐步发挥作用。

作为一家完全处在市场竞争中的国有企业，首旅集团的市场化改革一直在路上。董事会建设试点、产权流转改革试点、国有资本投资公司试点、合规管理建设试点……因此，构建适应市场化机制的财务管控体系也是摆在我面前的一个重要课题，既要发挥集团整体协同优势，又要发挥各下属企业市场化主体的积极性和灵活性，这个度如何把握？建立有效的管控机制和激励与约束机制是关键。

按照这一思路，围绕集团业财融合、财务管控等工作，我又先后组织编制集团会计核算手册、统一建设会计集中核算系统、强化以战略为导向的预算管理、深化资金和税务集中管控、建立财务风险预警体系等，确保在快速发展的过程中管控好集团风险。抓管控最忌讳的就是一刀切，因此，我们针对不同企业特点实施不同的管控模式：对于规模大、成熟度高的公司适度放权给公司董事会；对于规模较小、成熟度较低的公司则适度集权，同时建立起一企一策的业绩考核体系，充分调动所属企业的积极性。近几年来，首旅集团处于传统产业转型期、大型项目建设期、新兴产业培育期的“三期叠加”时期，业绩有所波动，但集团整体风险控制较好，营收规模和利润水平始终处于市属企业的前列。

当前，全党正在开展“不忘初心、牢记使命”的主题教育活动。对照初心和使命，对照党章党规，对照先进人物和模范典型，我深感自己还有很长的路要走：系统深入地加强理论学习，努力做到学懂、弄通、做实，创造性地将党的大政方针用于指导本企业的发展实践，深入基层和群众、更好地担当作为等，都需付出心智和努力。我相信，随着时间的推移，我一定能够学以致用，带领自己的团队为所在单位、为社会创造更大的价值。

我们会计人，永远在路上！

（原载《财务与会计》2019 年第 20 期）

周　仙

周仙，中电智慧基金管理有限公司副总经理兼财务负责人，全国万名优秀创新创业导师，中央财经大学金融学院金融专业硕士研究生导师。

做一名合格的资金管理员

我出生于江苏农村，年少即离家求学，让我学会了独立和坚守。从中央财经大学金融学院毕业后，我踏实工作，谨慎谋事，创新学习，15 年的资金管理工作，我为中国电子信息产业集团有限公司（简称中国电子）累计争取银行授信逾 3500 亿元、募集资金逾千亿元，通过财务投资实现盈利逾 30 亿元。我通过创新融资模式，保障了中国电子资金安全和高质量发展的资金需求，自己也成长为一名合格的资金管理员。

踏实做事是前行的基石和资本

大学期间，课后阅读《大秦帝国》，对其中评价商鞅的“尽公不顾私，极心无二虑”感触良多，也一直期待以此作为人生的目标。然而生活艰难困苦，实在难以达到古人的标准，仅以踏实工作为基本要求约束自己。回望来路，人生的几次转折都缘于“踏实”。

因为在校期间积极参与学生工作，踏实为同学们做好后勤服务，得到老师认可，大学毕业后，经推荐得到了留京工作的机会，自此改变了我的人生轨迹。入职以后，起初在中国电子下属财务公司从事资金结算工作，本着踏实工作、默默奉献的工作态度，很快能够独当一面，得到部门领导的认可调至信贷岗位，同时在不到两年的时间被集团公司财务部调用，并于 2009 年 7 月正式调至财务部资金处，工作 10 年，逐步从业务员提升至资金处处长，实现了职业生涯的稳步提升。

毕业工作至今，我基本从事资金管理工作。资金管理工作的时效性要求极高，可能带来的影响也极大。通常情况下，一个企业若运营良好，资金流体现为正向，则货币资金盈余；若运营不佳，资金流会出现负向，最终出现的问题就是资金链断裂。我认为，对待资金工作，要有平常心、平凡心，踏实做事才能把资金管理工作做好、做扎实，也才能在平凡中凸显成绩。

同时，资金管理工作直接与金钱打交道，诱惑极大，更需要资金管理员有一种踏实的心态，不因外在诱惑而浮躁，唯有踏实工作方能赢得大家的认可和尊重。基于此，我认真对待每一笔资金业务，加班加点，无怨无悔，尤其是2008～2010年期间，处室领导临时外派，人员缺编，我经常是白天代表处室参加各种会议，晚上赶写报告材料。母亲心疼我，问我这么拼命工作是不是能多拿一份工资，我回答她："没有办法，这就是工作"。正是基于这种踏实的工作态度，使得我能够积极从维护中国电子利益出发，推进与相关国有商业银行、进出口银行及国开行等的战略合作，以低成本争取到大额资金，保障了中国电子逾千亿元重大项目的投资资金需求，也确保了中国电子总部融资成本保持市场最低水平，出色的资金管理工作在中国电子推进提质增效、高质量发展过程中发挥了较为重要的作用。

"踏实做事"也是我经常灌输给学生的理念，无论你多么优秀，它才是你前行的基石和资本。

谨慎谋事是资金安全的有效保障

资金无小事。每一笔资金都体现出企业的信用能力，任何一笔资金的违约或亏损都将会给企业带来不可预测的不利影响，尤其是资金违约，对企业信用而言将造成毁灭性的影响。因此，唯有谨慎谋事，才是资金安全的有效保障。

提前谋划每一笔资金业务，是我从事资金管理工作以来的心得体会。自我调至中国电子财务部资金处工作，随着集团公司的发展，中国电子总部有息融资从59亿元逐步增加至300亿元，整体有息融资也从200多亿元增加至1100多亿元，资金压力空前加大，资金的安全性也与集团公司高质量发展和员工切实利益密切相关，基于此，我谨慎对待每一笔资金业务，确保资金安全。在集团领导的支持下，我逐步建立中国电子资金管理体系，完善与银行的合作模式，制定银行账户、有息融资、担保、委托贷款及金融衍生业务季报和月报制度，推动资金管理信息系统与银行结算系统直接连接，及时了解企业存款及有息融资情况。

未雨绸缪，为进一步保障资金安全，我牵头逐步建立内外联动、多渠道集成的资金保障体系：依托四大国有银行授信管理体系，反向推动、从供给侧加强企业融资管理，逐步推进集团总部对企业融资的管理由事后统计向事前报备转型；积极争取中期票据、企业债、公司债发行额度，以及储备银行授信额度；深化资金集中管理，协同集团公司所属财务公司加强企业资金流动性管理；推进境内外投融资平台建设，争取境外资金的支持；拟定制定资金保障计划，每年年初根据当年预算安排及时编制资金保障方案，细化至月，就每月到期的有息融资提前两个月做好资金安排，并综合考虑集团企业融资情况，酌情考虑企业可能存在的突发融资问题；推动建立宏观经济形势展望等业务培训和交流常态机制；建立外汇管理体系，印发外汇管理办法，形成外汇管理常态化沟通机制。

谨慎对待每一笔资金业务，确保我自从事资金管理工作以来，成功保障了中国电子重大项目的投资需求，且未发生过一笔资金违约的现象。

创新求实是对资金管理工作的添砖加瓦

踏实、谨慎对待资金管理工作，可保障资金工作有序稳步推进。而创新求实，则有助于将资金管理的成效亮点凸显出来。

财务管理中，资金管理由于其本身工作与资金相关，更能通过数据说话，也更能展现财务管理中的价值创造。为此，在工作中，我一直保持学习的心态，不因新事物新问题而畏难，积极立足本职工作，创新求实，努力实现资金管理的“价值管理”作用。

一方面，从供给侧积极寻求拓展融资渠道。不满足于传统融资工具，及时跟踪资金市场政策动向，创新融资模式：第一批推动短期融资券发行，并尝试中期票据发行，推动超短期融资券、企业债券、公司债券的注册发行等；先后争取直接融资工具额度近700亿元，发行约200亿元，融资工具种类涵盖了中期票据、短期融资券、超短期融资券、企业债券、公司债券等目前市场上所有的直接信贷融资工具，改善了有息融资期限结构和利率结构，缓解了到期债务偿还压力，节约了融资成本。

另一方面，从需求方反推融资产品。为进一步改善报表结构，助力“两金”压降工作，2015年年末，在证监会及上海证券交易所（简称上交所）的大力支持下，经过近一年的摸索论证，中国电子成功发行央企首单关于大型国有集团企业基于分级机制的应收账款证券化融资。该类证券化模式创新设置两级六档分层结构，国内首创指定最低层次级D为专项计划管理人购买，构建风险共担、收益共享的核心风险控制机制，将参与各方权利义务共同引入，在提增信用级别的同时，保障、增加各方收益，并实现应收账款相关债权债务关系的转移。资产证券化融资实现创新突破，得到国资委、证监会的充分肯定和宣传推广，并于2017年纳入工信部企业创新管理案例库，同时获得国防科技工业企业管理创新成果一等奖和全国企业管理现代化创新成果二等奖，上交所亦在多个业务研讨会上邀请中国电子介绍应收账款证券化工作经验。

同时，积极探索创新银企产业合作基金新模式。为进一步满足中国电子各级企业多元化融资需求，提高直接融资效率，同时加强对集团下属企业融资行为的有效管控，积极与银行、保险等沟通，建立具备隔离风险、统筹资源、强化管控特点的银企产业合作基金新模式。

踏实、谨慎、创新，助我成功完成各项资金管理工作，连续获得集团公司好评，为整个财务管理工作增添亮点。

勇立潮头做新时代的奋斗者

2019年年初，为加强集团内企业基金业务统筹管理，助力集团产业布局，中国电子成立中电智慧基金管理有限公司（简称中电基金），全力打造集团公司基金业务的专业平台。基于以往的工作成绩，我受命调至中电基金担任副总经理兼财务负责人。

基金业务与股权密切相关，而股权投资架构的多样化对财务管理提出了新的要求，不仅要会做账，还要会募资，更要会查账及投后跟踪管理。新岗位于我而言充满挑战和机会，从偏于信贷转向偏于股权的财务管理感觉压力倍增，而新的全方位的尝试也使我跃跃欲试，我将坚守踏实、谨慎的工作态度，积极学习创新，不仅要做一名合格的资金管理员，更要成为一名合格的财务负责人。

生逢伟大时代，我将勇立潮头，做新时代的奋斗者，与全国人民一起共同创造美好的明天。

（原载《财务与会计》2019年第20期）

孙彦永

孙彦永，中国唱片集团有限公司总会计师。正高级会计师，注册咨询工程师（投资）执业资格。先后从事信息化、项目管理、风险管控等工作。

守住本真　快乐工作

守住本真是家中长辈的教诲："农村子弟靠考试谋个营生不容易，要懂得珍惜。"快乐工作是恩师灌输给我的理念："要认识到面临挑战的工作乐趣，要创造快乐工作的环境和氛围。"自此，"守住本真，快乐工作"成为我人生的信条，也鞭策我越走越远。

努力学习　提升自我

20 世纪 80 年代，对于出生在乡下农家的我而言，能从一名初中生考取中专学校，无异于"鲤鱼跳龙门"。我原本学机械制造，毕业后分配到位于石家庄的某科研院所做了一名技术员。入职时，方知中专生在该单位每年数百名新职员中是个特例。在强烈的自卑感驱使下，我深刻认识到，只有学习、学习、再学习，才是立足单位的唯一路径。自此，我踏上了时至今日仍坚持利用业余时间孜孜不倦学习的道路。受时间和资金所限，我选择了自学考试，先后攻读了机电一体化、会计、计算机信息管理、管理科学与工程等跨学科专业。

从助理会计师到正高级会计师，从注册会计师到入选全国会计高端人才培养工程，从国内管理会计培训到参加特许管理会计师公会（CIMA）认证等，学习、考试夯实了我的会计专业基础理论。之后但凡在会计实务中遇到需要运用专业知识解决的问题，我均能从本源思考构成要素，运用业财融合的思维寻求解决问题的办法。学习孜孜不倦，并和实践紧密融合，为之后我“干一行，爱一行”提供了源动力。

学以致用　方得始终

20 世纪 90 年代初，企业日常工作中刚启用计算机进行辅助管理，具有计算机理论知识和问题导向思维方式的我，被单位从信息系统后台维护员推向提供数据解决方案的前端。那时，我认识到流程化、体系化的数据展现将是会计未来发展的趋势，从事会计工作能够放大我所学的计算机专业知识的优势，借此契机，我毅然决然迈入会计行业。

因不是会计科班出身，在“业内人士”看来我从事会计工作不够专业，这反而给我带来了较多需要创新的工作机遇。在参与一个个项目管理实践过程中，我运用所掌握的计算机专业知识和工科逻辑思维能力，勇于挑战，积极创新，收获颇多。

在我的职业生涯中，中欧伽利略工程 CGTR（中国伽利略测试场）是个里程碑式项目，这是我国首次承担欧空局大型复杂系统工程。立项之初，难点在于如何呈现欧空局评审专家认可的商务方案和管理策略，但此时项目组没有任何经验可以借鉴。作为项目组的一员，我苦苦思考着项目的关键问题：如何一体化呈现贯穿项目的每个工作包，并从每个技术要点配置的作业资源汇总展现出多维度项目数据，既要适应中方大型科研项目管控模式，又要满足欧方验收及结算条款的方案。基于此，我运用计算机信息处理知识，通过 Excel 建立层次化数据模型，数据采集到各业务负责人，然后进行集中分析和处理，引入变量定义汇率、工资、差旅、会议费等定额数据，实现对定量、定额数据的分线管理，同时统一数据填报、数据分析和数据展现等模式。该方案一次通过评审，获得欧空局专家满分评价，并作为编写同类国际标书的范本。这是我首次利用信息处理技术以项目为主线一体化呈现财务和业务数据，取得了令人满意的效果。自此，我专注研习项目管理方面的知识，经过努力，获得注册咨询工程师（投资）执业资格，项目的过程化管控、目标分解、协同组织、质量控制、风险控制等理念也贯穿于之后我从事的财务管理工作。

2008 年被单位委派到哈尔滨一家电子研究所分管财务工作，我带领团队先后完成了“HXL 传感器国有资本金项目”“WLL 传感器国有资本金项目”“民品产业公司增资”等一批影响企业中长期发展的重大项目，财务团队和我的专业能力均在实践中得到快速提升。同时，通过“清欠、规范、提升”的管理路径，建章立制促进集团财务绩效提升到行业前列，经济增加值（EVA）达到优秀值。除此以外，我还带领财务团队在运营方面勇于创新实践，成绩斐然：“基于活动主线及职能划分的管理矩阵”项目获2012年国防管理创新二等奖；“科研院所项目成本管控”课题获2013年国防管理创新二等奖；“业务财务融合的信息系统”获2014年国防管理创新二等奖；“基于财务决策的风险预警系统”获2014年国防管理创新一等奖。

2015年，机缘巧合，我来到河北联通，参与财务转型与管理创新项目，负责推动激发基层单元活力（阿米巴模式）业务。该项目使我深刻认识到在市场竞争环境中，外部市场拓展与内部运营优化同等重要，两者交织并相互影响，才能助力企业走得更远。基于此，我在以下方面进行了大胆实践：在营销财务方面，运用运筹学与决策理论通过数据建模支撑河北政务云、旅游云等重大项目投标报价策略，实现财务对业务单元的专业化支撑；在资源配置方面，运用大数据与业务模型提出投资项目实时全过程管控方案，奠定了在线审计、资金预测、前评估、后评价与风险预警的基础。河北联通《以管理会计促进企业运营改革》案例获首届“管理会计创新与实践奖”，“激发基层单元活力”项目获河北省管理会计征文二等奖。河北联通的从业经历使我认识到在市场倒逼运营创新的态势下，业财融合能释放巨大能量，并能为企业创造最大效益。

企业所处行业市场化程度越高，财务人员面临的挑战就越大。2018年，我调入中国唱片集团有限公司负责财务管理工作，并着手推进中国唱片（成都）有限公司混合所有制改革。初入文化行业，有一种“雄关漫道真如铁，而今迈步从头越”的感触，也需要我尽快融入企业开展工作。在财务管理方面，我以资本收益为导向，基于经营数据建模，构建集团企业全面预算管理体系，力推财务与业务融合，使得预算能够更好地得到落地执行，进而助力企业提升运营能力和市场竞争力，形成的实践成果以《基于经营数据建模的预算编制与审核》为题发表在《财务与会计》2019年第10期。此外，引进社会资本，发展新产业，积极推进中国唱片（成都）有限公司产业升级和战略落地。

勇于实践　勤于思考

在财务管理实践中，我得出以下几点体会：一是财务管理要主动融入经营业务，推进业财融合，就是要贯通预算、核算、结算、决算，促进业务流、资金流、信息流的统一。二是在信息化建设方面，要将财务共享作为资源配置手段和集团管控的抓手、切入点，以财务共享促进管理的标准化、流程化和一体化。三是要强化合同在商务模式、项目执行、资金预测、风险管控等方面的核心作用。四是要始终坚持效益优先的原则，优化工作流程，用内部控制规范运营活动。五是追求创新无止境，在财务管理工作中要养成“主动沟通提升协同，主动引导提升管理，主动作为防范风险”的行为模式。唯有如此，财务人员才能为单位创造更大价值。

此外，作为一名合格的财务管理人员在工作中既要懂得说“不”，更要善于说“行”。说“不”体现在：财务人员要从专业角度客观、公正认识问题，分析问题，引导经营业务合理、合法、合规开展，对一切违法违规行为坚决说“不”。说“行”的底气来自于专业能力和精益管控水平：专业能力一方面来自于学习，另一方面来自于实践；精益管控水平主要体现在协同、沟通与专业技能三个方面。除此以外，要具有担当精神，担当既体现为掌握国家法律、法规、规章及制度的能力，也体现为抵制不良习气的决心。担当不是简单说说了事，更要具有战略思维和全局意识，还要作风正，即在工作中要行得正，管得住自己，守得住底线。

赠人玫瑰，手有余香。工作之余，我还从事各种管理会计咨询工作，利用各种机会分享管理会计案例，以及财务转型、财务共享等实践经验；担任高校的校外研究生导师，指导会计专业学生的论文写作或参与学位论文答辩等，同时将自己所掌握的最佳会计实践传授给学生。除此以外，我积极参加各类学术活动，快速了解会计领域的学术前沿以及行业动态，同时将自己最新的工作和研究成果，给同行进行简要汇报，一方面将经验分享给大家，另一方面让同行给自己提出建议，明确下一步做什么、怎么做。通过参加学术活动的交流和探讨，大家对财务转型、财务共享和业财融合等提高了认识，加深了理解，也在一定程度上解决了大家在工作中遇到的一些难题。

一路走来，一路坚守：守住本真，快乐工作，让专业放飞梦想。

（原载《财务与会计》2019 年第 20 期）

姚光华

姚光华，中交第二航务工程局有限公司副总会计师。高级会计师，财会管理研究院财务研究所所长，财务共享中心党委书记、总经理。

向转型要动力
以创新谋未来

作为中交第二航务工程局有限公司（简称二航局）财会工作的主要参与者和见证者，我深刻感悟到：唯有立足实践、创新求变、执着信念、团队协作，才能提升自我，才能助力企业更好更快地发展。

多实践　多观察　练就"火眼金睛"

1985 年我考取交通部济南交通学校（现山东交通学院）的财务管理专业。当时的想法非常朴素，认为只要经济越发展，就越需要理财算账，就会有一份稳定的工作。毕业如愿分配到交通部第二航务工程局第二工程公司，从此开启了财会人生，而基层项目的工作经历让我深刻理解到实践与观察的重要性。

施工一线的环境单调、枯燥，施工条件恶劣，夏天烈日当空、骄阳似火，冬天寒风呼啸、滴水成冰，寒来暑往，我每天坚持用大量的时间"泡"在现场工地，因为"只有一线的数据才是鲜活的、真实的"。我主动查看船机数量与台班日志，了解仓库材料收发存情况，抽查盘点各种物资与消耗，同时进行成本对比分析，并与现场工人沟通、了解施工进度与困难等。通过实践、观察让我熟悉了一线施工工艺与流程，更好地掌握项目财会管理各方面的经济数据。"从实践中来，到实践中去"，丰富的现场经验也让我能够从财务视角深度参与项目管理决策，并从数据背后深挖管理问题。

清晰地记得1996年温州瓯江大桥施工期间，在一次例行的量价经济活动分析时，我发现钢绞线的理论用量严重超耗，而该材料只有预制桥面梁使用。为探明究竟，我到现场查看，发现由于预制梁钢绞线锚固后预留较长，一榀梁要用30多根钢绞线，两端预埋张拉封锚后余下的须作废料切割丢弃或当废品处理。该项目2000多榀梁的预制量，这势必会造成巨大浪费。经与现场技术人员反复沟通并强调封锚监督，及时防范了浪费现象的发生。此外，在基层通过量价分析、单台单机核算等管理工作，发现了项目管理中存在的不少问题，并及时得到解决，由此我也成为同事口中的“火眼金睛”。

紧跟企业发展步伐　创新财会服务模式

创新，是态度、是责任、更是未来。面临着企业规模快速扩张、人力资源紧张、管控难度加大、会计信息不透明等问题，我深知唯有不断改革创新，才能激发组织活力，助力企业发展。基于此，我持续开展组织创新、职能创新和模式创新，为企业创造了实实在在的效益。

组织创新

1998年，温州片区项目数量增加，但财会人员极为紧缺，短期内又不可能培养出熟悉各项目的财会人员，经过反复思考与推演，我提议将辖区内的财会人员全部集中，成立二航局首个片区财务管理中心，承担区域内7个工程项目10多亿元资金的集中、调度、配置、筹资、调剂、核算、监管等职责。温州片区财务管理中心的成立，以一半不到的人力资源高质量完成了片区内各项目的财会职责，使我深刻领悟到了团队协作、资源共享的重要性。

2009年，我调任二航局担任财务处处长，着力推进财会专业职能建设和内部风险控制。为突出财会工作价值的发挥，积极推进财务大部制建设，将财务处更名为财务资金部，在原资金管理中心和财务处的基础上，增设预算考核处、会计核算处和财务管理处，细分职责强化管理。之后，为适应业务的快速发展和国内外财税、金融、会计准则等方面的变化，先后又增设海外财务处、金融管理处、税务管理处、资产管理处及总承包财务处，进一步强化、细分与规范财务管理职能，促进公司投资、海外及传统施工业务的健康持续发展。

同年，为进一步适应企业快速发展的需要，在二航局全面铺开财务共享试点，并以此为突破口，推动全局财务管理进一步转型，打造“财务与会计平行运行”的管理模式。之后又进行深入广泛调研、访谈和讨论，最终选取适合实际的分布式财务共享模式。2012 年，推动二航局建立建筑行业首个财务共享中心，突破当时所谓“施工行业不适合建立财务共享中心”的瓶颈。

为加强财会工作创新和理论实践，二航局积极推动探索建立财会管理研究院，我担任财会管理研究院财务研究所所长。作为一个虚拟组织，研究院由战略财务、业务财务和共享服务中的专家组成，采用课题研究、学术交流、业务研讨等方式，集中精力研究和突破财会管理的重大专项问题，对实践工作提供专业的指导意见。研究院自成立以来，多篇论文与案例获得国家、省部级奖项，多项前沿财会理论研究成果在公司推广应用，取得了突出的成效。

职能创新

资金是企业的“血液”，为强化资金管理职能，改变以往资金管理分散、集约程度不强、使用风险高等问题，我进一步加强全局内部资金管理工作，推进资金管理的“六化”要求，即：资金调度能力的绝对化、资金调度流程的程序化、资金结算流程的快捷化、资金服务能力的精细化、资金决策水平的科学化、资金效率效益的最大化。形成了全局统一的内部资金管理调度和决策系统，降低了资金风险，促进了现金流有序流动和合理分配，年均节约财务费用超亿元，保障了企业的发展后劲。

为强化全面预算管理职能，基于前期多年项目现场积累的经验，我结合企业特点和管理需求，组织构建了以现金流为核心，涵盖全面预算管理办法、实施细则、编制依据和编制说明等的全面预算管理体系，建立的体系与企业战略、生产经营活动和管理决策紧密联系，成为各级管理层的重要抓手，有效保障了企业战略规划目标的分解落实，实现了对项目一线的精准预算管控。

模式创新

2018 年，在梳理总结二航局 10 余年来财会管理举措和成绩的基础上，基于数字经济与企业敏捷型组织的打造要求，总结提出柔性财务共享管理模式，提炼出“柔性组织、刚性管控、业财融合、以人为本”四个典型特征，持续追求创新能力、产融结合能力、信息化能力、协同能力、精益运营能力的提升。二航局基于“财务与会计平行运行”的管理模式，吸引了近百家知名央企、世界 500 强企业、高等院校和行业协会参观、交流。

因为执着　所以坚持

为提高制度执行力、约束管控力度和风险管理水平，我推动项目部层面取消财会部门，实行委派财务总监制度，相关财会管理职能上移，强化总部管理，建设“两级财会机构服务三级企业组织”的扁平管理架构，着力打造“集中、规范、高效”的会计管理体系和“垂直、统一、高效”的财务管理体系。我推行的这些变革引发了相关职责、职能、流程、考核等机制的调整，遇到了巨大的压力和来自各方的阻力，内部员工曾经难以适应甚至一度不理解和误解。然而，经过细致的基层调研和广泛的内部研讨，在局领导的支持下，我坚定变革的信心。经过稳步有序的改革推进和沟通，财会改革创新的成效逐步凸显，突破了一些过去认为不可能突破的关口，逐步使财会工作的价值得到彰显，也使我进一步认识到，逆水行舟、不进则退，面临改革创新带来的风险，要小心求证、大胆探索，更要坚定信念、全力以赴。

加强财会队伍建设　为企业发展提供智力资源

二航局财会事业的改革创新，培养和锻炼出优秀的财会团队，而优秀团队也进一步促进了财会事业的发展。为进一步凝聚团队力量，我积极推动建立涵盖财会人才选、育、用、留、送、退的全方位、全员、全体系的财会人才培养工程，进一步激发团队活力。为加强财会人员的成长，我积极推动公司实行“1+3+3+3”的10年导师带徒模式，即财会人员进入公司工作的第1年和之后的3个3年间，分别与不同等级的导师结对进行跨组织培养，此举不仅培养了人才，还促进了不同单位管理经验的交流。

此外，大力疏通财会人员成长通道，建立专业和管理双通道，专业通道又实行分级管理，比如项目财务总监分级委派等。通过采取多种措施，坚持人才培养“控制总量、盘活存量、优化增量”的管控思路，财会队伍建设综合成效显著，结构明显得到改善，为企业发展提供源源不断的智力资源。

回顾30余年的财会职业生涯，越努力、越幸运，没有注定的结局，只有不够努力的过程。立足本职，不断追求创新，让我收获颇丰。未来已来，合而精进、韧而笃行，我将以更大的勇气和果敢的决心融入新时代，做财会改革创新的实践者和探路人。

（原载《财务与会计》2019年第20期）

杨发勇

杨发勇，武汉大学中南医院党委委员、总会计师。高级会计师，全国高端会计人才，教育部经费监管中心专家库成员。

不断挑战　努力升华

学习永远在路上

1986 年我考入武汉大学管理学院高校财务管理专业，毕业留校后就一直在高校从事经济和财务管理工作，至今已近 30 年。对会计工作的认识也经历了从陌生到熟悉再到热爱的过程，也经历了会计工作从手工账到电算化及信息化的演变，深刻感受到了会计工作在高校日新月异的发展历程。

20 世纪 90 年代初的高校，正经历着从计划经济向市场经济的过渡阶段，经济业务越来越多，也越来越复杂，教育部提出“财、税、费、产、社、基、科、贷、息”多渠道筹措办学经费，高校也纷纷响应，兴办科技、教育等产业，成立后勤集团实行企业化管理，会计工作不再是简单的报销算账，而是需要引入预算、投资、成本等财务管理理念。我先后在学校新成立的经济管理委员会办公室、校办企业管理处工作，明显感觉到所学的课堂知识不够用。因此，在业余时间我自学了会计师、经济师、注册会计师考试的教材，也参加了武汉大学产业经济学硕士课程班的学习，不断地充实提高自己。尤其后来在职攻读厦门大学会计系政府及非营利组织会计方向硕士后，觉得从事高校财务管理工作也是大有可为的，以后发生的各种事实也证明了财会工作在高校中的重要性。

1997年11月，我被任命为武汉大学计划财务处副处长，彼时我刚满28岁，是当时学校最年轻的中层干部之一，一方面感谢组织对我的信任，另一方面也感受到肩上的压力。我更加努力学习不断出台的事业单位财务规则和会计制度，并力求学以致用。

此后，我又先后被借调到教育部财务司和原国家计委价格司一段时间，经常跟随相关国家部委的有关人员深入田间、地头、厂矿以了解国情、民情，在实践中学习，开拓视野和思维，愈发感受到会计作为“一门商业语言”在中国经济发展中的必要性和重要性。借调期间，我参与起草了多份文件和调查报告，得到了所在单位的肯定。

2018年2月，学校任命我为武汉大学中南医院总会计师。这是一所快速发展的公立三甲医院，虽然作为事业单位管理，但其财务工作更为复杂，既要学习国家医药卫生体制改革和“健康中国”的政策，也要运用管理会计、大数据等各种工具和手段，个人面临着业务知识的新挑战。在此期间，我积极参加主管部门举办的能力素质培训班和医院财务运营研讨会，狂补医院管理的相关知识，尽快熟悉新领域的工作。同时也深深地体会到，对会计知识的学习永远在路上，没有完成时，只有进行时。

主动应对　迎接挑战

虽然一直在武汉大学工作，但我根据组织的安排，轮换了多个岗位，先后担任过计划财务处副处长、财务部经济管理办公室主任、财务部副部长、采购与招投标管理中心副主任、国有资产监督管理委员会办公室主任等，多个岗位的锻炼，让我对行政事业财务尤其是高校财务工作认识越来越深。高校财务管理要不断适应国家财政改革和高等教育体制改革的要求，包括但不限于：规范财务行为；加强财务管理和监督；提高资金的使用效益；避免资产的闲置浪费。从财政管理角度来讲，高校财务管理也是国家财政管理的重要组成部分。

2000年8月，按照国家有关部署，由原武汉大学、武汉水利电力大学、武汉测绘科技大学、湖北医科大学四所高校合并组建新的武汉大学，要尽快实行人、财、物的统一。当时四所学校隶属不同的主管部门，执行的财务制度和标准不统一，我根据领导的安排，决定先从统一制度入手，从原四所学校抽调精兵强将，加班加点，先后制定了《武汉大学财务管理办法》《武汉大学事业性收费管理办法》等20余项财经制度，在较短时间内实现了预算、核算、收费、监督、财经政策的统一，理顺和建立了新武汉大学的财经运行体制和机制。

2004年11月，学校组建独立的采购与招投标管理中心，我作为中心副主任，面对这一新的岗位主动应对，认真学习《中华人民共和国招标投标法》和《中华人民共和国政府采购法》，和同事们一起探索，对学校的货物、工程、服务类采购项目等分别制定了相关实施细则，同时对零星采购项目灵活运用协议供应商、询价、网上竞价、抽签等方式，不但高效保证了学校每年十几亿元的采购需求，还为学校节约了一定的资金。

让管理创新成就梦想

1997 年 11 月我在担任武汉大学计划财务处副处长后，根据学校财务人员管理当中存在待遇差异、调配困难、不好管理等问题，大胆向领导提出实行全校财务人员委派制，组织相关人员精心设计方案，并在次年 6 月全校首次财务工作会议上宣布实施，对全校 150 多名财务人员实行统一管理。这一创新举措在部属高校中引起较大反响，许多高校纷纷前来取经并予以借鉴，教育部也充分认可武汉大学的做法并予以推广，我深感自豪。

自 2013 年 12 月我担任武汉大学国有资产监督管理委员会办公室主任以来，根据国家资产管理最新规定并结合学校实际情况，组织建立健全学校资产管理制度，先后制定并完善了《武汉大学国有资产管理办法》《武汉大学无形资产管理暂行办法》等 10 余项规章制度，指导协调督促相关资产管理部门制定修订房屋、设备等 20 余项资产管理办法，实现了国有资产管理制度全覆盖。特别是根据百年老校的特点制定了《武汉大学文物管理实施细则》《武汉大学古树名木保护管理实施细则》，目前来看，这些制度至今仍是全国高校为数不多的针对学校文物类管理的资产管理制度。同时，加强对学校资产的配置、使用、处置的日常管理工作，避免闲置浪费，提高学校国有资产的使用效益。

我担任中南医院总会计师后，积极开展调查研究，在实地走访 50 余个临床科室及 10 余个管理部门的基础上，按照现代医院管理制度的要求，追求创新，着手完善医院财经管理制度，优化财务报销流程，强化医院预决算的科学化、精细化管理，规范医院资金和资产管理，推动医院内部控制建设和财务信息化建设，加强财会队伍建设，同时根据医院快速发展的实际和财务管理的需要，充实预算管理、成本管理、收费管理、资产管理等岗位，利用 HRP（医院资源规划）建设优化会计核算工作，逐步将财务管理从传统的核算型向管理型转变，积极支持财会人员业务知识和业务能力的提升。此外，组织开展《政府会计制度》的学习培训交流，鼓励推荐财会人员参加各级会计高端人才的选拔。孜孜不倦追求管理创新也让我越走越远。

感悟与体会

首先，忠于使命，敢于担当。当前，我国政府会计制度已正式实施，作为全国高端会计人才培养工程行政事业类的一员，在我国政府会计的改革中都应身先士卒，尽心尽力。基于此，需要我们认真学习党和国家的路线、方针、政策以及法律、法规和制度，了解国情和熟悉时事，钻研会计的基本理论，及时总结和反馈政府会计制度实施过程中的经验和问题，满腔热情、态度积极地投身于政府会计改革之中，并为改革献计献策，充当改革的践行者，宣传改革成果，推动改革深入。

其次，努力学习，刻苦钻研。对专业的持续学习可以保证个人能够适应不同的工作岗位，也是财务工作为所在单位创造价值的能力基础。就我个人而言，工作之余，积极撰写相关论文和参加相关课题研究。近年来，陆续在《中国财政》《中国物价》《武汉大学学报》等专业期刊上发表行政事业单位财务管理专业文章20余篇。此外，参与完成教育部财务司《高等学校财务管理体制问题研究》课题，主持完成中国教育会计学会《高等学校国有资产若干问题研究》课题并获二等奖，参与财政部会计司的《行政事业单位风险管理问题研究》获优秀论文奖。

再次，带好队伍，做好表率。作为单位财务负责人，自身要清正廉洁，爱岗敬业，率先垂范。要支持财会人员依法工作，关心支持他们的学习、生活，为大家营造良好的学习和工作氛围。

最后，遵循准则，恪守职业道德。作为财会人员，应不忘初心、牢记使命。在工作中恪守会计职业规范，坚守会计职业道德，并对单位经济活动的合法、安全、有效负责。同时要利用自身的专业知识，为单位出谋划策，也为单位守牢底线、防范风险。

（原载《财务与会计》2019年第20期）

操礼庆

操礼庆，中国科学技术大学附属第一医院（安徽省立医院）党委委员、总会计师。全国高端会计人才行政事业类学员。

行走在医院会计价值创造的路上

生活在这五彩斑斓的世界上，我们渴求的东西太多太多，学会选择很重要。人有选择的自由，却没有不选择的自由。选择需要智慧：选对老师，智慧一生；选对伴侣，幸福一生；选对环境，快乐一生；选对行业，成就一生。

勤奋敬业　努力让选择变得更正确

人生是一个不断选择的过程。我出生在皖西南的一个贫困家庭，每学期开学家里为几个孩子学费发愁的情景深刻地印在我的脑海里。于是我在人生第一次可以自主做出选择的机会——中考成绩出来那一刻，我选择了不上高中而是上了中专。当年中专的录取分数线要比重点高中分数线高出很多，被中专录取的都是最优秀的考生，因为考上中专就可以由农村户口转为城镇户口，中专毕业就可以分配工作有一份稳定的收入了。

我当时填报的热门志愿并没有被录取，因为选择了“服从分配”，于是被安徽省六安卫生学校卫生财会统计专业录取。在学校期间，我勤奋学习，连续三年获得三好学生，并代表六安地区参加全国首届珠心算科技大赛获安徽赛区团体第二名的好成绩。毕业实习我被安排到安徽省最大的公立医院——安徽省立医院，因实习期间表现突出，被安徽省立医院直接留用了。一个初中中专毕业生在1992年能分配到安徽省最大的医院财务科工作，这种机遇在当时是很难得的。我十分珍惜这个岗位和机会，将“以诚待人，以勤取信”作为我人生的信条，立志做一个最优秀的医院会计。

从上班的第一天起，我连续10年每天都提前一个小时到办公室，整理前一天的工作，准备新一天的业务。也利用各种机会向不同岗位的老师学习，掌握各种经济活动的本质及会计核算的方法。工作岗位从来都是服从领导安排，也不分份内份外去计较个人得失。在这样的情况下，我在很短的时间内就熟悉了医院财务科各岗位的工作流程与要求，很快就成长为部门业务骨干。

在工作中我感觉到自己所学知识的薄弱，于是我选择当时成人学历教育难度最大的自学考试，4年时间除了工作就是学习，我连续获得安徽财经大学会计学专业专科和本科毕业证书，第5年获得管理学学士学位。我2005年任安徽省立医院计划财务处副主任并主持工作，2013年任安徽省立医院党委委员、总会计师，2018年兼任安徽省临床检验中心主任。从一个初中中专毕业生成长为医院集团的总会计师，我的能力得到了同事与组织的认可。事实证明，通过努力可以让自己当年的选择变得更正确，足以弥补没有上过高中的缺憾。

探索创新　努力让专业价值得以发挥

2005年，我在主持医院财务工作之后，就请第三方会计师事务所对医院内部控制体系进行测试，提出改进建议近60条；2009年对分散在医院各部门的会计人员实行集中管理，采取统一委派的形式发挥财务人员监督的独立性；2014年根据《行政事业单位内部控制规范（试行)》（财会〔2012〕21号）要求，公开招标引进会计师事务所对医院经济活动风险进行评估，在评估的基础上开展了持续性改进，使医院内部控制体系建设规范化。在历次的政府审计及巡视巡查中，医院内控体系的有效性都得到了验证。

开展医院内部财务预算管理，是时任院领导对财务部门的要求。当时行业内还没有成熟的经验可供借鉴。2005年我和同事一起赴暨南大学的“会计名家大讲堂”听取汤谷良教授讲授的《企业全面预算管理》课程后，在医院领导的大力支持下，我带领同事们启动了以经费归口管理为抓手的支出预算控制工作。通过十几年的摸索，医院的预算管理历经支出控制、全面预算、集团管控、战略预算管理四个阶段。“谁干事谁花钱谁编制预算；谁管事管什么事就管什么预算”“花钱必问效，无效必问责”的预算意识与文化已得到了全员的认同，预算已经成为医院管理的一个重要基础工具。

财务信息化工作是提升财务工作的重要手段。经过市场调研以后，于2009年成功上线了基于业财一体化的“医院综合运营管理系统”（HBOS），是国内第一家成功实施该运营管理系统的医院。为满足医院集团管理的需要，现在我正在牵头打造医院共享财务系统建设。参照基建工程的做法，将该系统从顶层方案的咨询设计、功能需求解决方案实施、第三方落地指导分别独立开展；系统功能覆盖从业务系统数据采集到财务作业处理、管理控制以及经营决策信息的展现。该系统第一阶段将在2019年年底正式运行。

安徽省立医院是多院区多管理体制的医院集团，如何建立适应这种集团管理模式的财务管理体系是我一直在思考的问题。后来我借鉴企业集团的财务集中统一管理模式，通过总院对各分院区财务实行集权管理，在总院计划财务处下设会计核算中心、资金管理中心、经济管理中心、资产管理中心，负责集团内各院区相关业务的集中处理。这种扁平化集权化的管理模式为医院其他职能部门探索出一条可行的管理路径，也被其他类似管理模式的集团医院效仿。

随着医改的持续推进，过去医院发展依靠规模扩张的模式不再适应新形势的要求。新形势下医院应该如何定位自己的运营战略？在医院“十三五”规划讨论阶段，我提出“实行轻资产扩张”与“主业与产业两翼齐飞”的观点，得到大家的认同，最终被写入正式规划中。医院为落实上述战略，成立了院外医疗部与健康产业公司，通过托管下级医院及开展非基本医疗业务为医院创造收益。虽然刚刚起步，但是目前运行状况良好，有较好的收益预期。

会计的价值还体现在指导医院运营上。指导运营除了专业能力要求外，还需要对医院经济活动有着深刻的理解。我主张财务部门通过预算、成本、绩效三个切入点，架起业财融合的桥梁，与一线科室开展“零距离全覆盖”的现场运营沟通。5年来我坚持在集团管理干部月度例会上“数说运营”，通过数据分析来展现集团经济运行的现状、存在的问题，并针对性提出改善建议，让全员理解运营、重视运营、善于运营。

锐意进取　努力让自己成长为行业头雁

得益于安徽省财政厅的“三五”人才规划，我2009年入选安徽省首批会计领军人才。2012年我参加了财政部全国高端会计人才行政事业类四期的选拔，成功入选并担任班长。前后共8年的培训与学习，让我丰富了知识体系，收获了同学情谊，更深知“领军”的责任与压力。

“一个人的领军不叫领军，领军应该带动一个单位、一个行业共同进步”。在我入选省领军人才的那一天，省财政厅领导的谆谆教导让我深有感触，从那时起，我将带领团队与行业共同进步视为己任。在单位内部的团队培养方面，一是采取“内部培养与外部引进相结合”，二是制定激励与制约相结合的专业学组培训计划，让年轻人尽快成长为多面手。经过几年的努力，医院会计队伍实现了财政部、国家卫健委、省财政厅领军人才大满贯；医院财务团队获“管理会计创新实践奖”“最佳医院管理团队财务管理五星奖”等称号。在行业影响方面，10 年前我牵头成立了国内第一家省级卫生财会分会，立足安徽面向全国创建了同行们交流的平台，定期开展培训，对工作中遇到的问题共同研讨，从而共同提高专业能力。

在完成日常工作与科研教学活动的同时，我还积极参加政府相关部门组织的政策研究。如兼任财政部第二届内控标准委员会咨询专家、财政部第三届管理会计咨询专家、国家卫健委综合医改绩效评价专家、公立医院行政领导人职业化培训委员会专家、安徽省人社厅咨询专家等。在这些组织里，我从医院会计的角度对相关政策提出意见或建议，尽职尽责完成智库专家的义务。

“世间自有公道，付出总有回报”。在我原本无欲无求踏实工作的时候，却得到了各级领导与社会同仁们的认可。2013 年我获得安徽省首批正高级会计师专业技术资格、2015 年获“全国先进会计工作者”，2017 年成为国内行政事业单位第一位“中国 CFO 年度人物”，2019 年 9 月刚刚获得“中国杰出 CFO 人物”称号。我现在仍然是安徽省第一位也是唯一一位获得安徽省学术与技术带头人、安徽省政府特殊津贴人才称号的会计实务人。

会计，是我职业生涯的起点，是我人生价值的依托。回首过去，我无悔选择，挥洒的汗水伴随着收获；展望未来，我将不忘初心，砥砺前行，做一个有能力有作为有担当有情怀的医院会计人！

（原载《财务与会计》2019 年第 20 期）

第八篇

2020年

编者的话

鸿儒硕辅，高山仰止，一句“先生”沉淀着尊严和学养的分量。悠悠上下五千年，无论世事几经变迁，世人对“先生”的敬仰始终与时代共振。当岁月的尘埃起落又飞扬，时间的底色里总有一抹亮给人以希望。昨日之先生，他们的名字刻进历史的脉络，他们的事业却在一代代人的接力传承中传递到今天，每每谈及先生的风骨，便会让人想到那些挺立不屈的脊梁、那些照耀一方山河的灯塔、那些在天地间振聋发聩的呼喊……今日之先生本色依然，财会改革中的踔厉风发、助力“一带一路”建设的勇毅笃行、抗击疫情时的家国情怀，这是精神的闪光，先生们的人生轨迹与时代紧紧相连，他们的思想和精神涌动着时代的波涛。

晴云秋月，银杏铺路，万物似乎都在秋日里渐变金黄，在这个收获的季节，“新时代会计先生风采”专栏再次如约而至，2020 年第 20 期的 10 位“会计先生”以他们负责的职业精神、严谨的求知态度、执着的理想信念……在财会领域深耕细作、笃定前行。10 位先生的故事，如秋日里温煦的暖阳，温暖悠长，他们令人敬仰的人格魅力，点亮了会计前行路途的光。

张军，一首歌曲带他走进数字人生，在近 30 年的工作经历中上下求索，思考数字、加工数字、尊重数字，“填满一生全是数字”，这句歌词正是他会计生涯的真实写照；王伟，海湾战争拉开了他海外工作生涯的序幕，数十年荏苒，风雨与收获同在，无论是深入一线还是参与编写课题，始终使命在肩、勇敢向前，成为助力“一带一路”建设的会计人；江中亮，通过深入学习和广泛调研，他的工作思路从“事务性工作”向“管理服务性工作”转变，他秉持着“功成不必在我，功成必定有我”的精神，推动会计事业发展，奔跑在会计管理的路上；王国海，对会计工作及审计工作一往情深的他，遇到了很多感念一生的良师益友，如今30年已过，他接下了传承的接力棒，带着收获与愿望，即便遇到风浪，理想也绝不退场；葛效宏，生于会计世家的他，记忆中抹不去的是无处不在的会计书籍，会计犹如他职业生涯的回归方程，始终将他带回主线，苦心孤诣，夙夜匪懈，对人生不同阶段的感悟都为会计的理解注入新的血液；李强，从事财务工作20载的光阴里，他从懵懂入行、初涉财务工作，到再度入职、开启新的成长之旅，在不同行业和岗位的磨练中，“担当、坚持、感恩、学习”一直是伴随他成长的关键词；任松涛，从企业会计准则体系初步构建到多次修订完善，从他刚上班时接触的会计电算化到财务共享、业财一体化，他坚持学习，不断进取，“争做一个有为的会计人”是他不变的信仰；于琦，从懵懂少年成长为学有所成的业务骨干，在组织的培养和同志们的砥砺帮助下，他最终找到了热爱的财务工作并无怨无悔，作为跨专业的会计人，他相信所有的无心插柳，其实都是水到渠成；蔡绍兴，从处身幕后到参与雷神山建设的前线，10个昼夜鏖战的背后有他坚守阵地、筑牢财务保障的身影，当“择己所爱，择世所需”的信念与“雷神山精神”相遇，碰撞出的是奋勇前行的担当与责任；秦文祥，与会计工作偶然结缘，他在“随遇而安”中自强不息，见证了企业从濒临破产到欣欣向荣的发展历程，在岗位上演绎着精彩的会计人生，他愿将自己的一切奉献给会计事业。

“仰观绝顶上，犹有白云还。”时代变迁，一代又一代先生立于高山，引领后生前行。新时代的“会计先生”也自山麓攀登，用坚守与创新丈量脚下的土地，用奋进与拼搏增添高山的巍峨，登高远眺时的呐喊传递着新时代铿锵的声音。金秋十月，新时代“会计先生”的风采正如一杯美酒，酝酿于寒冬，经历过浅春，沉淀了炎夏，秋日正是他的醇香年华。

张　军

张军，北京首都创业集团有限公司总会计师。正高级会计师，财政部内部控制标准委员会咨询专家、财政部管理会计咨询专家。

数字人生

研究生毕业那年，偶然的机会，我听到一首歌——《数字人生》，以数字开头，以数字结尾，和谐的韵律，强烈的节奏，把数字唱出了气势磅礴的感觉。我被这首歌深深震撼，后来还买来磁带，反复听了好几遍，总觉得某种东西与自己很契合。或许就是因为听了这首歌的缘故，从此我把会计当作自己的主体职业，成为与数字打交道的人。回顾自己将近30年的工作经历，求索数字，无怨无悔；展望未来，志在千里。

展现数字

会计人员的成长经历大多要从“小会计”做起，我的第一份工作也是如此。研究生毕业后，我入职北京市第一商业局，被分配在局长办公室，当时的办公室老主任知人善任，他认为刚毕业的年轻有专业的学生不宜长期做行政工作，就安排我到他兼职任一把手的北京市第一商业局建设开发管委会工作。管委会位于北京西南老城区的一个“小开发区”，安排给我的其实就是“小会计”工作，首先需要把各种数据整理成符合会计工作要求的简易报表，然后交给财务会计部门做账。当时的我，仅具有一些会计基础知识，面对形式、格式、单位都不统一的各种各样的数据，实在有些伤脑筋。但一股不服输的劲头支持着我，工作中我虚心向前辈们请教，下班后把买来的会计书籍和数据对照着消化，用心琢磨，短时间内就把数据之间的勾稽关系弄得明明白白，整理报表的速度也越来越快。

这段时间是我初次接触会计工作，由于工作经验尚浅，还不能理解数字变化背后隐藏的故事，只能就数字论数字，所做的也是会计职业中最基础的工作——展现数字。当时的工作虽然枯燥，但我体会很多：会计工作是一项特别严谨的工作，数字就是会计工作的根本，对待数据必须细心、耐心、有责任心，才能保证每一个数字都不出错，也才能保证下一个流程正确进行；会计工作是必须从“小”做起的工作，不能眼高手低，要虚心求教，多从“老”人那里汲取经验，一点一滴积累，才能有所成就，逐步承担起更重要的工作；“纸上得来终觉浅，绝知此事要躬行”，会计工作又是一项实践性很强的工作，只有勤动手、会动手、巧动手，才能真正把工作做好。

思考数字

勤能补拙，由于爱思考、勤动手，完成工作质量较高、速度较快，我逐渐承担了越来越重要的工作。1996 年我被任命为北京市第一商业局资产部部长，接着就担任财务部部长，2000 年开始担任北京一商集团有限公司（简称一商集团）副总经理、总会计师。也就是在这个阶段，我的工作环境发生了巨大变化：一是根据北京市政府的要求，北京市第一商业局整体改制为一商集团；二是财政部新会计准则的实施，很多理念和做法都相对于原有的会计核算有了质的变化。两者都与本职工作密切相关，经过学习和调研，针对上述情况，我提出“以体系为纲，以账务为本”的会计工作思路，组织建立并逐步完善了一商集团财务会计管理体系。在体系搭建层面，我反复分析集团财务会计运行、管理状况，经过起草、试行和修订，在征求专家意见的基础上，构建了以《财务管理办法》为核心的制度体系；在账务处理层面，适应现代企业制度建立和新会计准则实施的阶段性情况，我组织财会系统干部员工，通过试点、总结、推广的方式，分别推进了由政府主管局会计核算到企业集团财务会计核算、由国有企业传统会计核算到新会计准则核算体系的转变。

财务战略服从企业战略，会计工作的目标、职能、方法也应随着企业的发展而不断演进。企业的经济活动尤其是在变革的关键阶段，财务会计工作往往是关键所在。伴随着一商集团改制和新会计准则的实施，在集团上下财务队伍的共同努力下，攻难克艰，我们先后完成了“清产核资”“新老划断”“依法破产”“老贷款打包”等专项工作，为一商集团现代企业制度的建立做出了贡献。在上述工作中，我的本职工作也从展现数字过渡到思考数字，更多的精力用在研究会计信息所反映的企业经营状态，并以此为基础，将会计职能从反映、监督提升到预测、决策层面，更好地为企业发展服务，在一定程度上保证了集团各项经济活动得以顺利进行。

加工数字

汇涓流而成江海，积跬步而致千里，工作的积累和时间的沉淀使我成长为一名比较优秀的会计人员：2010 年我担任北京祥龙资产经营有限公司（简称祥龙公司）财务总监；2015 年年底，又调任北京首都创业集团有限公司（简称首创集团）先后担任财务总监、总会计师。这两个公司都是成立多年的大型国有集团公司，财务体制相对健全，如何利用自己的工作积累为企业发展做出贡献，成为摆在我面前的首要问题。

在祥龙公司期间，经过充分调研，我将资金管理作为自己的努力方向，提出“以支持发展和保证规范为重点，以资金预算、资金计划为手段，提前介入资金管理前端”的资金管理思路。经过两年多的实践探索和经验总结，祥龙公司逐步建立起一般资金统一监控分级管理、大额资金集中监管相结合的资金管理模式，将下属子公司的所有资金全部纳入监控系统，通过资金预算、资金计划使用，为各级决策者强化资金统筹、集中调度资金提供了信息基础，取得了良好效果。

在首创集团工作期间，新企业经营理念和创新工具的应用，使得财务工作的重要性愈显突出。将财务会计工作成果与公司决策联系起来，服务于公司治理并维持公司高效运转，提高资源配置效率，是我这一阶段工作一直努力的目标。经过 5 年的努力，达到了预期目标：逐步健全完善了规范有序的集团财务管理体系，明确界定了管理流程与管理维度；大力推进财务信息化建设，建立起一整套完整的指标数据库，实现了数据库的常态化积累及财务分析的全面覆盖；将资金融通与资产负债率控制相结合，把事后分析转变为事前、事中控制，对投资项目有保有压；等等。

信息技术的发展和新理财工具的应用，为财务会计工作从后台走向前端、通过财务手段提前谋划企业发展奠定了基础。比如：针对资产负债高的问题，我带领财务部门通过事前控制、资金计划、有保有压、联动测算等方式，在经营指标保持增长的同时，提前锁定资产负债率控制目标；针对负债结构不合理的问题，完成多只创新融资品种的发行工作，有效降低了短期融资在有息负债中的比重。这些工作证明了财务绝不仅仅是会计信息的被动接受者，更是财务数据的提前策划者。目前，我正在努力推进财务管理的数字化转型，希望通过数据治理和数据体系建设工作，实现数据展现、数据加工和数据的智能化处理。

尊重数字

对会计人员而言，对数字的尊重，就是对规则的尊重。在祥龙公司期间，我还曾作为北京市赴中央保险企业挂职干部组组长，到某大型保险集团监察审计部挂职一年，参与了多项经济责任审计和专项审计工作，还参与组织了保险系统第三次数字真实性大检查工作。这段工作经历使我时刻从另一个角度审视自己的本职——数字是会计人工作的根本，真实是会计行业的生命。我们尊重数字，就必须恪守我们的职业准则，“身有所正，言有所归，行有所止”，因此，我们每一个会计人员都要对工作心存敬畏，尊重数字，尊重规则，尊重自己。

在我的会计生涯中，如果说数字是工作中的主线，那么，学习便是我业余生活的主题。与时俱进，知行合一，通过学习丰富自己的理论功底，将专业工作经验与企业实际情况相结合，不断提高自己的专业分析能力和解决财务会计工作实务中复杂问题的能力，是我作为一名会计人的幸福所在。

在学习的同时，我将工作中的一些感悟和思考总结下来，希望与同行者共勉。2017 年，牵头组织北京市财政局《北京市管理会计基本指引应用研究》课题的撰写；2020 年新冠肺炎疫情期间，牵头组织《管理会计行业调研报告及案例》的课题研究，形成《管理会计全面助推首创集团疫情下复工复产》《环保产业供应链融资情况分析报告——以首创股份为例》。此外，先后发表《“互联网 +”下的财务共享新价值》《国企混合所有制改革中投资者选择的风险控制》《我国企业用工成本上升问题探析》《对国有企业实施股份制改造中股权结构问题的探讨》《企业财务转型的人才观》等多篇理论文章。

“填满一生全是数字，谁会真正知是何用意；烦恼一生全为数字，圆满的掌握问谁可以。”这是《数字人生》中的歌词，也是我会计生涯的真实写照。

求索数字，知行合一，我仍然在路上。

（原载《财务与会计》2020 年第 20 期）

王　伟

王伟，中国土木工程集团有限公司党委常委、董事、副总经理、总会计师。正高级会计师，中国国际工程咨询协会专家委员会专家。

"一带一路"上的会计人

作为改革开放后第一届高中三年制毕业生，高考报名时，喜欢数学的我一心想报考计算机专业，但由于担心编程过于枯燥，便弃 IT 从经管，走上会计之路，开启海外工作人生，成为"一带一路"上的会计人。

砥行磨名——选择海外，历练人生

疾风野火，练就青草品格；砂砾粘身，蚌吐圆润珍珠。能毁，能生，能承受，才展现出无穷的生命活力。人也一样，需要经历磨炼，方能焕发自身的生命活力。1988 年从北方交通大学毕业后，我选择去了铁道部援外办公室（即如今的中国土木工程集团有限公司，以下简称中国土木），并先后在科威特、吉布提及香港地区工作近 10 年。

这段辗转的日子，记忆最深刻的是 1990 年 7 月 31 日，我第一次出国去科威特。我们一行人经过长达 10 个小时的飞行，终于在深夜到达了富饶的海湾明珠——科威特城，本想看看夜景，但同行人疲惫晕车，就直接去了公司驻地，我心想：反正以后要长期在这里工作，有大把的时间可以好好欣赏风景。然而世事无常，一天后，即 8 月 2 日凌晨 2 点，睡梦中炮声隆隆，我飞速起身奔向露台一看，伊拉克的军车、坦克已经开进了科威特城。难道是命运对我的捉弄吗？我办理签证整整用了 5 个月的时间，到科威特 36 小时后就赶上战争，连行李箱都还没来得及打开，就要开始准备撤离了。

国际长途电话在早晨7点被切断了，与境外联系只能靠使馆的电报，好在科威特国内电话通讯依旧正常。为了防止流弹，我们用文件柜堵住窗户，只留下一条小小缝隙用来观察外面的动向。同事们每天给各个项目部打电话，了解人员安全与食物储备情况。庆幸的是，8月20日凌晨3点，在中国大使馆的协助下，3600名国人分两批撤出科威特城，长途跋涉，途经伊拉克到约旦，最终在安曼搭乘中国民航包机安全回国。

回忆往事，不禁唏嘘，当时本想出国待个三五年，干一番会计事业，结果不到1个月时间就结束了。但转念细想，这样的磨炼机会可遇不可求，我的海外工作生涯也由亲历海湾战争拉开序幕。

勠力同心——阅历非洲，品味生活

吉布提是联合国宣布的最不发达国家之一，终年炎热少雨，疾病繁多，自然环境非常恶劣。吉布提工商学校是20世纪90年代初中国土木最大的、自营实施的承包工程。当地每年都有3个月左右的时间气温在40摄氏度以上，最高温甚至达到46摄氏度左右，这样的自然环境，使工商学校项目面临的施工条件异常艰苦。虽然项目开工时海湾战争已经结束，但该战争以及吉布提内部动乱给市场物资供应及劳动力资源带来了明显的不利影响。此外，该项目在激烈的报价竞争中，公司出于战略考虑微利报价，导致项目面临巨大的成本压力。

作为项目的财务经理，我主要负责财务核算、报税、交社保、给当地员工发放工资等工作。其中：每月计算、发放工资就是一项非常繁重的工作，当时没有电脑，都是用计算器按工时卡列表计算出来的。当地雇员几百人，按工资标准，扣除税金、借款，以现金形式在工地现场发放。在吉布提时刻都要考虑安全问题，银行取款需要预约、按人分装、复核，每次发放工资都忙得一头大汗。

作为公司的一员，我还要负责基地的后勤工作，晚上还要加班开卡车给工地运送打混凝土的石渣。那段时间，虽然辛苦，但很充实。大家为了保证项目能够按期完工，经常加班加点忙工作，毫无怨言。平常情况下，我们每两个星期休息1天，但在最后赶工的日子里，连续好几个月都没能休息。当时，没有互联网，也没有手机，写封信寄到家里需要两个星期以上，打电话每分钟需要35元人民币，吉布提项目26个月的工期就是在这样艰苦的条件下度过的。

在公司提出“按期、保质、不赔”的要求下，我们使命在肩，全体干部职工攻坚克难、同心协力，保证了项目的按期竣工验交，且利润率达5.73%。

未雨绸缪——金融危机，经历风雨

20 世纪 90 年代初期，香港地区房地产业发展迅猛。中国土木充分利用香港地区市场融资条件好、市场管理规范等有利条件，连续在香港地区开发了 20 多个房地产项目，特别是香港铁路大厦，公司大胆尝试资本运作，在香港地区当地融资，通过精心运作，最终取得了自有资金回报率 300% 的优异业绩。

1995 年，刚结束非洲征程不久的我，因工作需要，被单位派往香港地区担任中国土木香港公司的财务负责人。白天开会、出差跑项目，晚上做财务工作，每天穿梭于各个会议之间成为我的日常状态。我通过大量参与项目经营，对于香港公司的管理机制、运作模式、银行资本借贷方式有了充分了解。

1997 年，金融风暴席卷整个亚洲，香港地区房地产市场大幅缩水，贷款利率飙升，基于此，中国土木迅速转型，开始大规模参与承包工程的建设，项目公司最多时达 42 个。由于香港地区的工程项目大多没有预付款，公司需要流动资金贷款，面临这种现状，我代表中国土木与 22 家国际银行签署了授信协议，并在金融风暴爆发前一刻，未雨绸缪，签署了由 7 家银行参与的银团贷款，保证了公司的正常运转。

矢志不渝——深入一线，保驾护航

后来因工作需要我调回北京，作为公司的财务负责人，在公司每一个大项目的投标阶段，我都本能关注国外财税相关领域的问题，必要时多次出国，深入了解当地财务、税务、法律等情况，落实银行开户、外汇管制等各项规定，为项目的顺利开展奠定基石。

土耳其安伊高铁项目是公司在土耳其的第一个项目，公司对许多情况都不熟悉。在项目投标的最后阶段，我利用 1 个月的时间，与当地会计师事务所、律师事务所就签约主体、报税主体等事宜进行了多轮沟通，助力公司顺利拿到了这个项目。在项目实施过程中，我坚持以收款为主线，严格把控风险，在公司上下树立节约意识。土耳其安伊高铁项目在 2016 年顺利完工并通车，项目收尾阶段税收审计成为工作重点，保持与当地税务局的沟通与协调成为我当时工作的重中之重。在大家的共同努力下，税务当局出具了最终审计报告，确认安伊高铁项目纳税行为规范，并予以退税，折合人民币为 2456 万元，提升了项目的经济效益。

学无止境——与时俱进，勇于创新

"问渠哪得清如许，为有源头活水来"。不管是涉世未深的青年，还是深谙世事的长者，唯有不断的学习总结，方能跟上时代的步伐。近年来，我参加了由中国人民大学、天津财经大学与几家企业共同组织的《建筑施工企业纳税与筹划操作指南》《“一带一路”建筑施工企业纳税与规划操作指南》课题的编写，参与该课题是对我海外财税工作经验的总结，也是对他人经验的学习。我编写的内容包括境外工程项目经常遇到的各类财务、税务疑难问题。其中：涉及境外工程项目常见的“预扣所得税”，大多数国家对承包工程收入要征收3%～5%的预扣所得税，但对于一般贸易项下的收入是免征的。基于此，我用具体案例告诉大家，在签订合同之前一定要研究是否可以将合同分成工程合同和采购合同两部分，以节约税款的支出。“纸上得来终觉浅，绝知此事要躬行”。随着“一带一路”倡议，走出去的企业越来越多，我希望总结的海外实践经验能及时分享给同行，让大家少走弯路、少交学费。

创新始于学习，学习使我与时俱进。2019年年初，由于国家政策的调整，公司在非洲的铁路项目资金需要受托支付，项目提款与后续融资都受到影响。我研究了解关键节点问题，协调项目与贷款行的关系，积极获取相关知识与资讯，主动到银行进行沟通交流，了解最新政策导向，并多次赴非洲项目所在国，落实项目融资方案。最终在大家的共同努力下取得了突破性进展，非洲铁路项目确定采用“商贷+优贷”模式，融资规模接近百亿美元。创新的融资模式，正是源自于平日的积累。大量的阅读与知识储备，使我在关键时刻都能快速准确地抓取到有用的信息，并迅速做出最为实用的决策。

数十年荏苒，风雨与收获同在。我从最基层做起，围绕公司的不断发展，始终工作在财务一线。一路走来，虽然工作环境很不安稳，但初心不悔，也不负来时的路漫与艰难。我很庆幸，成为“走出去”企业的先锋，成为“一带一路”上的会计人。

（原载《财务与会计》2020年第20期）

江中亮

江中亮，浙江省财政厅会计处二级巡视员。高级会计师，兼任浙江省会计学会副会长，在《财务与会计》等期刊发表文章20余篇。

奔跑在会计管理的路上

经济越发展，会计越重要。财政是国家治理的基础，而会计则是财政发展的基础。作为一名会计管理工作者，有责任通过推动会计事业的发展来促进整个社会经济的进步。2014年5月，我调到浙江省财政厅会计处工作后，经过深入学习和广泛调研，确立了从“事务性工作”向“管理服务性工作”转变的思路，积极推进会计处职能转变和会计管理工作改革创新，为经济社会高质量发展提供高质量服务。

服务经济社会发展

目前，我国经济已由高速增长阶段转入高质量发展阶段，浙江省经济也正处于转型升级和新旧动能转换的关键时期。如何通过提升财务管理水平帮助企业尽快实现转型升级，是我日夜思考的一个问题。这时，管理会计进入我的视野。

2014年8月，财政部提出“加快发展中国特色管理会计”。我带领会计处的同志第一时间组织部分高校、企业、会计师事务所进行座谈，了解企业需求，倾听各方意见，最终提出“政府引导、单位自愿、校企合作、分类指导、总结推进”的管理会计应用思路。随即，浙江省成立管理会计专家咨询委员会，并联合相关院校组织18支专家服务团队，于2014年10月启动巨化集团等18家省级管理会计应用试点。经过试点方案论证、项目中期评估、项目评估验收，于

2016年10月顺利完成试点工作。

浙江省管理会计应用试点工作最大的特点就是将业务与财务有效融合，成功实现财务转型，不仅为会计工作拓展了职能，也有效探索了会计服务经济社会发展的路径和方法，为企业创造了良好的经济效益：作业成本法在巨化集团全面推广后，预计每年可帮助企业实现降本增效1亿元以上；浙江亚特电器有限公司通过应用管理会计，在市场低迷、销售收入下降的情况下，净利润增长了3.1倍……

为进一步发挥管理会计的成效，更好地服务浙江省经济社会发展，我带领会计处组织专家力量，谋划在市县加快推进管理会计的应用。我们在全省会计管理工作年度计划中明确设置量化指标，在每次座谈会、工作调研时均大力推动管理会计的应用工作。2017~2019年，在加强指导服务的同时，浙江省财政厅会计处组织专家对市县管理会计工作开展情况进行评估验收。目前，浙江省各市及部分县已完成48家企业的管理会计应用评估工作，越来越多的企业开始重视和积极应用管理会计，并取得了较好成效。

在确定服务经济社会发展的目标后，我更加注重服务内容、服务方式的创新。浙江省财政厅会计处面向全省的单位和会计人员，而本身工作人员非常有限，为解决这一瓶颈问题，我提出“借力、融合、创新”的工作思路：“借力”就是借财政厅业务处室、省级有关部门、省人大代表、省政协委员、省会计高端人才等之力，推动会计事业发展，切实破解会计处孤军奋战、单打独斗的工作局面。“融合”就是将会计工作融合于经济社会发展、财政中心工作等，真正发挥会计的重要基础作用。“创新”就是在做好年度重点工作以外，从实际出发，推进浙江省会计管理工作的不断创新，并在创新实践中总结经验进行推广。

2019年，在了解到浙江省浦江县政府部门有实现上市公司零的突破、不少企业有直接融资的迫切需求后，经与浦江县金融办多次对接，浙江省财政厅会计处组织由7位省以上高端会计人才和专家组成的“三服务”团队，两次赴浦江县开展民营企业首次公开募股（IPO）业务培训、问题解答、现场辅导等工作。为确保服务的连续性，在浙江省财政厅领导重视和关心下，由浙江省会计领军人才委员会与浦江县金融办签订了为期3年的服务协议，充分发挥了高端会计人才服务社会的作用。

服务财政中心工作

行政事业单位会计工作的好坏，直接影响财政管理改革的深入、财政政策的落实、财政资金的使用绩效等，因此，行政事业单位各项会计改革应放在财政中心工作大局中来谋划和推进。

一是强化行政事业单位会计工作。我们通过问卷调查、座谈交流等方式，全面了解掌握浙江省行政事业单位会计工作开展、会计机构设置、会计人员结构（职称、年龄、学历）、总会计师委派、会计人员人均管理年度支出、人均管理资产等情况。在认真整理分析、广泛征求意见的基础上，于2018年报浙江省政府同意，下发了《浙江省财政厅关于加强行政事业单位会计工作的意见》，从夯实会计管理基础、推进会计管理改革、加强会计机构和队伍建设、加强会计监督等方面对行政事业单位的会计工作进行规范。

二是推进行政事业单位内部控制建设。行政事业单位内部控制工作，不仅是一项防范控制风险、提升单位管理水平的重要工作，而且是财务工作与业务工作有效融合的一个重要手段，随着大数据、云计算的发展，也是会计工作转型的一项重要抓手。在推进行政事业单位内部控制建设方面，我们具体做了以下工作：一方面，全面开展省级单位内部控制建设评价工作。2019年组织对省级所有一级预算单位开展内部控制线上评价工作，并组织专家对浙江省监察厅等9个部门进行现场评价和服务指导。通过“线上评价+线下抽查”的评价模式，逐一反馈部门内部控制建设相关问题及完善建议，切实提高省级单位内部控制建设水平。另一方面，指导督促市县财政部门推进单位内部控制建设。将市县推进行政事业单位内部控制工作纳入各地财政部门财政管理绩效考评内容，每年进行考核。经过不断努力，浙江省行政事业单位内部控制建设推进进度、质量、效率持续提升，为财政管理奠定了坚实的基础。

服务会计人员

会计人员是做好会计管理工作的根本。在新的形势下，我认为，会计管理工作要从“管理会计人员”向“服务会计人员”转变。基于此，近年来，我们主要从“便民”的角度，着力推动四项重点工作：

一是对省级会计人员实行属地管理。2016年取消省级办证窗口和会计从业资格考点，完成相应工作职能的划转。此举不仅消除了办证窗口的办事风险，也取消了考点每年安排的维护费及相应考务工作，尤其是大大方便了省级会计人员，使其能直接就近在单位所在地财政部门办理会计证及相关会计事务。

二是实行会计从业资格证书“零见面”改革。2015年9月，浙江省金华市送出了第一本“网上申请、快递送达”、办证全程“零见面”的会计从业资格证书。2016年9月26日，浙江省全面实现会计从业资格证书“网上申请、在线服务、快递送达”改革，并实现与省、市、县（市、区）政务服务网互联互通，提前、高质量完成浙江省政府下达的便民服务任务。2016年11月2日，浙江省手机版会计从业资格证书申报系统（APP）正式上线，为会计人员提供了更为便利的“手指办事”服务模式。

三是建立“浙江会计之家”大平台。为方便广大会计工作者，我们将所有会计审批和服务事项统一整合到“浙江会计之家”一个网络平台，真正实现“一网通办”“掌上办”“零上门”的目标。

四是建立会计人员激励机制。在提供更多便民服务的同时，我考虑更多的是如何建立会计人员激励机制，营造“诚信、专业、奉献”的会计文化氛围。第一，开展省先进会计工作者评选。我们多次前往浙江省评先达标领导小组办公室进行沟通，讲述理由，请求开展省先进会计工作者评选活动，经过多方努力，最终获准在全省开展5年一次的浙江省先进会计工作者评选活动。2019年，经广泛宣传发动、推荐、评审和公示确认，评选出76名“浙江省先进会计工作者”。对其中10名典型代表的先进事迹，通过新闻媒体进行宣传报道，激励全省会计工作者立足本职、勇立潮头、担当作为。第二，将省级以上高端会计人才纳入省高层次人才C类目录管理。积极向省委人才办争取，将在浙江省工作的省高端会计人才和全国高端会计人才纳入省高层次人才C类目录，建立浙江省“人才码”，为会计人才提供相应的办事便利和优惠服务。

如果说浙江省会计管理工作取得了一些成绩的话，我想这是全省所有会计工作者共同努力的结果，也是数代会计管理工作者“一棒传一棒”接力奋斗的结果。而我，作为浙江省财政厅会计处的一员，将始终秉持“功成不必在我，功成必定有我”的精神，继续奔跑在会计管理的路上，努力践行自己“成为一名恪尽职守、竭力推动会计事业发展的会计人”的职业追求。

（原载《财务与会计》2020年第20期）

王国海

人生不是赛场
理想不容退场

王国海，天健会计师事务所时任管理委员会委员、管理合伙人、副总裁，现任党委副书记，合伙人管理委员会副主任、执行总裁。会计学博士，正高级会计师，资深注册会计师。

1991 年 6 月的一天，原浙江会计师事务所（1998 年改制为天健会计师事务所）所长陈如洪接到了来自浙江省财政厅人事处处长的电话。人事处处长问陈所长，浙江财经学院（现浙江财经大学）有位应届毕业生，很优秀，是学院党委书记李春田亲自推荐的，事务所要不要这样的学生。陈所长听说是财院的第一届税务专业本科生，品学兼优，还是一名学生党员，连声说：好，好。就这样，原本计划在财政税务领域耕耘拼搏的我，机缘巧合被分配到了此前从未听说过的单位——浙江会计师事务所。

学习不停

大学里，我读的是税务专业，会计学方面的课程虽然也学过一些，但并未真正理解“有借必有贷，借贷必相等”。不精通会计，怎么做注册会计师？从第一天上班开始的大约一年时间里，只要不出差，我几乎每天都学习到深夜 11 点。一年下来，看遍了事务所几乎所有的藏书和杂志，记下的读书笔记足足有 5 万字之多。学习之余，我试着将对会计审计问题的看法写成文字。1992 年 7 月，见习满，我已在省级以上刊物合计发表了 7 篇专业论文。陈所长对我的成长看在眼里，喜在心头，欣然在我的见习期总结上写道：

青年才俊，大有可为。

1990 年 12 月和 1991 年 7 月，上海证券交易所和深圳证券交易所相继正式开业，包括上海飞乐股份有限公司在内的上海“老八股”先后上市，企业股份制改制风起云涌。为了学习改制上市审计新业务，1992 年年初，我受所里委派到当时注册会计师审计最发达地区之一的深圳学习。白天跟班外勤，晚上回来除了整理一天的心得之外，就是如饥似渴地学习深圳率全国之先取得的会计改革成果——《深圳经济特区企业会计准则（试行）》和《深圳经济特区企业通用会计制度——会计科目和会计报表》。虽然将近 30 年过去了，但一说起这两部规章，我兴奋依旧，因为是它们让我初步懂得了借贷平衡的魅力、懂得了会计语言的深邃、懂得了会计监督的重要性。

从深圳回所不到一年，1993 年年中，我再次踏上了外出学习的征途，这次去的是香港关黄陈方会计师行——当年香港最大的华人事务所。其间，我不但耳濡目染了香港核数师的严谨、精致和独立，还第一次接触被称作香港公司法的香港《公司条例》和香港会计师公会审计准则。在港的半年，可以说是不断学习请教的半年。有一次，为了弄懂《公司条例》中的一个概念，我甚至壮着胆子敲开了关黄陈方合伙人的办公室。

在学习的道路上，我从来没有停止过。1996 ~ 1998 年，我参加了上海财经大学会计学硕士研究生班的学习。2012 年，已然 45 岁的我又考取了武汉大学会计学博士研究生，并于 2015 年顺利通过了博士论文答辩取得了心心念念的博士学位。

学海无涯，只有老老实实地坚持终身学习，方能跟上知识前进的步伐，我这样说，也是始终这样做的。

奋斗不止

书本原理是一回事，实际工作又是另外一回事。如果说陈所长为我打开了通向注册会计师审计职业大门的话，那么，当时已经担任事务所副所长的胡少先则引领我走上了注册会计师审计事业的康庄大道。

天健文化中有两个方面令人印象深刻。一是以老带新的“师徒制”，二是为年轻人定制的“四重”用人观。师徒制常见于厂矿企业，会计师事务所实行师徒制的比较少见，而从 20 世纪 80 年代开始一直坚持到今天的，估计只有天健了。“四重”用人观，大约首见并实施于 1993 年。所谓“四重”是指，重视年轻人，重点培养年轻人，重用年轻人，重担年轻人挑。

我是天健文化的直接受益者。大学一毕业，我非常幸运地成了胡少先的徒弟。从农村到海岛，从北疆到海南，从乡镇企业到国有企业，从非上市企业到上市公司，开过通宵，饿过肚子，住过客户的办公室，坐过运煤车，从胡少先那里我学到了会计的真谛，学到了审计的本领，学到了做人的道理；懂得了奋斗与收获的内涵，懂得了个体与集体的关系，懂得了成功与失败的逻辑。

1995 年，工作才满四年的我被任命为事务所新组建的第五业务部的副主任（主持工作），从此，五部成了我辛勤耕耘的场所，艰苦奋斗的舞台，茁壮成长的福地。4 名员工，几家客户，这是五部刚成立时的全部家当，业务收入满打满算不足 10 万元。创业艰难百战多。每每提起艰苦的场景，很难不让人动容：做着做着，睡着了，那是因为连续通宵作战的结果；明明是给自己的茶杯加水，却将水冲到了茶叶罐里，那是因为思绪聚焦在审计底稿上的缘故；半夜三更，呼叫急救车上医院，那是因为体力透支严重摔倒在了卫生间里。百战艰难不足惧，全体五部员工团结一致，鼓足干劲，力争上游，向质量要口碑，向口碑要业务，向业务要经验，向经验要管理，向管理要效率。经过 25 年的艰苦奋斗，如今五部成了第五审计总部，下辖 10 个业务部，从业人员超过 300 人，上市公司客户逾 50 家，业务收入近 3 亿元，成了天健最大的审计总部。

感激不尽

如果没有老所长陈如洪的首肯，我不可能到天健工作，甚至不可能从事注册会计师审计工作；如果没有胡少先手把手的指点、引导和栽培，我不可能取得现在的成绩；如果没有同事们无私相助和团结奋斗，我至今很可能还是个“光杆司令”；如果没有爱人的鼎力支持，我一定难以持续。我做了作为一名审计人员应该做的事情，但事务所和有关部门却给了我很多褒奖：我先后被评为浙江省优秀注册会计师，天健会计师事务所建所 30 周年“十大功勋合伙人”，浙江省注册会计师行业优秀共产党员，杭州市劳动模范，全国先进会计工作者等；给了我很多机会：我先后担任中国证监会创业板发审委第三、第四和第五届专职委员，中国银行间市场交易商协会会计专业委员会第一、第二届委员，上海证券交易所公司债券审核专家，浙江省正高级会计师职务任职资格评审专家，深圳证券交易所创业板上市委第一届委员。

荣誉受之有愧。我个人很渺小，能力也很有限，是时代的形势、平台的力量，才成就了自己的小小进步。组织对我的信任之举，领导对我的栽培之恩，同事对我的关照之意，家人对我的体贴之情，我将永远铭记在心。人生不是赛场，不是比一场就结束，也不是比一场决胜负。人生是长征，人生是过程。我将一如既往地认认真真过好每一天，做好每一项审计，处理好每一件事，善待每一个人。

痴心不改

我热爱会计事业，热爱审计工作，即便遇到再大的风浪，理想也决不退场。在之后的人生，我还有两个愿望想去实现。

一个愿望是在做一名会计法律法规的模范遵守者，改进和提高会计工作水平的积极推动者的基础上，做一名会计正能量的不懈弘扬者。大学毕业至今，我没有换过工作，一直在天健会计师事务所（或者前身）从事会计审计工作。屈指一算，会计工龄30年，可以说对会计审计一往情深。会计需要正能量，会计的正能量要靠会计人自己去弘扬。为此，我要求自己：做一名会计法律法规权威的捍卫者，站直腰板，挺起胸膛，敢于向那些想通过会计手段牟取不正当甚至非法利益的人说“不”；做一名会计及会计工作重要性的宣扬者，有机会说，没机会创造机会也要说，跟实控人说，跟社会公众也要说；做一名会计及会计工作高尚论的辩护者，会计是经济活动的反映，会计是高尚的，会计工作是高尚的，会计工作者是高尚的。

第二个愿望是想将几十年的工作学习心得，以文字的形式（最好能够出版）留给会计审计的后来者。这些心得的中心意思是平衡。人与自然之间互为因果，失掉平衡将引起灾难；人与人之间彼此依存，失掉平衡将产生对抗；不同产业链的企业环环相扣，失掉平衡将产生风险。会计审计也不例外。会计博大精深，始于平衡终于平衡。如果没有平衡，现代会计将顷刻崩塌，平衡是会计的灵魂，是会计系统得以构建和有序运行的基石。

《史记》记载：“或言禹会诸侯江南，计功而崩，因葬焉，命曰会稽。会稽者，会计也。”孕育会计的会稽山位于浙江绍兴境内，作为绍兴人的我与会计审计工作相伴终身，也许不仅仅是一种巧合。

（原载《财务与会计》2020年第20期）

葛效宏

葛效宏，鲁信创业投资集团股份有限公司财务总监。正高级会计师，注册会计师，全国高端会计人才。

修持匠心之道
体味会计人生

会计自发轫之始，便是圣人治世之法，后历经漫长岁月，直至今天电算化处理的昌明时代。手工时代的中国匠人离不开两大品质：一是对“行当”的坚持；二是对“行规”的恪守。会计恰如工匠：入门较易，进阶吃力，创新尤难。做会计，先要有坚持的毅力和恪守的情怀；再向上进阶，则既需要纵览博观的广度，又需要“唯精唯一”的深度。因此，会计从未因其业态的沿革和载体的变迁而褪去手工业的本质属性。跋涉在会计之路上的我，也恰似一位不断雕琢打磨作品的匠者，正是这份执着而长久的工匠精神贯穿支撑起我会计人生的主线。

缘起与回归：幼学壮行，发荣滋长

出生于会计世家的我，自幼年起，记忆中抹不去的便是无处不在的会计书籍。在前辈们的言传身教和耳濡目染中，我内心深处已隐隐萌生对会计工作的遐思。孩提时就喜欢静坐学校操场一旁倾听大学生们拨打算盘的悦耳之音；报考大学时与会计专业擦肩而过的我，仍会每晚偷跑去旁听会计课程，乐此不疲；工作后从事境外投融资业务的我，偏又选择考入东北财经大学的会计专业研究生，以偿夙愿；毕业后从事证券投资的我，又毅然申请调回财务部门工作，义无反顾。随后的工作经历虽然屡次变迁，但会计犹如我职业生涯的回归方程，始终将我带回主线。

自宏观经济研究到金融和投资行业再到如今的管理岗位，每一阶段的工作基础都离不开会计基本知识。会计专业背景带来的技能知识和思维方式，为我从事横跨多领域的各类工作提供了强大助力。

会计是不断更新的准绳，准则是时刻变化的标尺。在我国会计准则加速向国际接轨的今天，专业知识正以极快的速率更新换代，这也导致了会计业内“入门无分早晚，后来往往居上”的现象。我未敢有半分松懈，时刻保持对会计准则、制度的跟进学习。

淬炼与融合：硅步不休，跛行千里

工匠之心，便是要立下志向，并为之坚守直至成功。枯燥坚持的动力，源自严格的自律。为磨练自律性，我自工作以来一直坚守着几个习惯：一是每天晚上坚持两个小时的阅读，保持学习状态，更新业务知识；二是每天早上提前半个小时到办公室，总结前日工作，筹划当天安排；三是每年准备一次考试，从注册会计师、税务师、高级会计师到正高级会计师，延续着对财务新知识的不懈探索和学习。

古语云：厚积薄发，天道酬勤。在学习思考与工作实践的推动下，我每年均能有至少一篇的研究成果问世。迄今为止，已在国内各类期刊发表专业论文十几篇，主持完成或参与的专项研究课题近 10 个，其中为主撰写的《全流通环境下公司代理人代理问题研究》获得财政部优秀论文二等奖。

2006 年，我迎来职业生涯中最重要的一次转折——成为财政部全国高端会计（后备）人才培养工程企业类二期学员。时光荏苒，韶光易换。经过 6 年的学习提升，我逐步实现从财务管理者思维到经营管理决策者思维的蜕变。研究方向也从财务核算和管理向创新融资、风险控制、产权多元化乃至公司治理等方面扩展延伸。同时，因为工作职责整合的原因，我对财务会计与其他专业的“有机融合”深有感触，逐渐体悟到财务人员应始终秉承“以财务的思维思考经济问题，以非财务的视角看待财务问题”的理念。

在山东省国资委工作期间，面对省管企业混合所有制改革、公司治理以及全省经济运行研究的复杂课题，基于自身扎实的会计功底和财务报表分析能力，使我能驾驭各类企业的核算，并对其发展现状和优劣势形成相对准确的判断。更重要的是，在多年会计工作中养成的严密逻辑和细致作风，常能使我洞悉到问题的细微之处。同时，站在宏观角度和企业顶层架构的层面上审视企业，将所得结论与从会计角度得出的结论两相对照，真可谓“横看成岭侧成峰”。这种复合交互式的工作经验，对我后续重新从事财务工作大有裨益。在离开财务工作逾10年后回归财务管理岗位，我的思维逻辑已然焕新。相较于单纯的业务处理等细枝末节，此时我首要考虑的是先搭建总体框架，再分类管理，继之考虑会计确认、核算、计量等实操问题。

承重与致远：苦心孤诣，夙夜匪懈

2016年，我加盟鲁信创业投资集团股份有限公司（简称鲁信创投），迎来人生中的又一次重大转折。鲁信创投作为上市的创业投资类公司，不仅在财务核算、规范管理及风险控制方面有颇多建树，在私募基金领域更是成绩斐然。作为CFO的我，深感责任之重、压力之大。经过深入的调研和思虑筹划，近几年，我主要牵头做了以下四方面的工作：

一是通过对私募投资关键环节开展深入、扎实的研究，形成了一整套私募基金核算指引，在规范私募基金财务核算方面做出了积极的探索。市场化私募基金是鲁信创投的主要投资形式，即通过投资高成长性的创业企业，通过“投资——管理——退出——再投资”的循环，完成投资闭环和资本增值。但私募基金因其业务模式的特殊性，其会计确认与核算与传统长期股权投资的核算有诸多不同之处，且更为复杂。为解决这一难题，我带领财务部门在非同比例出资、风险抵押金跟投、可变收益、可变风险以及投资性主体确认等关键领域逐一开展研究，为财务核算指引的出台奠定基础。

二是在山东省率先建立起全体系、全规模、全流程的非上市股权投资估值体系。2019年上市公司全面实施新金融工具准则，带来了投资项目全面估值化管理的变革，也迫使创投机构财务人员需要适应这一变化趋势。对于创投企业而言，账面存在着大量的非上市股权投资项目，对照新旧金融工具准则，这部分资产的计量要求变化较大。我带领财务部门提前着手，狠抓估值体系建设，结合公司实际业务，搭建用于战略经营管理需要的估值体系，运用敏感性分析、项目估值测算等管理会计工具，提高管理决策相关信息的信息质量。同时，对于私募基金投资的早期、成长期股权项目，采用穿透方式对底层投资项目进行估值，将市价法、市场法、现金流折现法、成本法、净资产法等估值方法与项目类型相匹配。在搭建估值方法框架的基础上，输入各项参数指标，修正结果及模型，最终形成完善的私募基金估值评价报告和估值结果，在为创投公司提供财务核算依据的同时，也为管理层、基金考核提供了清晰量化的决策依据。在此基础上，又建立起可用于日常预测需要的动态估值模型，每日收盘后关联二级市场波动情况，计算得出当日估值变动金额。动态估值模型的搭建提高了估值的及时性，也为财务信息的实时测算提供强有力的保障。

三是优化资本结构，降低融资成本。创投企业的长周期、高回报的资金特性决定了债务应实现与资产的周期性匹配，债务结构更趋于长期性、稳定性。结合行业和公司特点、现状，我确定了“先以中期信贷过渡、适时回归债券市场，只做中长期债务，久期与基金存续期匹配”的方针，在 2016 ~ 2017 年债券市场巨幅波动、债券发行困难、发行成本大幅上升之时，保证了到期债务平稳过渡；在 2018 ~ 2020 年债券市场回暖、收益率大幅降低之时，抓住良好的发行窗口，以适当的时间间隔稳步发行创投债、双创债等创新融资品种，将绝大多数债券期限延长至 7 ~ 10 年，债券久期提高至 6.8 年，与基金平均存续 7 年期基本匹配，实现了债务结构性调整、久期换挡提升、债务融资与股权投资的无缝衔接。

四是健全财务全覆盖监控机制，建立具有创投特色的风险管理体系。针对作为被投资项目的财务投资人角色，通过穿透基金层面实现对投资项目的实时财务持续监控，改善投后风险管理，并建立了一套风险项目实时预警体系，做到通过行业趋势提前预判公司经营风险；通过财务巡查规范基金核算管理、年度财务估值考核基金业绩；提高和扩大财会监督与业务协同的力度，对投资前估值定价的财务测算前置至尽职调查前端，尽可能地提前锁定风险。通过投前、投中、投后的全过程管理，提炼总结出“业财融合、旁敲侧击、全程参与、量化指导”的具有鲜明自主特色的财务风险管控方法。

因兴趣而立志，为志向而奋斗，是我多年会计人生的至深感悟。如果说我的人生是成功的，那是源于我选择了自己热爱的事业并付出努力和坚持。无论何时，我都不忘初心，脚踏实地、勇于坚持、甘于寂寞、乐于追求。相较于“以成败论英雄”的唯结果论，或许这才更接近成功的本真定义吧。

（原载《财务与会计》2020 年第 20 期）

李　强

李强，中国启源工程设计研究院有限公司总会计师。正高级会计师，CIMA资深会员、ACCA会员，全国高端会计人才。

脚踏实地　走好会计人生路

从事财务工作已有20年，在这段时间里，我从地方国企到央企，经历了不同行业、不同岗位的磨炼，学习伴随着我整个从业过程，坚持和担当是这段历程的最大收获，而能亲历国家的重大改革则是我这段经历中最为激动人心的时刻。

懵懂入行　初涉财务工作

大学毕业时我进入一家上市公司从事财务工作，初入职场的我，对财务工作更多是一些感性认识。有近一年的时间在生产车间实习，在那段时间里，我体会到知识要发挥作用，就必须深入到生产经营过程中去。上市公司的财务工作经历还培养了我严谨的工作作风。记得当时还是手工记账，每月我要负责登记20余本账簿，登记完后还要试算一次，这个过程常常要持续一个星期以上。当时电子表格刚开始在单位应用，空闲之余我利用电子表格设计了一套自动试算程序，应用到每月登记账簿工作中，结果大大提升了手工试算效率，原来需要一个星期完成的工作缩短至两天，新工具的应用对工作效率的提高让我印象深刻。对新生事物的好奇与兴趣，以及持续学习的习惯在初入职场就播下了种子。

持续学习　明确未来方向

在上市公司工作近两年后，我一直在思考未来的工作方向，财务工作自己很喜欢，但是已有的平台及行业又有一定限制，同时，自己的知识结构也亟需完善。基于此，我考取了硕士研究生，得以继续学习深造。3 年校园生活是一段安静的岁月，给了我回看过去及思考未来的机会，学习使我的知识结构得以完善，同时，研究生导师严于律己、高风亮节、谨言慎行而又平易近人的风格让我终身受益。在这个阶段我对未来的工作方向也进行了全面思考，明确职业选择还是以财务工作为主要方向。

再度入职　打造核心竞争力

2006 年研究生毕业后我进入航天科技集团某研究院下属的研究所工作，正赶上持续至今的航天任务高密度时期。此时财务行业的一个大背景是国家新企业会计准则的发布实施。刚进入单位，我就负责财务制度的修订和完善，陆续新建和修订了涉及会计核算、财务管理、资金管理、成本价格、财务分析等相关方面的会计制度 29 项，这项工作在帮助我深入了解单位管理流程、快速熟悉单位生产经营实际的同时，也使我深刻认识到制度体系对一个单位尤其是财务工作的重要性。

同年适逢所在研究所被选为集团公司的预算试点单位，当时预算尚未普及，预算制度也未建立，我先后参与完成预算管理宣贯、预算管理办法制定、内部预算报表设计、预算数据流程梳理、预算信息定期反馈及预算考核等工作。单位的全面预算从无到有、从有到逐步完善，在企业管理中的牵引作用逐步得以突出。结合全面预算管理工作实践及自己的思考，我分别完成《新形势下航天研究所预算管理的思考》《ASP. NET 环境下的预算报表设计——以日常公用经费为例》等多篇论文，在单位全面预算管理推进、预算信息共享、信息化背景下预算报表设计等方面发挥了较为积极的作用。

2011 年，通过公开竞聘，我从原来的研究所调整到上属公司研究院，工作职责调整为负责研究院及下属公司的会计核算和资金管理等工作。因为有基层工作经历，我积极落实会计监督管理职责，持续对单位下属各子公司实施会计检查工作，提高会计信息质量，连续 5 年单位下属 40 余户公司均获得会计师事务所的标准无保留审计意见，会计核算工作也得到了集团公司的表彰。此外，我完善了研究院的资金管理体系，以授信、贷款担保及资金账户等制度为基础，分层分类与政策性银行及商业银行合作，利用内部月度财务信息报表，完善全级次的资金监管体系，有效防范了资金风险。其间，我入选全国高端会计人才培养工程，又开启了一段新的学习之旅。

只争朝夕　不负韶华

2018 年，通过公开招聘，我进入国资委下属的中国节能环保集团有限公司（简称中国节能）工作，担任其下属上市公司总会计师一职，工作职责由原来负责的某一具体业务转换成负责整个公司的财务管理与其他相关工作，挑战和压力并存。初到中国节能的上市公司，面临的首要问题是财务人才缺乏，主要下属公司财务管控机制不完善，基于此，我采取了以下措施：通过公开对外招聘和内部选拔，完善公司全级次的财务管控机制，完成上市公司下属各主要公司财务总监的委派工作，补充调整了总部的财务人员，为公司的持续发展奠定了人才基础；充分发挥上市公司融资平台的作用，建立“政策性银行 + 六大国有银行及其他股份制银行 + 其他融资平台”的“1 + 2 + N”的多元化融资平台，拓展融资渠道，调整资本结构，为上市公司持续经营发展及资金风险防范提供支撑；针对上市公司会计信息质量问题，建立定期财务工作会议机制，明确分工，同时通过交叉轮岗及内、外部培训等方式，使得公司会计信息质量有了较大程度的提高，提升了财务价值创造作用。

2020 年，在中国节能上市公司工作两年后，我又接受新的挑战，轮岗至集团下属的工程设计研究院工作，这是一段新的历程，也必定又是一段难忘的职业成长之旅。

几点感悟

一是不忘初心，提高政治站位。习近平总书记指出，一个人的理想只有和国家的前途、民族的命运相结合才有价值。作为历史发展过程中的个人，也只有将自己的理想和国家紧紧绑定在一起时才能发挥最大的作用，也只有坚守这样的理想信念才能坦然接受和面对一切困难。在航天工作的经历，正是“特别能吃苦、特别能战斗、特别能攻关、特别能奉献”的航天精神激励我全身心地投入工作，敢于往前冲，承受重压；在中国节能工作期间，习近平总书记“绿水青山就是金山银山”的理念鼓励作为中国节能一份子的我，带领团队，责无旁贷做好本职工作，为改革攻坚战贡献力量；全国高端会计人才培养工程的实施为会计人提供了一个较好的平台，助力每一位会计人激情前行，铁肩担道义，满腔热情地投身于会计改革之中，勇当改革的践行者，宣传改革成果，推动改革深入。

二是敢于担当，勇于肩挑责任。随着改革的深入，财务工作面临的环境呈现多样化和复杂化，会计业务的处理也趋于复杂，大量事项需要运用会计职业判断，这要求我们要以前所未有的勇气和智慧来处理遇到的问题。不论是国家重大科研项目的财务管理，还是环保行业大发展下的财务管控，以及快速变化的国际形势带来的资金管理新要求，还有新时代财务人才队伍建设，都给予我一个充分展示自己能力的舞台。忘不了初次竞聘到新岗位就面临国家某重大专项的结题工作；忘不了通宵和相关检查组据理力争确保单位利益的过程；忘不了在上市公司工作期间和财务团队全力共奋战的经历。这些无一不与国家的改革发展息息相关，而我作为新时代的会计人，也肩负起了自己的责任和担当。

自己职业历程的另外一个收获就是碰到很多帮助自己的领导和同事。记得在自己工作从航天调整到中国节能时，原航天研究院领导多次和我促膝长谈，并在后续工作中给我提供帮助和建议，很多同事也一直在给予我帮助。到了新工作岗位后，所在单位及集团公司领导多次亲临指导，带领的财务团队也鼎力配合，完成了一个个的职业挑战，正是这些鼓励和帮助激励着我一直前行。

三是坚持学习，带领团队共成长。自大学毕业以来，我一直坚持利用业余时间学习。先后被评聘为高级会计师、正高级会计师。2012 年，我入选全国高端会计人才培养工程，其间参与多项企业会计准则修订工作，参与《会计法》在陕西的征求意见研讨活动等。曾经带过的财务团队员工也是捷报频传，多人学历、职称及职业资格有所突破，并且连续多年被授予先进工作者等荣誉称号，部门也被评为先进工作集体，并有多人进入其他央企下属公司重要岗位任职。工作之余，我结合实际，在《财务与会计》等核心期刊发表关于财务报告、预算管理、集团财务管控等论文 10 余篇，主持财政部重点课题及参与国家自然科学基金、国家社会科学基金、陕西省社科基金等多个科研项目。

回望过去自己的从业经历，担当、坚持、感恩、学习是伴随我成长的关键词。一切过往，皆为序章，未来的路更不平凡，我将继续努力，为财会事业的发展继续贡献自己的力量。

（原载《财务与会计》2020 年第 20 期）

任松涛

任松涛，黄河小浪底水资源投资有限公司财务资产部副部长。高级会计师，全国高端会计（后备）人才。

不断进取 做有为的会计人

古希腊哲学家赫拉克利特说过：“唯有变化才是永恒。”光阴似箭，岁月如梭。在这个信息和技术日新月异的年代里，如何快速适应这个变化的世界，是每个会计人必须面对的课题。在我的会计人生中，挑战自我、与时俱进、不断进取、争做一个有为的会计人是我不变的信仰。

结缘会计 坚持学习

从上大学就读会计专业、与会计结缘到现在，我经历了企业会计准则体系初步构建到多次修订完善，从刚上班时的会计电算化到目前的财务共享、业财一体化再到智能财务，会计工作随时代发展不断演进，对会计人员的要求也在不断提高。大学毕业后，我一直严格要求自己，坚持学习，先后取得了助理会计师、会计师职称，在工作实践中更加感到自己的不足，于是在参加工作五年后决定辞职考研。研究生毕业后，我先后从事内部审计、项目投资、财务管理等方面的工作，根据工作需要取得了高级会计师职称和国际注册内部审计师、注册咨询工程师（投资）和证券从业资格，2017 年获得河南省会计领军人才荣誉称号，2019 年有幸搭上了全国高端会计（后备）人才培养的末班车，成为企业类第 14 期学员，2020 年被河南省人社厅评定为河南省高层次人才。

学以致用　助力实践

“纸上得来终觉浅，绝知此事要躬行。”会计届前辈潘序伦先生也曾说过，会计学是“科学中的社会科学”，理论研究与实地经验必须两者并重。前辈们的教导犹在耳边。大学毕业以来，我始终坚持将所学知识融入企业发展实践之中，贯彻落实企业发展战略，助力企业业务做强做优做大。

2000年，作为公司宁西铁路项目部财务主管，我主动深入到施工一线了解掌握铁路桥梁桩基、承台、墩身、路面的主要施工工艺和过程，牵头组织计划、生产、物资等部门开展生产经营分析，积极向项目领导汇报沟通，从项目施工计划开始，按照项目责任成本倒逼现场管理优化，优化物资采购节点，有效降低了项目施工成本，施工项目成本控制工作得到了上级单位的认可。

2006年，我应聘到一家河南省属国企，参与组建集团审计部门，组织实施集团内部审计工作。当时，集团所属40多家控股企业，行业涉及电力、造纸、水泥、高速公路、金融等多个行业。2006年国务院国资委开始在中央企业推行风险管理。我意识到，内部审计工作也必须跟上国企管理趋势，要实行风险导向审计。为此，我根据集团控股企业的业务类型和特点，从控股企业的经济效益目标出发，结合COSO风险管理框架，识别、评估各类企业的主要经营管理风险，如火电企业的燃煤管理风险、造纸企业的应收账款风险、水泥企业的内部控制风险、银行企业的坏账风险等，判断风险发生的可能性和风险后果严重程度，牵头建立以风险防控为主要审计目标的审计工作机制。控股企业风险管理专项审计工作成果得到了集团领导的认可，并获得集团表彰。

2009年，我到了黄河小浪底投资水资源投资有限公司工作。当时公司刚刚成立，财务工作千头万绪，我提出了以绩效考核为导向、以预算管理为引领推动业财融合的工作思路，同时组织制定了公司预算管理制度、所属子公司经营业绩考核管理制度，明确了工作职责和工作流程，举办了预算管理、经营业绩考核专题讲座，在全公司贯彻落实预算管理、绩效管理理念。在公司经营目标上，突出考核导向，将公司的年度生产经营计划主要目标分解细化到各子公司，推行差异化考核，将上网电量、房地产（工程施工、旅游）业务收入、净利润等经济效益指标作为年度主要考核指标，签订考核责任书，薪酬与考核结果直接挂钩，充分调动了子公司生产经营积极性。在经营过程控制上，突出预算引领。预算编制从落实公司发展战略着眼，紧密结合公司年度生产经营计划，真实反映了公司水力发电、房地产开发、水利水电工程施工、旅游服务等项业务的实际状况；在预算执行过程中，推行业务、财务联合分析机制，预算分析做到了从业务中来、到业务中去，推动了业财融合；打通了年度经营业绩考核与预算管理，将预算完成情况纳入年度业绩考核，实现了管理的 PDCA 循环。多年以来，公司业绩稳步增长，资产规模从成立之初的 10 亿元增至 80 亿元，资产结构不断优化。

胸怀大局　勇于担当

“不谋全局者，不足以谋一域；不谋万世者，不足以谋一时。”会计是为企业发展服务的。会计人员不能把自己囿于会计的小天地里，要敢于走出去，到业务中去，服务好业务，服务好企业战略，共同推动企业价值创造。

党的十八大以来，国有企业改革不断深入推进。在新的发展形势下，我积极研究中央和水利部有关国有企业改革政策，参与制定公司“一五”“二五”发展规划，编写了包括优化资产结构、增强服务黄河流域生态保护和高质量发展能力在内的多项研究报告，得到了股东单位的高度认可并付诸实施，优化了子公司股权结构，提高了公司整体经济效益。

水电项目投资开发是公司主业，并购是公司做强做大的重要手段。至今还记得，云南水电项目并购期间，作为项目组主要成员，为了尽可能降低并购风险，根据以往水电项目并购经验，结合本项目实际，我组织编制了风险清单，根据风险发生可能性和风险后果严重程度将风险进行了分类，有针对性地实施风险防控；在并购过程中，我运用贴现现金流法、敏感性分析、盈亏平衡分析等多种管理会计工具对项目进行估值，合理确定项目价值。在并购谈判中，为了规避暂未发现的或有债务、税务风险，在并购协议中约定项目转让方负责缴清所有税款、偿还或有债务，设立资金共管账户，设定了多个支付时间节点，预留了项目保证金，视并购进度分批支付并购款项；在并购整合阶段，我组织对项目财务人员开展业务培训，梳理修订项目财务管理制度，导入公司财务管理理念和文化，实现了财务成功整合。项目并购以后，公司水电装机规模增加 72MW，水电主业地位更加突出，并以本次并购为跳板参与当地水电资源开发，持续提升自身发展实力。

2017 年，公司决定进行风电项目开发。我主动请缨，牵头风电项目前期筹备工作。我带领项目团队，积极研究国家和地方政府风电开发政策，明确了风电项目开发路线图，与相关地方政府沟通联系，签订了风电项目开发协议。在项目开发过程中，我组织与地方相关部门以及设计单位沟通协调，顺利完成测风塔选址建设，与设计单位、风电主机厂商开展沟通，组织到风电企业进行调研，联系地方国土部门、设计单位和土地勘测单位完成了项目微观选址和项目可行性研究报告编制工作。

2020 年新冠肺炎疫情期间，我又参加公司抽水蓄能项目开发工作。在遵守疫情防控规定的前提下，正月初五就开始工作，研究国家抽水蓄能政策，明确项目开发流程，开展项目数据分析，4 月份奔赴项目现场开展现场调研，与其他投资方进行沟通，参与起草项目投资协议和公司章程，编制项目投资分析报告，获得了上级领导的认可，项目即将办理核准，并计划于 2020 年年底前正式开工建设。

勤于思考　努力进取

曾子曰：“吾日三省吾身，为人谋而不忠乎？与朋友交而不信乎？传不习乎？”参加工作多年来，我习惯于每天下班以后花一些时间想想今天干了什么，哪些地方做得好，哪些地方做得不好，怎么改进，把头脑中碎片化的东西整理成有条理的内容，便于以后使用时可以做到信手拈来，随用随取。

有一年到阿里巴巴杭州总部参观，墙上的一幅标语“认真工作、快乐生活”深深地吸引了我。生活和工作都是人生的组成部分，两者相辅相成。生活里保持一份淡然、平和、乐观的心态，快乐自然就会多些，人生也会因此而明媚。在工作之余，我喜欢去徒步、爬山、旅行，既锻炼了身体，又开阔了眼界。看到大自然的雄伟和辽阔，更加认知到人类的渺小，更加珍惜我们所处的环境、所在的企业和相处的人，更加明白要做好现在、谋划将来。

路漫漫其修远兮，吾将上下而求索。参加工作 20 多年来，既有成功的喜悦，又有挫折的苦涩，我深深认识到学习没有终点，只有付出更多的努力，才能让自己变得更加优秀，成为更好的自己。

（原载于《财务与会计》2020 年第 20 期）

从“万金油”般的理工男到“会计领军”

于　琦

于琦，国网山西省电力公司营销中心党委委员、副主任（二级职员）。正高级会计师，高级审计师，注册资产评估师，国际注册内部审计师，山西省先进会计工作者，山西省拔尖骨干人才，山西省会计领军人才，山西省管理会计专家。

茶余饭后，感悟人生，省财政厅相关领导鼓励我写一篇励志故事，讲一讲如何从一个“门外汉”逆袭成为一名财务专业的高级人才。岂敢奢谈财务人才，不过是机缘巧合而已，以往的迷茫与探索、痛苦与快乐，至今历历在目，感慨涌上心头。好在近来国家大力提倡业财融合和管理会计，才让我这个先天不足的改行会计、“万金油”般的理工男又好像找到一些感觉。

回顾35年的往事，我走过发电厂、省电网公司、电建施工企业、上市公司、省公司核算中心、省供电营销企业等众多单位，分管过财务、审计、人资、营销、多经和后勤等；随着工作变动，从热能动力专业转向审计、财务、资产评估等专业；从审计到财务，从乙方到甲方，从基层到省公司角色的转变，有无可奈何的随波逐流，更有永不放弃的追求。

勤于学习，知识改变命运

1985年，我从山西省电力学校热能动力专业毕业，分配到电厂从事生产一线工作。两年后，我阴差阳错报名并考上审计局举办的电大审计专业。当时根本不懂什么是审计，隔行如隔山，一个“借贷记账法”就把我搞得晕头转向。1988年，因专业需要，我调入厂里新成立的审计科，但由于我不会打算盘，会计师连考四年才通过，当时这一改行使我后悔莫及。

一个审计前辈劝导我：不要纠结于“借贷”二字，借贷只是一个符号，关键要关注会计事项背后的故事和逻辑关系。当时的我似懂非懂。之后，我通过了审计署高级审计师的考试，考试内容主要是宏观经济政策和案例分析，没有做会计凭证，使我感到耳目一新。其后，我又考过了国际注册内部审计师，考试内容竟然是谈话技巧、公司治理、信息化审计等。我逐渐认识到，审计离不开财务主线，但财务不等于审计，财务、审计也有哲学思想，需要融会贯通，不仅仅是死记硬背。随后，我一方面利用工科的特长搞工程效益审计和计算机辅助审计，被上级领导誉为“闯出一条效益审计的新路子”，另一方面沉下心从会计基础工作开始学习，写工作底稿，帮助师傅们抄写审计报告，虚心学习。1996 年，我考入山西省电力公司（简称省公司）审计部，改变了人生的轨迹，也让我对做好会计工作有了更大的信心。

2013 年我成为首批山西省会计领军人才，三年时间系统性地接受了财务管理、宏观经济学、会计实务与领导能力等方面的学习和培训。学着跳出会计看会计，以财务会计为核心打造自己的知识结构，将外延扩展到经济、财政、税收、金融、管理、哲学、文学等领域，多学科知识相关联、相支撑、相启发，构筑一个知识网络，通过碰撞、裂变提升自身的核心竞争力，实现从执行者到管理者、领导者和决策者的转变。2015 年，我受聘为山西财经大学硕士生校外导师，2017 年被聘为山西省管理会计专家，2018 年被评为山西省首批正高级会计师。

从开始迫于无奈的学习，到后来越干越想学，越学心里越亮堂，学习也成为生活中最大的爱好，我总是带着问题参加国家会计学院的培训，因此也和很多老师成为良师益友，常有“与君一席谈，胜读十年书”的感觉。一个人的成就不在“智”，而在“痴”。这个“痴”，或许就是热爱吧。

学以致用，勇于担当作为

“纸上得来终觉浅，绝知此事要躬行”。做一个具有行动力的管理者，是企业的基本要求，更是作为一名会计领军人才的自我追求。

初到某企业任职时，适逢市场经济改革浪潮风起云涌，几十个多经企业鱼龙混杂。因为我做过审计，所以领导让我先梳理整顿一下。经过调研得知，由于个别企业是“自己人”管财务，加上会计核算不规范，盈亏和债权债务无从谈起，由于利益交织，审计工作又投鼠忌器。于是，我迂回从“讲规矩和防风险”入手，统一会计核算，加入电算化把一些不称职的人自然淘汰，根据“有所为，有所不为”的经营需求，对多经企业按“总、分公司”和“母、子公司”重新划分，明确责权利，调动积极性，部分多经企业经理“责任有限，权力无限”的混乱现象很快扭转，得到省公司的好评。

根据省公司党组安排，我曾先后到山西电建公司和国网供电承装公司任总会计师。施工企业点多面广，管控鞭长莫及，分公司经理“诸侯割据，尾大不掉”，行业性的经营亏损风险如影随形，投资风险和廉政风险利剑高悬。面对历史遗留问题，我主动担当作为，连续通过了审计署西电东送审计、特高压建设审计、国家税务局稽查等外部检查，借力东风强力整改。按照国网公司集团化管理、集约化运作思路，我首推财务集约化“六统一、五集中”的管理主线，力推项目法施工，按项目核算，撤销40余个银行账户，实行“收支两条线”，实现了财务集中核算和资金集中支付，“看得见、控得住、放得开”迈出第一步，取得了公司管理理念历史性的突破和管理方式革命性的转变，为公司转型发展、控制风险奠定了基础。期间，我牵头撰写了《国网供电承装公司经营诊断分析报告》，对公司防范风险、扭亏为盈起到实效，省公司在此基础上形成山西施工企业经营诊断综合报告，获国网公司管理创新优秀奖。

2016年，我任职省公司会计核算中心，主要负责重点工程、物资集中采购、社保资金、直属单位会计核算等工作。期间，积极落实国网公司业财融合的战略部署，通过利用ERP等信息化手段，采取凭据电子化、内控流程嵌入、发票集中管理等措施，积极探索多维精益管理，初步实现了“业务活动”“电压等级”“资产类型”“成本监管”核心维度自动获取，通过“支付融合”实现了现金流预算、账务处理的自动集成，大幅提升工作效率。

成为会计领军人才只是代表着过去，更重要的是要提高实践能力，更好地为本单位、本行业的工作实际服务，这也是作为领军人才的根本意义所在。

勤于思考，敏于创新

国内经济的飞速发展，对财务工作的综合技能和转型发展提出了更高要求，“学而不思则罔”，岁无虚日，勤笔不辍。近年来我在《财务与会计》等专业期刊上发表了10余篇论文。同时，利用财务和审计等相关理论，剖析现实问题，指导实践。主持撰写山西省电力公司燃料审计办法，开展全省发电厂燃料专项审计工作，取得较好的经济效益。牵头编写山西省公司用电营销审计办法，作为全省审计人员的操作手册。2017年，省财政厅、省国资委牵头组织山西省管理会计专家到特大型企业服务，我作为专家组副组长到黄河万家寨水务集团就企业转型发展、市场化运作积极献言献策，主笔撰写《黄河万家寨水务集团财务转型路径研究》在《财务与会计》刊登，并在大会交流发言，获2019年中国会计学会管理会计优秀论文奖。

随着电力改革的深入发展，2019 年，省公司多家单位重组，新组建成立了省营销服务中心，我分管财务资产部、反窃电与营销稽查中心等。老骥伏枥，不用扬鞭自奋蹄，我尝试搭建了“以会计核算为基础、内部控制为重点、预算管理为抓手、资金管理为核心、业绩考核为动力”的价值型财务管理体系，并从资产全寿命周期管理入手，大力践行管理会计的应用。营销稽查与审计工作看似隔行如隔山，但实质隔行不隔理，在营销大数据中心配合下，借助大数据排查和智能电表精准推送，快速锁定窃电目标，一改过去靠举报、靠经验、大海捞针群众运动式稽查方式，稽查手段实现了革命性的变革，并力争完成3000 万元的提质增效目标，《基于数字化的营销智慧新稽查》获省公司 2020 年管理创新特等奖，大数据应用竞赛一等奖。此外，我们还与山西财经大学建立了研究生实习创新基地与电力管理会计专家工作室，大力培养人才。

经历是人生最宝贵的财富。回顾自己从懵懂少年成长为学有所成的正高级会计师和业务骨干，受恩于组织的培养和同志们的砥砺帮助，最终找到我所热爱的财务工作并无怨无悔。

五十而知天命，如今更多的是宽容和淡然，品茗、看书怡情抒怀，旅游、摄影畅游壮美山河，闲暇之余健步、游泳，体会人生不止有眼前的苟且，还有诗和远方。

感谢《财务与会计》对我的信任与邀约。人生没有白走的路，看似偶然的无心插柳，其实都是水到渠成，冥冥中的必然。虽然离“享有社会认同、行业肯定的会计领军人才”的要求差距甚远，但作为一名跨专业的平凡会计人，在随波逐流的同时我始终保持着积极的心态，坚持勤能补拙、学以致用和永不放弃的精神。

（原载《财务与会计》2020 年第 20 期）

蔡绍兴

蔡绍兴，时任中建三局第一建设工程有限责任公司党委委员、总会计师，现任中建铁路投资建设集团有限公司财务副总监。正高级会计师，湖北省高端会计人才，荣获中建三局财务资金系统“先进个人”“中国建筑业协会统计先进工作者”等称号。

从幕后到中建三局雷神山医院建设前线

处身幕后：专业　职业　事业

有人说，最理想的人生是根据自己的兴趣选择学习的专业，所学专业成为自己的职业，并将职业作为事业奋斗终生。非常幸运，我就是沿着这条路逐梦前行。

以梦为马，不负韶华

1995 年，我在中南财经大学（现中南财经政法大学）会计系开启了会计之路。在学校，我系统学习了会计专业知识及管理理论，解锁了会计报表中的数字密码。大学期间，我参与了学校的商业案例策划比赛，负责财务方面的内容，第一次运用会计知识为团队提供了有价值的意见，得到团队的肯定。这令我对原本枯燥的会计数字发生了改观，觉得它不再“面目可憎”，真正喜欢上了会计学。

心之所向，笃力前行

毕业后我到中建八局安装公司财务部工作，将专业转化为职业，开启了职业生涯的第一步。2005 年调至中建三局财务部工作，同年在西安理工大学攻读 MBA，主攻财务管理方向。2009 年，我在中建三局西北公司担任财务部经理，作为公司组建之初的“开路人”，带领公司全体财务人员建章立制，大幅度提升了西北公司财务管理水平，多次被评为先进个人。2012 年我调任中建三局投资公司副总会计师，在任期间，我带领团队探索 BT 项目、城市综合开发项目等新兴业务的财务管理工作，统一了公司核算制度和资金收支管理，实现了资金集中管理。我还积极对接金融机构，创新并拓展融资渠道和融资形式，积极促进项目款项提前回购，化解了企业投资风险。2017 年 6 月至今，我担任中建三局一公司总会计师。新的平台新的挑战，如此大的企业规模，对财务管理提出了更高的要求。三年来，我带领管理团队攻坚克难，开拓创新，资产运营质量持续改善，金融支撑能力进一步提高，财务管理体系不断完善，企业风险防控能力更强，以财务管理的高水平助推了公司高质量发展。

立足本职，爱岗敬业

确保数字核算的准确无误是财务工作者的责任，利用专业所学为企业经营管理出谋划策、为领导决策研判提供数据支撑、为公司员工提供便利服务是每个财务人员最大的心愿，我始终以此来严格要求自己。

印象最深的是，2019 年 7 月，我带领公司近 200 名财务人员参与中国建筑财务一体化平台建设项目在中建三局的推广上线工作，我们在数以万计的报表、流程中剥丝抽茧，边学边用。我们践行争先精神，15 天完成合同录入 4. 28 万份，29 天完成 2619 个利润中心数据切换，提前 10 天全面完成上线，团队获评中建三局财务一体化平台建设项目“党员先锋号”和“先进集体”荣誉称号，72 名公司财务人员获评局“领军人才”“优秀党员”“优秀青年骨干”等多项荣誉。

除了日常的财务管理工作，每年我还会赴联系点开展“七个一”活动，即讲授一次党课、开展一次调查研究、组织一次带班检查、参加一次组织生活、列席一次决策会议、拜访一次重要客户、召开一次员工座谈会，深入基层、服务员工。在和基层员工的面谈中，他们反馈财务报销中还存在一些困难，我们精简审批流程，编制了员工费用报账操作手册，切实解决了员工报销难、报销慢的问题。

择己所爱，择己所长，择世所需。22 年财会从业经历，我积累了丰富的管理经验，取得了一定的成绩，也让我更加坚定了初心和梦想，更加庆幸我选择并一直热爱着财会事业。

抗疫前线：初心　决心　丹心

岁末年初，突如其来的新冠肺炎疫情在武汉暴发，一场疫情防控的人民战争、总体战、阻击战全面打响。

1 月 20 日，习近平总书记对新型冠状病毒感染的肺炎疫情作出重要指示，指出要把人民生命安全和身体健康放在第一位。党中央提出“集中患者、集中专家、集中资源、集中救治”的要求，湖北省、武汉市迅速部署，启动火神山、雷神山等专门医院建设。

临危受命，践行初心使命

生命高于一切，疫情就是命令，中建集团党组闻令而动，不计代价、不讲条件，第一时间向全系统发出动员令。中建三局党委各级党组织和广大党员干部，主动请缨，果敢逆行。

1 月 23 日晚 10 点，中建三局党委牵头的火神山医院项目在蔡甸区知音湖大道连夜开始基础施工。中建三局一公司承担其中 5000 平方米建设任务。这一天是腊月二十九，我正准备和家人一起过个团圆年，这时我接到了公司董事长、党委书记的电话，他的语气既急促又坚定，挂电话后我立刻动身前往公司。

晚上 9 点，和我一样从家中匆匆赶来的公司在汉领导班子、公司部分部门负责人及在汉单位相关负责人齐坐会议室，第一场工程建设任务推进会就在紧张而又压抑的气氛下召开了。会后，我们立即展开工作，制定详实的计划，明确责任分工，吹响争先冲锋号。那一夜，江城无眠。

1 月 25 日，面对病患成倍增长的趋势，武汉市防疫指挥部决定再建一座规模更大的雷神山医院。根据中建集团党组和中建三局党委安排，公司党委转战雷神山，承担雷神山医院建设任务。在火神山医院，我和其他同事一起立下军令状，随后带着物资设备转场，200 多名管理人员、600 多名工人重整行装，连夜“急行军”，5 台大巴、8 台卡车在两座医院之间来回奔波，到 26 日凌晨全部完成转移。凌晨 4 点，60 余台施工设备已开始热火朝天地工作。

召之即来，展现担当作为

如此紧急而重大的项目，需要强大的财务支撑。我立即在公司财务系统发出支援雷神山医院建设的倡议，留在武汉的同志积极请战，还有一些汉外的同事也发来了请战书，有这样一群不怕险、不怕难的队伍，更加坚定了我做好特殊时期财务保障工作、战胜疫情的信心和决心。

1 月 26 日上午，现场组织召开资金保障小组专题会，由我牵头组建了 18 人财务抗疫小分队，其中党员 12 名。为提高工作效率，我结合现场情况组织了“两条战线”——常驻现场的10个一线工作人员负责现场“人、材、机”及现场农民工工资等原始单据的收集、审核、支付；因交通管制出行不便的后台人员居家办公，负责代发资金支付、OA审批流程及网银处理，打好远程支持。两支队伍分工协作，雷神山医院从开工到交付没有遇到一次系统性财务困难。

来之能战，筑牢后勤保障

在当时全国疫情最严重的武汉参与建设的劳务工人，都是让人敬佩的逆行英雄。中建集团党组和中建三局党委高度重视农民工工资支付工作，但参建人数较多，参建工人的劳务报酬又以现金发放为主，庞大的现金需求量和发放量是我们每天都要面对的难题。特殊时期，中建三局党委靠前指挥，第一时间给予3亿元资金全力支撑雷神山医院建设。

同时，我牵头专门成立了应急服务小组，协商开辟“绿色通道”，每天和同事一起到银行提取现金，再加急运回雷神山项目现场发放。雷神山医院24小时不间断施工，为确保轮休时间不一致的农民工工资及时发放到位，资金保障小组将下班时间延长至凌晨两点，夜间施工一律白天结算，确保工人工资日清日结。

坚守阵地，夺取全面胜利

经过12个昼夜鏖战，我们建成雷神山医院。但维持雷神山医院正常运转还有很多后续工作，按照组织安排，我继续担任工资支付工作小组组长，完成了第一批工人、设备入场，到最后一批参建人员退场共计近两万名参建人员的工资和隔离费补贴发放。后续，我牵头负责雷神山项目的结算工作，让建设时期财务工作的“战时状态”和建设结束后的结算有效衔接。

4月15日，雷神山医院正式休舱。转眼间，雷神山医院建设已成往事，武汉再度回归车水马龙。在党中央的坚强领导下，我国取得抗击新冠肺炎疫情斗争重大战略成果。作为一名党员，我深深为党和国家的强大感到自豪，作为一名参与了雷神山医院建设的普通建设者，我从日常幕后工作转到抗疫前线，深受磨砺，也深感教育。在未来工作中，我将大力弘扬伟大抗疫精神，争先有为、奋勇前行，为企业发展和社会进步作出新的更大贡献。

（原载《财务与会计》2020年第20期）

秦文祥

秦文祥，南通万达锅炉有限公司党委委员、总会计师。正高级会计师，南通市总会计师协会会长。荣获“江苏省会计工作先进个人”“江苏省杰出总会计师”等称号。

我的会计人生

走上会计人生之路

小的时候，没有想过这辈子要从事会计职业。1984 年参加高考时，国家实行预考制度，预考通过以后先填志愿再参加高考。预考时我发挥得比较好，得了全校第七名，所以我第一批第一志愿填了浙江大学，结果高考时发挥得不理想，虽也超过了重点本科分数线，但够不上浙江大学的录取分数线，一路刷下来，最后被录取到江苏工学院管理系工业会计专业，属于大专。就这样，开启了我今后的会计人生。

1987 年大学毕业前夕，我们几个要好的同学在一起憧憬未来，有说想当财政局长的，有说要从商的，记得我那时表达的愿望是当一名注册会计师，或者当一名总会计师。大学毕业，我分配到了南通轴瓦厂从事会计工作，那时候吃住都在厂里，刚参加工作，浑身是劲，也有时间，只要别人有事比如出差或请假，都是我来顶、我来代，多的时候一个人做 3 个人的事儿，晚上大部分时间都在办公室，不是忙工作就是看书学习。这样两三年下来，财务科几个主要的岗位都做过了，对整个会计工作有了一定的感悟，感觉很充实。

记得有一年，领导安排我到江南一家主机厂对账，双方账面反映有差距，我们的应收多，他们的应付少。我将有关账目梳理好以后前往该单位，这家主机厂的财务科科长“很不客气”地批评我，“肯定是你们错了，小单位乱记账”，然后推说记往来的会计没有时间。我当时诚惶诚恐，但想到来的目的和责任还是厚着脸皮说，“您将往来账给我，我就在您办公室核对，有了结果我再向您汇报”。就这样前后不到10分钟的时间，我发现我们开出去的销售发票被记到南通轴承厂账户去了，双方的差额就是这部分发票的金额。我将情况汇报给这位财务科科长，她有点不好意思了。这件事使我意识到在同一会计科目内部由于记账串户所产生的支付风险，所以在我管财务以后，针对滚动记账的单位我明确要求要定期对账，特别是货款结清之前必须请对方提供账单先对账。

1995年我调到南通锅炉厂任职，也就是南通万达锅炉有限公司（简称南通万达锅炉）的前身。关于这次调动，我事后才知道，当时锅炉厂厂长向局里要一名财务科科长，机械局推荐了几个人选，最终确定是我。原因我猜想可能有两个，一是我曾经借调到市机械局做了两年多的内部审计，大家对我比较了解和认可；二是我1993年考取了会计师、审计师，而且成绩优异，并同时取得了注册会计师的全科合格，这在全市当时也是唯一的。

到锅炉厂以后，组织安排我担任财务科科长一职，考虑到老科长还有一年多退休，我一来就将老同志换掉不太好，况且我也需要一段时间熟悉情况，所以再三请求先担任副职。最后，组织同意了我的请求，1997年，企业改制设立南通万达锅炉股份有限公司以后，老科长足龄退休，我被任命为公司副总会计师兼财务科科长，2000年任总会计师至今。

以上故事是我与会计工作结缘并起步的缩影，可以看出我是一个随遇而安的人，但同时又一直在努力拼搏奋斗。没错，随遇而安、自强不息就是我的人生信条。

演绎会计人生

初到锅炉厂，我发现会计基础工作非常差，总务科、研究所居然各自都有银行账户，总务科有一大堆购买商品房、分房缴款和公有住房优惠售房的票据，银行印鉴、支票、密码器由银行会计一个人控制，凭证账簿乱涂乱改。面对存在的问题，我首先严肃财经纪律，撤销财务科以外的所有账户，将钱款、票据整理归入大账，在全厂建立健全各项财务管理制度；财务科按内部控制要求重新分工，建立了会计基础工作标准，明确了岗位责任制，制定了考核办法。

另一个非常棘手的问题是人员整体素质低，偌大的企业连一名助理会计师都没有。而且，厂里有规定，不允许员工利用工作时间参加外面的（学历、职称）培训，我认为这个规定是有问题的，不利于员工成长，会影响企业的长远发展。为此，我找到厂长，希望对财会人员利用工作时间参加学历、职称的培训和考试开绿灯，提出应该鼓励员工通过学习提升技能，对获得证书的可以报销学费。最后这项提议被顺利通过。

为了解决国有企业体制机制僵化的问题，1997 年南通锅炉厂根据市委市政府的号召进行了公司制改造，设立南通万达锅炉股份有限公司，但这次改制很不彻底。市委要求发动职工踊跃认购股份，结果到了基层企业就走了样，近乎成为强制性，造成了人人持股等于人人不持股，还留下诸多后遗症，企业不仅没有得到发展，反而倒退了，处于连工资都不能按时发放的贫困状态，濒临破产。我为此多方呼吁并著文阐明我的观点和建议。

南通中集顺达集装箱有限公司（简称南通顺达）是南通锅炉厂于 1989 年与外资共同投资设立的合资企业，后中集集团通过收购控股，1998 年，中集集团提出在南通组建南通特种箱公司，南通顺达的原股东可按持股比例优先投资。当时，南通万达锅炉本身非常困难，跟投不跟投领导层意见也不一致，我经过认真分析研究，认为绝不应放弃这一大好投资机会，力主跟投。通过反复做工作，终于做通了。但由于企业处于非常贫困的状态，没有房地产抵押资源和第三方担保资源，投资款从哪里来？没有现成答案，必须要自己想办法，在正常融资渠道外另辟蹊径。我向几位法律界、金融界人士请教能否以顺达股权为质押向银行贷款，大家认为从法理上可以但实践上尚无先例可循，不过可以一试。我为此跟数家银行对接，前后虽多次碰壁，但功夫不负有心人，最后与南通城市合作银行（现江苏银行南通分行）成功签约，从而完成了南通特种箱公司的股权投资，南通特种箱公司股权前后累计为企业获得数千万元投资收益和资产升值，为企业今后的发展奠定了基础。

2003 年，根据上级部署我作为主要参与者推动企业进行了第二次改制，这次改制按照经营层控股经营者持大股的原则，使企业的经营机制得到彻底的转换，企业在“铁工资、铁饭碗、铁交椅”改革方面取得了实质性的突破，激发了企业活力，企业得到快速发展。2004 年我应《财务与会计》编辑部之约撰写了《改革创新使企业焕发出勃勃生机》一文，被包括上海市国资委在内的多家国资网站收录。

2004 年，财政部拟制定全国统一财务制度，并对这一制度的必要性组织研讨，我参加了南通市财政部门组织的研讨会，并撰写《对制订国家统一财务制度必要性问题的思考》提出自己的观点和建议，发表于《财务与会计》2004 年第 9 期。两年后《企业财务通则》发布，其相关实施办法与我的建议基本一致。

2010 年，我作为主要参与者完成了南通万达锅炉和中国中材集团的资本重组，南通万达锅炉作为央企的三级控股子公司再一次扬帆远航，行稳致远，目前作为中材节能股份有限公司的优质子公司，为上市公司贡献了超过 1/2 的销售业绩、超过 1/3 的利润。

作为南通万达锅炉的总会计师，我见证了企业从濒临破产到欣欣向荣的发展历程，这一切归功于南通万达锅炉主要负责人的正确领导，归功于广大干部员工的共同努力。我作为管理者之一，也做了大量工作，发挥了应有的作用，可以说是在总会计师这个岗位上演绎着自己的会计人生。

奉献会计事业

2009年，南通市总会计师协会换届，我被推举为协会第二届理事会会长。一开始感觉压力很大，唯恐因为个人的能力水平有限辜负了大家的期望。为此，我按照“学术立会”的办会规律和“家兴桥通”的目标要求，依靠广大会员，在协会秘书处的支持下组织策划了以课题研究、学术交流、论文评比、专家讲座为主要内容的一系列丰富多彩的协会活动，保持活动的层次感、正常化。2016年，协会再次换届，我连任会长，在协会秘书处的支持下，除保持正常的协会活动外，2018年还组织和南通市注协联合举办了一场别开生面的迎接改革开放40周年的联谊汇演，使南通市总会计师协会的影响力、凝聚力得到极大提升。

在担任南通市总会计师协会会长的11年，协会课题研究成绩斐然，硕果累累；高层次会计人才队伍不断发展壮大；先进的管理理念、方法得到全面交流推广，真正体现了协会服务会员、服务南通市经济社会发展的办会宗旨。作为会长，奉献会计事业的同时也使自己的会计人生得到升华。

（原载《财务与会计》2020年第20期）

后　记

从 2002 年起，《财务与会计》编辑中心组织编写的《新世纪会计文化系列丛书》已经出版过三辑了，如今《新时代会计人系列丛书》（第一辑）依然秉承 20 年前出书的初衷，精心编辑，诚意打造，带着崭新的风采与大家见面。

我们认为，在庆祝中国共产党百年华诞之际把这本书奉献给大家，是一件非常有意义的事情。在会计事业不断繁荣的过程中，每一位会计人都是见证者、亲历者。通过书中这些鲜活、生动、多样化的短文集锦，我们能感受到个人梦想融入时代发展的洪流之中，也可以清晰地看到会计事业不断向前的足迹。

我们相信这本书的出版，能为广大财会工作者提供一个窗口，通过这一个小小的窗口，折射出会计人无私奉献、开拓创新的精神，感受到会计人对工作的热情，对生活的热爱，对信念的坚守，这些故事永远值得我们铭记。

寒来暑往，斗转星移，时间煮雨，岁月缝花。从 2016 年到 2020 年，在 5 年的时间里，书中的很多作者带着会计人不变的初心与梦想，走向更加广阔的舞台，我们也竭尽所能与作者本人取得联系，对相关信息进行了更新。

由于时间仓促，水平有限，本书也许还存在诸多疏漏或不当之处，诚恳地欢迎您在阅读本书时不吝赐教。

本书得以出版，要特别感谢国富集团董事长、总裁杨剑涛先生所给予的大力支持，他的帮助为本书的顺利出版提供了保障。

还要感谢《财务与会计》的读者、作者所给予的关注和热情鼓励，感谢中国财政经济出版社会计分社社长、编审樊清玉，她敬业务实、认真细致，为本书的顺利出版提供了巨大的帮助。最后，还要感谢中国财政杂志社《财务与会计》编辑中心的刘黎静、陈利花、王词、樊柯馨为本书付出的认真、细致的劳动。

所有的出发，都是为了抵达。谨盼这套丛书能为更多财会工作者带来更多的正能量，带来更多的价值增值。若您确有收获，那么作为编者，心下慰矣。

编　者

2021 年 2 月